어쨌거나 내 인생

셜록황의 마음 처방전

어쨌거나 내 인생

셜록황의 마음 처방전

ⓒ 황상민, 2018

초판 1쇄	2018년 10월 19일
초판 3쇄	2018년 12월 03일

지은이	황상민		
		펴낸이	이정원
출판책임	박성규	펴낸곳	도서출판 들녘
편집주간	선우미정	등록일자	1987년 12월 12일
디자인진행	김정호	등록번호	10-156
편집	박세중·이동하·이수연		
디자인	조미경·김원중	주소	경기도 파주시 회동길 198
기획마케팅	나다연	전화	031-955-7374 (마케팅)
영업	이광호		031-955-7381 (편집)
경영지원	김은주·장경선	팩스	031-955-7393
제작관리	구법모	이메일	dulnyouk@dulnyouk.co.kr
물류관리	엄철용	홈페이지	www.dulnyouk.co.kr
ISBN	979-11-5925-367-6 (03180)	CIP	2018031766

이 도서의 국립중앙도서관 출판예정도서목록(CIP)은 서지정보유통지원시스템 홈페이지(http://seoji.nl.go.kr)와
국가자료공동목록시스템(http://www.nl.go.kr/kolisnet)에서 이용하실 수 있습니다.

셜록 황의 마음 처방전

어쨌거나 내 인생

황상민 지음

들녘

내담자 하나가 나에게 뜬금없이 물었다.

"그 사람은 어떤 사람인 것 같나요?"

"누구요?"

"이번에 『죽고 싶지만 떡볶이는 먹고 싶어』라는 책으로 베스트셀러 작가가 된 사람 있잖아요?"

아하. 정신과 의사와의 열두 번 대화를 책으로 엮어 신데렐라처럼 인기 작가의 반열에 올랐다는 젊은이에 대한 질문이었다. 그는 '기분부전장애(가벼운 우울 증상이 지속되는 상태)'라는 진단을 받고 약과 함께 이루어진 치료 과정을 기반으로 책을 썼다고 했다.

분명, 그녀는 자신의 우울한 감정에 괴로워했을 뿐만 아니라 그것을 남이 알게 되는 것조차 부끄러워했을 것이다. 그렇기에 끊임없이 자기 연민과 비하 그리고 자책하는 마음에 시달렸을 것이다. 전형적인 '로맨티시스트'의 아픈 마음의 상태로 지냈을 것이다. 하지만 그녀는 이런 자신의 마음을 감추려 하기보다 그것을 글로 표현했다. 그러자 비슷한 마음을 가진 사람들이 그녀의 감정에 격하게 공감하고 또 위로까지 받는 상황이 벌어졌다. 이에 그녀는 자연스럽게 그 내용으로 책을 쓰게 되었다. 이쯤 되면 그녀는 단순히 로맨티시스트의 성향만 가진 것이 아니라 '아이디얼리스트' 성향의 마음까지도 가진 사람이다. 로맨티시스트와 아이디얼리스트 성향을 어느 정도 가진 M형의 사람이라 자신의 경험을 글로 잘 표현했다는 것이 그 젊은이 마음에 대한 나의 진단이다. 여기서 '치유의 글쓰기'는 어떤 약보다 그녀의 우울한 기분을 잘 치료하는 묘약이자 그녀의 문제에 대한 해법이 되었다. 글로 표현하고, 또 그렇게 해서 많은 사람들로부터 공감을 받게 되자 삶에 변화가 일어났다. 치유의 글쓰기로 '베스트셀러 작가'라는 사회적 인정을 성취한 것이다.

질문자에게 이렇게 설명하면서도 내심 걱정이 되었다. 왜냐하면 그 젊은 작가의 마음을 이런 식으로 추론하려면 'WPI(Whang's Personality Inventory)' 성격 유형을 알고 있어야 한다는 생각이 들었기 때문이다. 그렇지만 나에게 질문한 사람은 나의 설명을 전혀 낯설지 않게 받아들였다. 그러고는 이렇게 대답했다.

"아, 그렇다면, 그녀가 자신의 우울한 마음을 바꿀 수 있게 된 것은 의사와의 대화나 약이 아니라 자신의 경험, 아니 자신의 마음을 글로 나타냈기 때문이라는 거네요. 자신을 감추기보다 있는 그대로 표현하는 것, 막연히 이상적으로 바라는 자신의 마음을 그냥 꿈처럼 나타내는 것이 아니라 현재 겪고 있는 경험이나 느낌, 생각을 있는 그대로 표현하는 것, 그 자체가 바로 치료가 되는 거라고요? 와, 정말 그런 것 같아요. 정신과 약을 먹으면서 멍하게 있는 상태가 정말 싫었는데, 저도 그렇게 해봐야겠어요. 그런데, 어떻게 저 자신의 경험을 있는 그대로 표현할 수 있나요? 꼭 글을 써야 하나요? 저는 글도 잘 못쓰고, 또 다른 사람들이 왜 제 글을 읽겠어요?"

그렇다. 현재 자신이 겪고 있는 어려움을 그분은 정말 잘 표현했다. 남이 보여준 좋은 면, 멋진 것에 대해서는 쉽게 감탄하고 동경하지만, 정작 자신이 할 수 있는 것에 대해서는 스스로 부정하는 그런 모습들 말이다. 이런 경우, 반드시 글을 써야 하는 건 아니다. 그림을 그리든, 음악을 즐기든, 운동을 하든, 자신이 할 수 있는 것 가운데서 본인의 감수성을 무엇보다 잘 드러낼 수 있는 방법을 택하면 그만이다. '무엇이 되어야겠다'가 아니라 '내가 현재 무엇을 한다'는 것이 더 중요하다. 이 방법은 대개 자신의 마음이 로맨티시스트 혹은 아이디얼리스트의 성향을 뚜렷이 나타내지만 스스로 우울하고 좌절된 마음의 상태라고 느낄 때 어려움을 극복하게 해주는 방법이다. 그렇다. 문제가 무엇인지, 이슈가 무엇인지를 알려고 하기 전에, 자기 자신이 어떤 사람인지를 알아야 하는 이유가 바로 여기에 있다.

──── 박사님~ 저는 ○○○라고 합니다. 감사 인사를 드리고 싶어서 편지를 씁니다. 지난 ○월에 위즈덤센터를 찾아가서 박사님께 상담을 받았어요. 미운 오리새끼처럼 정체성을 몰라서 방황하던 제가 누구인지 깨닫게 해주신 분은 박사님밖에 없었습니다. 어렸을 때부터 예민하고 한성질 하고 사회성 떨어지는 저를 '로맨티시스트'라는 멋진 이름으로 불러주셨지요.

저는 상담을 받고 집에 돌아와서 바로 그날 작사 작곡을 시작해서 그동안 주저하고 완성하지 못했던 곡을 세 곡이나 썼답니다. 그리고 음악학원에 등록해서 보컬수업을 받았고 드디어 싱어송라이터로 음원을 냈습니다. 저처럼 마음이 힘든 분들을 위로하고 싶어서 'You are precious'라는 곡을 썼어요.^^

나머지 곡들도 준비해서 계속 발표하고 박사님이 권해준 유튜브 활동도 조금씩 해나가려고요. 신기하게도 '나는 타고난 아티스트다'라고 생각하니까 곡이 써지더라고요 저는 피아노 전공자라서 작곡은 배운 적이 없는데도 말이죠. 음악 활동을 하면서 사람들과 교류하니까 저를 따라다니던 지긋지긋한 질문들, 삶의 의미와 존재의 이유를 묻는 질문들이 싹 사라져버렸습니다. ㅎㅎㅎ 그래서, 지금은 인생의 짐이 훨씬 가볍고 마음이 편해졌어요. 무기력과 우울감에서도 많이 벗어난 것 같고요. 존재감의 확인, 그리고 자존감의 회복이라고나 할까요? 저의 잠재력을 발휘해서 삶의 전환기를 맞게 해주신 황박사님 고맙습니다! 그럼 이만 줄일게요. ──

젊은 음악가로 성장 중인 한 내담자가 나에게 보낸 상담 후기와 앞에서 말한 젊은 작가의 성공담은 놀라울 정도로 유사하다. 항상 멜랑꼴리하고 불안한 감수성과 우울한 기분을 느끼면서, 대인관계의 어려움을 느껴왔던 내담자는 상담 후 '자기 찾기' 또는 '자기 이해'를 할 수 있게 되었다. 인간관계에 부담감과 두려움을 느껴 늘 주저하면서 아무것도 할 수 없다고 생각하던 사람이었는데 말이다. 그런 사람이 스스로 변화한 자신에 대해 감격해 하는 메일을 보내온 것이다. '사회성 향상'이나 '관계 증진'과 같은 어떤 해법에 매달린 것이 아니라 먼저 '자신이 어떤 사람인지 알고, 자신을 있는 그대로 받아들이게 됨으로써' 이런 놀라운 결과를 만들어낸 것이다. 자신을 찾아가고 알게 되는 것, 이것이 바로 심리치료 과정이자 효과이다. 막연히, 병으로 진단하고 약으로 상태가 나아질 것을 기대하는 것은 심리치료나 심리상담이 아니다.

스스로 '자신을 죽이려는 것'과 '떡볶이를 먹는' 선택 사이에서 고민하던 젊은이는 자신의 마음을 온 세상에 알리면서 스스로 작가가 되는 길을 만들었다. 자신을 하찮고 쓸모없는 루저라 낙인찍었던 어떤 젊은이는 자신이 얼마나 소중한 존재인가를 '음악'으로 표현하면서 새로운 삶의 길을 찾았다. 상담이라는 과정 속에서 그들은 모두 '자기 찾기'와 '자기 이해'라는 큰일을 해낸 것이다. 새로운 자기 자신으로서의 변신 경험이다.

이 책에는 지난 몇 년 동안 '황심소(황상민의 심리상담소)'를 통해 각기 다른 삶의 사연을 가진 다양한 사람들이 자신의 마음을 읽고, 또 자신을 찾아가게 했던 마음 진단의 내용들이 담겨 있다. 의사가 환자의 병을 진단하듯, 심리상담가로서 나는 내담자의 사연을 통해 그들의 마음을 추론하고 감별하고 진단했다. 그리고 이 작업의 결과가 내담자 본인에게 도움이 될 뿐 아니라 비슷한 사연이나 마음을 가진 많은 사람들에게 간접적인 심리상담의 경험을 줄 수 있을 것 같아서 마침내 책으로 공개하기로 마음먹었다. 위에서 언급한 로맨티시스트나 아이디얼리스트 성향을 가진 사람들뿐 아니라, 리얼리스트, 휴머니스트, 에이전트 성향의 마음을 가진 사람들이 각기 어떤 다양한 삶의 사연들을 가지고 있는지, 그들 각자의 마음에 부합하는 진단과 치유의 과정이 상담을 통해 어떻게 이루어지는지 독자 여러분이 간접적으로나마 체험하는 기회가 되었으면 좋겠다.

현재 대한민국은 우리 마음의 문제를 우울증, 공황장애, 또는 조현증 등의 다양한 정신과적 병으로 진단하고, 약으로 이들의 문제가 해결되기를 기대하는 상황에 놓여 있다. 약은 그 약을 필요로 하는 '분명한 병'을 치료하는 데엔 도움이 된다. 하지만 우리의 마음이 어떤 상태이고 그것이 가진 어려움이나 문제가 무엇인지에 대한 분명한 진단 없이 무작정 약을 먹는 것은 병과 관계없이 눈에 띄는 약을 무작정 먹는 것과 다르지 않다. 불안한 마음에, 혹은 어떻게든 답을 찾고 싶은 마음에, 좋다는 약을 무작정 먹으면서 자신의 마음의 문제가 무엇인지도 모른 채 치료되기를 바라는 많은 사람들이 이 책에서 언급하는 상담 사례들을 통해 자신을 돌이켜보고, 자신의 문제를 진단해보면서 도움을 얻게 되길 바란다.

2018년 가을,
WPI 상담코칭센터에서

황상민

차례

세션2 생의 한가운데_내 삶의 방향 찾기

° **누구에게나, 보여주고 싶은 나의 이미지가 있다**

마라톤 대회에 참가했던 『페이스북 심리학*Facehooked: How Facebook Affects Our Emotions, Relationships, and Lives*』의 저자 수재나 E. 플로레스^{Suzana Flores} 박사는 매우 흡족한 마음으로 자기 사진을 SNS 계정에 올렸습니다. 마라톤 결승전에 참가한 모습을 보여주는 멋진 사진들이었죠. 하지만 그녀는 이 사진들이 자신의 마라톤 경험을 온전히 드러내주지 못한다는 분명한 사실을 인정해야 했습니다. 왜냐하면 거기엔 마라톤 대회의 대부분을 차지했던 고통스러운 순간, 거의 제정신이 아니었던 상황을 보여주는 진짜 모습이 없었기 때문입니다. 가장 이상적이고 멋진 결과에 초점을 둔 사진이었기에 누군가에게 '멋있는 자신'을 보여줄 수는 있었지만, '이게 바로 마라톤에 참가했던 내 모습'이라고 확신할 만한 그런 사진들은 아니었던 겁니다. 그녀는 묻기 시작합니다. "왜 나는 있는 모습 그대로 드러내기보다 가장 이상적이고 아름답고 멋진 장면으로 나를 보여주려고 했을까?"

사람들은 대개 이렇게 이야기합니다. "누군가 나를 지켜보고 있다고 생각하면, 아무래도 행동이 달라질 수밖에 없지 않을까요?" 그렇습니다. 우리는 무대 위에 선 배우처럼 가상의 관객을 생각하면서 '연기하듯' 살아갑니다. 셰익스피어가 이미 수백 년 전에 이야기한 것처럼 말이에요. 이 말은 즉 오늘날 우리 대다수의 '보여주기' 행동이 반드시 '페이스북'이나 '인스타그램'의 영향이라고 할 수 없다는 뜻입니다.

최근 열차 사고로 심각한 부상을 당한 캐나다 노인과 구조대원을 배경으로 'V'자를 그리며 셀카를 찍은 이탈리아 남자를 다룬 기사가 해외토픽에 등장했습니다. 숱한 비난이 쏟아졌지만 실은 이와 비슷한 일이 세계 곳곳에서 발생하고 있지요. 멋진 셀카를 찍으려다 벼랑에서 떨어지거나 기차에 치거나 바다에 빠지는 사람들이 계속 늘어납니다. 이런 현상을 단순히 '과시형 셀카로 인한 사망 사고'라고 간단히 치부할 수 있을까요?

누구나 "내 인생은 나의 것, 내 마음대로 살련다"라고 말하지만 한편으로는 남에게 자랑하고 싶은 번듯한 삶을 살고 싶어 하는 사람도 많습니다. 이것이 바로 인간의 마음이 작동하는 대표적인 방식을 알려주는 단초가 아닐까요? 그렇다면 인간의 마음이란 무엇일까요? 이것은 우리 일상의 삶에서 어떻게 나타나고 있나요? 아니, 나 자신의 마음은 대체 무엇이며, 이것은 나의 삶에서 어떻게 나타날까요?

이제부터 우리는 삶의 다양한 문제에 허덕이는 여러 마음과 사례들을 통해 '내 삶의 문제에 내 마음이 어떻게 작동하는지'를 보게 될 것입니다. 마음에 대한 탐색은 자신에 대한 이해, 자신의 마음에 대한 탐색으로 시작되는데, 나의 마음을 알고자 한다면 현재 내가 누군가에게 보여주고 싶은 이미지가 무엇인지를 분명히 알기만 하면 됩니다.

누군가에게 보여주고 싶은 나의 이미지란 타인의 시선을 의식하는 데서 오는 삶의 부작용이나 부담이 아닙니다. 오히려 우리 각자가 어떤 방식으로 이 세상을 살아가고 있는지를 쉽게 이해하게 해주는 마음의 표현 방식, 혹은 우리 각자가 선택한 삶의 방식입니다. 세상이 아무리 넓고 다양하다고 해도 인간은 자신이 느낄 수 있는 세계를 오직 자신만의 거울에 비춰봅니다. 마음이 세상을 비추는 방식이 대개 그렇습니다.

° 내 마음인데 왜 내 마음대로 되지 않을까?

사람의 마음을 이야기할 때 많은 사람들이 '뇌brain'를 먼저 연상합니다. 잘못된 반응은 아닙니다. 우리의 뇌가 생각과 감정을 모두 통제하는 신체기관인 것은 분명하니까요. 한동안 '컴퓨터의 성능' 하면 바로 'CPU'를 연상하면서 속도를 언급했던 것과 같은 이치입니다. 하지만 아무리 성능 좋은 CPU를 장착한 컴퓨터라고 해도 누구 손에 들어가느냐에 따라 용도가 달라집니다. 최순실의 태블릿과 이세돌을 이긴 알파고의 능력만큼 차이가 있지요. 그렇기에 '마음=뇌'라고 단순히 주장하는 것은 컴퓨터의 성능이 곧 CPU라고 이야기하는 것과 다르지 않습니다. CPU는 컴퓨터의 성능에서 매우 중요한 역할을 담당하지만, CPU의 성능이 곧 컴퓨터의 모든 성능을 다 보여주는 건 아니잖아요. 사실 알파고의 능력은 컴퓨터의 CPU가 월등히 좋기 때문이 아니라 그것을 활용하여 놀라운 수手를 스스로 학습하고 내놓을 수 있게 만든 프로그램(운영자)의 힘입니다.

우리의 마음도 마찬가지입니다. 누구의 마음이냐에 따라 겪게 되는 삶의 문제와 해결 방법들이 다양하게 나타나지요. 따라서 "마음이 무엇이며 어떠하냐"의 문제는 마음 그 자체의 문제가 아니라 어떤 운영자에 의해, 더 구체적으로 이야기하면, '누구의 마음'인가에 따라 달라지는 것으로 보아야 합니다. '나를 어떤 사람으로 인식하는가' 혹은 '자신이 누구인가로 믿느냐'에 따라 각자의 마음은 다른 수준과 다른 능력을 발휘하는 어떤 것이 됩니다. 우리의 마음이 움직이는 방식이 이렇습니다.

지난 100년 이상 마음을 연구 대상으로 삼았던 심리학은 사실 우리 각자의 마음을 탐구한다고 했지만, 정작 '마음이 무엇인지'를 묻지 않았습니다. 단지, 마음이 어떻게 나타나는지를 열심히 실험하면서 '하다 보면 어떤 정체가 드러나지 않을까'라고 기대했을 뿐입니다. 뭔가 나타나기만 하면, 또 보이는 것이 있으면 논문을 쓸 수 있지 않을까 하는 바람으로 학자들은 연구를 거듭했습니다. 그러나, 이 같은 심리학자들의 연구와 달리, 『어쨌거나 내 인생 : 셜록황의 마음 처방전』에서는 우리 각자의 '마음'이 다른 사람에게는 어떻게, 어떤 문제로 드러나는지, 어떻게 해결되는지를 보려고 합니다. 각자의 마음이 각자의 문제들을 어떻게 받아들이는지 살피고, 이 책에 조연으로 등장하는 심리학자는 그 마음의 문제를 '상담'이라는 방식으로 해결하고자 노력합니다.

한국인의 마음에서 생겨나는 많은 문제를 상담을 통해 해결할 수 있다고 생각한 이유는 한국인의 심리 때문입니다. 한국인은 비교적 자신을 '있는 그대로'가 아니라 '보고 싶은 대로', 즉 믿고 싶은 대로 믿습니다. 겉으로는 마음에 대한 과학적이고 객관적인 사실을 찾으려 하지만, 실제 생활에서는 유력한 누군가의 이야기나 점, 명리학 등에 의존하려고 하니까요. '보고 싶은 대로 보고', 또 '믿고 싶은 대로 믿는' 한국인의 심리가 작동하는 방식은 배고픈 선비의 마음과 같습니다. '먹을 것만 눈에 보이는 상황이지만 내가 배고픈 것을 드러내면 안 될 것 같은' 그런 마음 말입니다. 현실적으로 분명한 욕망이 있고 몸도 그에 따라 움직이지만, 마음은 그 욕망을 억제하는 방식으로 자신을 표현하는 것입니다. 이래서는 '내 마음이 내 마음이 되기' 힘듭니다.

한국인의 경우, 욕망과 다른 마음을 항상 의식하면서 욕망에 충실하게 살아가려 합니다. '어쩔 수 없어서', '그렇게 할 수밖에 없어서', '나도 모르게', 또는 '그렇게 하는 것이 맞을 듯해서' 등등 다양한 이유를 들이대면서 이렇게 사는 것이 잘 사는 거라 믿습니다. 현실 지향적인 삶의 태도를 견지하면서 속으로는 '이렇게 사는 게 맞는 건가?' 하고 항상 염려합니다. 왜 한국인의 심리는 이렇게 나타날까요? 현재까지의 연구로는 "홍시 맛이 나서 홍시 맛이 난다"라고 이야기할 수밖에 없습니다. 여기에 "왜 홍시 맛이 나느냐?"라고 묻는 것은 어쩌면 아이의 호기심이 아닌 어른이 갖는 자기 삶의 혼란에 대한 불안의 소치인지도 모릅니다.

한국인의 심리와 삶의 해결책 찾기

한국인의 심리에서 '마음이 무엇이냐'에 대한 질문은 보통 "어떻게 하면 잘 살 수 있나요?"라고 묻는 것과 같습니다. 대부분의 사람들이 믿고 있는 '잘 사는 법', '성공하는 법'이 마치 우리의 마음을 나타내는 기준처럼 보이니 말입니다. 대체 일반인들이 쉽게 공감하는 잘 사는 기준은 무엇일까요? 제가 보기엔 '대세가 무엇인지를 알고, 특별한 이유가 없으면 그냥 대세를 따르는 것'입니다. 잘 사는 것에 대해 아주 막연한 그림만 가졌다는 게 한국인이 보여주는 삶의 철학입니다.

한국인의 심리를 연구하다 보면 재미있는 현상이 여럿 발견됩니다. 그중 하나가 믿기 싫은 것에 직면할 때 누군가 다른 이의 마음을 빌미로 자기가 믿고 싶은 것을 더 강조하거나 찾는다는 점입니다. 자신의 마음을 스스로 '읽어야' 할 때, 또는 누군가를 통해 자신의 마음이

'비추어지기'를 원할 때, 어떤 빌미가 될 단서나 기준을 적용하려 한다는 뜻입니다. 그것을 우리는 흔히 '통념'이나 '규범', '기준', 또는 '스펙'이라는 다양한 단어들로 표현하지요. 한국인들은 이런 것들을 각 상황에 맞추어 믿고 싶은 대로 혹은 당연한 것처럼 받아들입니다. 너무 괴로워 아픔을 느낄 때조차 '아프다'고 인정하지 않고 견디려 듭니다. 눈을 감고, 귀를 막고, 입을 닫고 조용히 지내면 아픔이 사라질 것으로 믿습니다. 자신의 마음이 내는 소리에 대해서는 질문조차 하지 않으면서요.

한편 한국 사회에서는 많은 사람들이 성공의 열망에 심취해 '성공의 비법'을 깨닫게 되길 간절히 바랍니다. 반면 실패할 경우엔 두려움도 피하고 남들도 수긍할 만한 '그럴듯한 이유'를 찾지요. 성공도 실패도 아니라면 '그냥 이대로' 하면서 현상이라도 유지할 수 있기를 바랍니다. 그런데 안타깝게도 자신의 마음이 어떻게 작동하는지 알게 해주는 정보는 없습니다. 만일 어떤 마음이 함정에 빠졌다면, 그 마음의 주인은 더 이상 자기 삶의 주인이 아닙니다. 주인님의 눈치를 살피는 종에 불과합니다. 누군가 자신의 문제를 해결해주거나 저절로 삶의 아픔이 사라지기를 간절히 바라는 노예일 뿐입니다. 착하게 살려는 많은 한국 사람들이 가장 쉽게 빠지는 함정도 바로 이것입니다.

이 책은 '마음과 성격', '삶의 방향', '연애의 정체', '결혼과 이혼', '인간관계', '문제 인식', '정서적 아픔', '조직에서의 적응', '진로' 등 다양한 이슈들을 다룹니다. 아니, 정확하게 표현하자면 이런 이슈들과 관련된 누군가의 마음을 읽습니다. 어떤 함정에 빠지는지, 거기서 어떻게 헤쳐 나오는지 함께 살펴봅니다. 실제로 마음의 함정에 빠지게 되는 경로는 명확합니다. 누군가에 대한 기대 혹은 삶에 대한 막연한 믿음들이 함정을 만들어내거든요. 하지만 대다수 사람들은 이런 믿음이 무엇인지조차 제대로 알지 못합니다. 그저 막연히 믿는 것을 통해 아픔을 겪거나 누군가를 원망하게 됩니다. '사랑'의 문제에 부딪히든 '관계의 어려움'을 겪든 '불행한 가정환경'을 탓하든 결국은 비슷한 마음의 모양으로 드러납니다.

˚ 믿음의 정체

사실 '사랑', '관계', '불행한 가정환경' 등은 우리 삶을 이루는 거의 모든 사건들입니다. 발생 원인은 제각기 다르겠지만 우리는 이런 문제들을 너무나 주관적으로 받아들이거나 뭉뚱그려 해석합니다. 그러고는 "나에게 왜 이런 일이 생길까?" 혹은 "너무 힘들고 어려워"라고 한탄합니다. "어떻게 해야 하나요?"라고 질문을 던지면서요.

정체를 알 수 없는 아픔을 겪는 사람들을 유심히 관찰해보면 역설적으로 자신의 아픔에 대한 어떤 분명한 믿음을 가지고 있음을 알게 됩니다. 단지, 그것을 당연한 것으로 또는 어쩔 수 없는 것이라 받아들이면서 자신에게 질문을 던지지 않을 뿐이지요. 아니, 자신의 아픔에서 무엇이 진짜 문제인지 모른 채 주어지는 것들, 혹은 통념들을 자기 삶의 정답처럼 받아들입니다. 잘못되어도 한참 잘못된 접근 방법입니다. 마음의 함정에서 벗어나 해법을 찾고 싶다면, 두려워하지 말고 자신의 상황에 대해, 아니 자신이 문제라고 느끼는 것에 대해, 무조건 질문부터 던져야 합니다. 물론 이는 대부분의 사람들이 어려워하는 일이기도 하고 불편하게 생각하는 일이기도 합니다.

'마음의 함정'에 빠진 많은 이들의 사연은 자신들이 정답처럼 믿고 있는 것 때문에 만들어진 것입니다. 그런데 본인이 가진 정답과 같은 삶의 해법이 행복을 선사하기는커녕 오히려 아픔과 안타까움을 증폭시키는 것은 대체 어떤 이유일까요? 왜 이런 일이 벌어질까요? 답은 한국인들이 이 사회에서 잘 살기 위해 가진 정답, 아니, 정확히 표현하면 '이상적으로 믿고 있는 어떤 것' 때문입니다. 이상적인 조건, 이상적인 기준, 이상적인 스펙 들에 자신을 맞추려 하고, 그것으로 자신을 포장하려 들기에 개인의 삶이 더 힘들어지는 것입니다.

'이상적인 어떤 것'에 대한 믿음은 현실에 살고 있는 우리 모두를 힘들게 합니다. 현대 한국사회에서 대부분의 한국인이 겪고 있는 역병이기도 한데요. 현실적으로 잘 살고 싶어 하는 사람들이 자발적으로 받아들이는 질병입니다. 수험생들은 최고의 스펙이라는 조건에 인생을 맞추고자 성적을 만들어내는 데 올인합니다. 그렇게 하면 할수록 자신이 원하는 교육에서는 멀어지는데 말이지요. 취준생들은 또 어떨까요? 최고의 직장에서 원할 것 같은 스펙을 구비하느라 시간을 다 보냅니다. 이들 역시 자신의 색깔을 잃어버리면서 결국엔 점점 더 원하는 것으로부터 멀어지게 됩니다. 왜 그럴까요? 당위적인 어떤 기준에 대한 믿음만 갖고서 자신을 꾸미고 무작정 앞만 보고 달릴 때 더 큰 불안과 안타까움이 엄습하고, 그 결과 우리의 마음이 함정에 빠지게 되기 때문입니다. 이것이 바로 우리가 지닌 믿음의 정체랍니다.

° 신기루가 걷히면 길이 보인다

여러분은 무엇이 '현재 나의 문제'라고 믿고 있습니까? 이 물음에 답하는 과정이 마음의 함정에서 빠져나오기 위한 1차 관문입니다. 많은 사람들이 현재 겪고 있는 문제가 무엇인지를 제대로 알면 삶을 더 나은 방향으로 조정할 수 있다고 기대합니다. 하지만 이는 우리의 믿음이 만들어내는 또 다른 함정에 불과합니다. 자신의 문제가 무엇인지 제대로 아는 것은 물론 중요한데요. 이때 간과해선 안 될 것이 있습니다. 내가 믿고 있는 문제가 '현재 나를 아프게 하는 그 문제가 아닐 수 있다'는 점입니다. 나의 고민이 나의 문제가 아니라니요! 그렇다면, 내가 알아야 하고, 또 해결해야 하는 나의 문제는 무엇일까요? 답은 현재 내가 가진 믿음과 아픔의 정체를 분명히 아는 것에서 시작합니다. 자신이 어떤 사람인지를 아는 것이지요. 자신이 왜, 무엇을 위해 살아가는지 있는 그대로 보아야 합니다.

자신이 가진 문제의 본질을 인식하는 것, 자신이 어떤 사람인지를 아는 것, 자기만의 세계와 색깔을 가지는 것, 문제를 있는 그대로 직면하는 것은 그리 어렵지 않습니다. 피하거나 속이거나 최면을 걸지 않으면 됩니다. 하지만 자신이 아닌 다른 누군가처럼 되려 한다거나, 스스로 정한 어떤 기준에 자신을 맞추려 하면 삶의 안타까움과 어려움은 결코 종식되지 않습니다. 끝없는 질곡으로 빠져들 뿐입니다. 우리가 마음속에 막연히 담아둔 꿈이나 이상, 또는 어떤 이상적인 기준들은 현실의 내 삶을 규정하는 함정이기 때문입니다.

사람들은 대개 누구나 부러워할 만한 멋진 기준, 이상적인 조건에 부합하는 삶을 꿈꿉니다. 그 꿈을 이루기 위해 노력하고, 그것을 이루면 성공했다고 믿습니다. 따라서 실패란 현실에서 그 꿈을 이루지 못한 것을 뜻하겠지요. 이 경우 실패의 원인을 직시하면 누군가가 삶을 상승시킬 해법이나 함정에서 빠져나올 수 있는 도움을 줄 거라고 믿습니다. 하지만 이런 믿음에도 함정이 있어요. 현재의 삶에 만족하는 사람은 드물기 때문입니다. 그렇다면 우리는 꿈도 이루지 못한 채 힘들고 고통스러운 삶을 계속해야 하는 걸까요? 물론 그렇지 않습니다. 하지만 또 많은 사람들은 현실을 있는 그대로 받아들이고 거기 만족하는 것을 실패라고 생각합니다. 우리의 삶은 이처럼 모순투성이입니다.

이상적인 무엇이 현실에서 성취되기를 바라면 바랄수록 우리는 현재의 삶에 만족하기 어려워집니다. 어떻게 하면 그 욕망을 현실화할 수 있을지 계속 묻습니다. 그 욕망이란 다름 아닌 이상적인 기준이나 목표일 텐데요. 꿈꾸는 데 시간과 노력을 더 많이 쏟아 붓는 사람은 현실의 삶을 더 힘겹게 느끼게 마련입니다. 호박 마차를 타고 무도회에 다녀온 신데렐라가 여기 저기 깁고 꿰맨 옷을 평소보다 더 초라하게 느끼는 것처럼요. 물론, 꿈마저 꾸지 말라는 뜻이 아닙니다. 다만 우리가 꿈으로 그리는 이상적인 기준이란 대개 막연한 무엇이거나, 현재의 내 삶이 성공적이지 않고 실패에 가깝다는 것을 확인해주는 기준이 될 뿐임을 알아야 한다는 뜻입니다. 이제 우리는 나의 마음을 아는 것은 멋진 꿈을 꾸는 게 아니라 현실에 드러나는 구체적인 나의 문제를 아는 것임을 알아야 합니다. 자신의 문제를 인정할 수 있을 때 비로소 우리는 '노예의 마음'이나 '마음의 노예'가 아닌 '내 마음의 주인'으로 살 수 있을 겁니다.

상담에 자주 언급되는 개념 미리 보기

° WPI란?

먼저 나를 인식하고, 그다음에 내가 어떻게 살아야 할 것인지, 내 삶의 방식에서 무엇이 내게 어려움을 초래하는지를 일목요연하게 보여주는 성격 검사이다. 가령 우리가 중병에 걸렸다고 해보자. 다들 자기가 어떤 병에 걸렸는지 정확히 알고 싶어 할 것이다. 환자가 가장 답답해 하는 경우는 분명 내 몸이 아픈데 의사가 병명을 모르겠다고 할 때이다. 설사 잘못된 진단일지라도 "이것은 무슨 병입니다"라고 확실히 얘기해주면 오히려 마음이 더 편한 것과 같은 이치다. 다른 병원에 가서 새로 진단을 받는 한이 있어도 일단 진단 결과가 나오면 그 병을 치료할 수 있다는 희망이 생기니까 말이다. 그런데 병명을 모르면 어떻게 해야 할지 몰라 더욱더 불안과 절망에 빠지게 된다. 우리가 삶에서 부딪히는 문제도 마찬가지다.

WPI는 'Whang's Personality Inventory'의 첫 글자를 딴 것으로 현재 심리상담가로 활동하는 황상민 박사(심리학 박사, 전 연세대학교 심리학과 교수)가 10여 년에 걸친 연구를 통해 개발한 한국인의 성격 및 라이프스타일 진단 방법이다. 한국 사람들의 심리 연구를 통해 개발한 성격검사로서 시중에 유행하는 MBTI 나 애니어그램 같은 서양인의 성격 검사를 번역한 것과는 근본적으로 다르다. 무엇보다 이 검사는 한국 사람들의 다양한 심리, 사회적 문제 등을 파악하는 데 많이 활용되는데, 특히 일상의 생활 속에서 각 사람들이 자신의 인간관계 및 진로 고민, 결혼이나 부부관계 등의 다양한 문제들을 해결하는 데 활용되고 있다. 이 책에 등장하는 몇몇 용어에 대한 이해를 돕고자 ㈜위즈덤센터 홈페이지[1]에 소개된 각 유형의 명칭과 특성을 간략히 소개한다. 자세한 내용과 상담을 원하는 독자는 ㈜위즈덤센터의 홈페이지를 방문해서 도움을 받을 수 있다.

° WPI 유형 설명

WPI 검사는 '자기 평가'와 '타인 평가'로 이루어진다. '자기 평가'는 자신의 기본적인 성향을 나타내며, '타인 평가'는 어떤 가치를 스스로 중요시 여기며 사는지를 알려준다.

---

1 http://www.wisdomcenter.co.kr/

당신이 ____라면…

리얼리스트 타인의 인정을 통해 존재감을 획득하는 사람으로 주어진 상황과 주위 사람들에게 자신을 맞추려 노력한다. 다른 사람을 잘 배려하며 권위와 분위기에 순응한다. 일을 할 때 업무 자체보다 사람 간 관계를 더 중시하기도 한다.

로맨티시스트 감성적이고 예민한 한편으로 꼼꼼하여 일에서는 완벽을 추구하는 사람이다. 타인에게 자신의 감정이 공유되고 공감 받을 때 존재감을 획득한다. 모르는 사람 앞에서 수줍음을 타고 걱정이 많을 때도 있다.

휴머니스트 다른 사람들과 함께 어울리는 것을 좋아하는 외향적인 사람으로 긍정적인 에너지를 가지고 있다. 규범과 위계를 중요시하며 리더 역할을 맡는다면 구성원들이 결속을 다지도록 잘 이끌 수 있다.

아이디얼리스트 자신만의 세계와 취향을 소중히 여기며 상상력이 풍부하다. 개방적인 분위기에서 자신의 생각을 현실화시켜 나갈 때 성장할 수 있으며 문제를 창의적인 방식으로 풀어나간다. 공동체 생활에는 취약하다.

에이전트 일을 통해 자신을 실현하는 데서 성취감을 느끼는 사람이다. 주어진 일을 확실히 수행하고자 열심히 노력하며, 수준 높은 결과를 낸다. 하지만 미묘한 감정이나 상황 파악에는 약하다.

당신이 ____가 높다면…

릴레이션 당신은 타인의 친밀감, 호감을 통해 자신의 존재를 인정받는 것을 중요시한다. 외향적인 삶을 살고자 하며, 누구를 만나느냐에 따라 자신의 특성이 좌우되기도 한다. 과제를 관계를 통해 해결하기도 한다.

트러스트 당신은 주위 사람들에게 책임감 있고 믿음직스러운 모습을 보이고자 하며 끈기가 있다. 새로운 일에 도전하기보다 결과가 보장된 성실한 라이프 스타일을 선호한다. 감정이 안정적인 한편 보수적이며 지적 개방성은 떨어지는 경우가 많다.

매뉴얼 당신은 주변 환경을 관리하고 통제하고자 하는 의지가 강하며 규범과 틀을 중요시한다. 하지만 새로운 상황이 나타났을 때 유연하게 대처하는 능력이 부족할 수도 있다.

셀프 당신에게는 스스로의 인정과 스타일이 가장 중요하다. 다른 사람들의 이목을 신경 쓰지 않기 때문에 "잘났어!"와 같은 반응을 불러일으키기도 한다. 타인에 대한 관심과 몰입은 떨어질 수 있다.

컬처 당신은 무언가에 몰입하는 것을 좋아한다. 어떤 일을 할 때 그것의 성과보다는 자신의 즐거움을 더 중요하게 생각한다. 자신이 하고자하는 일을 뒷받침해줄 수 있는 자원이 있는 경우가 많으며 스스로를 우아하게 표현할 수 있다.

당신의 마음은
안녕한가요?

_마음과 성격 이해하기

다이어트만 하면
문제가 해결될 거 같아요

친애하는 셜록황에게 ————

수능을 준비하는 스물한 살의 여학생입니다. 저는 다이어트 문제로 고민이 많습니다. 고등학교 2학년 때 극한의 다이어트로 몸무게가 39킬로그램까지 내려갔고, 고3 때엔 폭식과 폭토로 65킬로그램, 재수를 하면서 다시 41킬로그램이 되었습니다. 이후 식이장애를 극복하고자 48킬로그램까지 살을 찌웠습니다. 하지만 음식에 대한 강박과 입시 스트레스로 지금은 다시 41킬로그램이 되었습니다.

가정환경도 조금 복잡합니다. 여섯 살 때 부모님이 이혼해서 아홉 살 때까지 엄마와 함께 살면서 경제적으로 많이 불안정하게 지냈습니다. 이후로는 아빠와 고모, 고모부의 보살핌 속에서 평범하고 안정적으로 생활했습니다. 그러나 겉보기와 달리 어린 시절의 불안감이 이어졌는지 제게는 항상 강박이 있습니다. 예를 들어 초등학생 시절 사채업자를 만났던 기억이 떠오르면 제 몸을 털어내는 행동을 합니다.

공부를 곧잘 했기에 외고에 진학했는데 똑똑한 아이들 틈에서 학업 스트레스를 받은 것이 열등감으로 이어져 다이어트에 몰두하는 듯합니다. 늘 제 나름대로 일정한 체중을 정해놓고 그것을 유지해야 한다는 불안감에 먹는 것을 극도로 두려워했지요. 어떤 경우에는 너무 많이 먹었다는 생각에 아예 폭식을 한 뒤 토해냈습니다. 스트레스를 받으면 먹고 싶은 생각이 매우 강렬해집니다. 그 뿐 아니라 고모와 제 자신을 비교하는 강박도 생겨서 고모보다 적게 먹고 고모보다 많이 움직여야 한다는 생각에 매일 매일이 고통스럽습니다.

다이어트 이후에는 그 무엇에도 집중하지 못하고 온통 먹는 생각뿐입니다. 정신과 약을 복용하면서 이겨내려고 매일 다짐하지만 조금 좋아지는 듯싶다가 다시 되돌아가기를 반복하는 제 자신이 너무 싫고 힘듭니다. 저도 평범하게 공부에 집중하고 싶고, 잘 먹고 싶은데 그게 잘 안됩니다.

부모님, 고모, 고모부가 저를 많이 걱정하고 도와주었는데 수능만 생각하면 도망가고 싶습니다. 사는 것이, 먹는 것이, 순간순간이 너무 힘들어 다 포기하고 싶습니다. 그러면서도 포기할 용기조차 없는 제가 너무 한심합니다. 이제는 무엇을 해도 즐겁지 않고 몹시 힘이 듭니다. 어떻게 살아야 할지 앞날이 두렵습니다. ———

다이어트, 나의 고민이 되어줘!

수능 준비 과정 자체가 너무 괴롭고, 또 원하는 결과가 나오지 않을까 봐 불안해서 온몸으로 '폭식'과 '거식' 행동을 보이는 분의 사연입니다. 얼핏 다이어트 문제로 보이지만 실은 다이어트와는 직접적인 관계가 없습니다. 만일 이분이 정신과에 갔다면 곧바로 '식이장애' 진단을 받았을 겁니다. 그러나 진짜 문제는 '불안'입니다.

이 사연자는 무엇 때문에 이토록 심하게 불안감을 느끼는 걸까요? 가정환경 때문일까요, 공부 스트레스 때문일까요? 본인은 이에 대해 자신에 대한 좌절감, 강박증, 자신감 부족 등과 같은 감정적 동요를 언급합니다. 이런 심리 상태는 WPI 프로파일로 바로 확인할 수 있는데요. 이분에게는 전형적인 로맨티시스트의 성향이 높게 나타났습니다. 반면 리얼리스트 성향과 셀프는 아주 바닥 수준입니다. 감성적으로 예민하고, 자신감이 낮으며, 자기표현에서 극단적으로 수동적이고, 심지어 불안해 하는 모습까지 보입니다. 특히 자신의 존재를 부정하고, 현실에서 벗어나 타인과의 접촉이나 생활 자체를 회피하거나 외면하고 싶은 마음을 그대로 드러냅니다. 남의 시선을 아주 많이 의식하는 것처럼 보이지만, 실제로 영향을 받는 것은 남의 시선이 아니라 자기 자신의 시선입니다. 조금 어려운 부분이지요?

이분의 행동이나 생활은 자기감정에 따라 좌우됩니다. 성적이 원하는 만큼 나오지 않으면 그 좌절감을 자기 몸에 그대로 적용하여 자학해요. 이분에겐 성적도 점수이고, 체중도 점수입니다. 성적을 나타내는 점수와 싸우다가 그것이 생각대로 잘 안 되니까 신체로 확장하여 몸무게와 싸우는 거예요. 몸무게 점수를 정해놓고 '여기까지 내려야지. 그렇지 않으면 실패야'라고 생각합니다. 즉 이분에게는 몸무게를 컨트롤하는 마음이나 성적을 통제하는 마음이 똑같습니다. 물론 본인은 이런 관계를 전혀 의식하지 못해요. 그래서 무의식적으로 이런 상황을 식이장애로 돌립니다. 그러면 문제를 쉽게 회피할 수 있으니까요.

생각해보세요. 똑같이 공부해도 어떤 때는 성적이 엉망이고 또 어떤 때는 결과가 좋습니다. 이유가 뭘까요? 공부하는 일을 스스로 인식하는 우리의 마음이 그때그때 다르기 때문입니다. 심리적 이유, 즉 우리 마음에 따라 행동이 달라지고 자연스레 행동의 결과도 달라지는

우리가 삶에서 실제로 영향을 많이 받는 것은
놀랍게도 남의 시선이 아니라 자기 자신의 시선입니다.

거죠. 시험을 치를 때 "아, 이거 아는 거야!" 하면서 자신 있게 응답하면 성적이 잘 나옵니다. 하지만 알고 있으면서도 "어디서 본 것 같은데, 아냐, 내가 잘못 본 거야" 하거나 "분명 틀릴 거야"라는 마음으로 응답하면 꼭 틀린 답을 고르게 됩니다. 이런 현상은 공부한 양이나 공부한 시간과는 관계가 없습니다. 자기 실력을 얼마나 잘 발휘할 수 있느냐의 문제니까요. 이분은 수능에서 도망가고 싶고, 삶도 포기하고 싶다고 했습니다. 그러면서 또 포기할 용기조차 없는 자신이 한심하다고 합니다. 그런데 말이에요. 이분이 이렇게 생각하면서 자기도 모르게 포기한 게 있답니다. 바로 자신의 몸입니다.

° 비교해야 사는 사람

사연자는 고등학교 2학년 때부터 3수를 할 때까지 몸무게가 왔다 갔다 했습니다. 성적도 그만큼 왔다 갔다 했겠지요. 이분에게는 성적이나 몸무게가 자신의 심리 상태와 자신감을 반영하는 일종의 바로미터barometer입니다. 일반적으로 잘 먹으면 두뇌 회전에 도움이 되고 집중도 잘 됩니다. 원하는 대로 먹지 못하면 집중력이 떨어지고요. 이분도 다르지 않을 겁니다. 그런데 이분은 잘 먹으면 오히려 심리적인 죄책감을 느낍니다. 몸무게를 생각하지 않고 먹었다거나 식욕을 참지 못했다는 데 죄책감을 느끼는 거예요. "이토록 인내력이 없다니, 넌 쓰레기야. 그래서 어떻게 공부하겠니?" 하면서 말입니다.

이렇게 기분이 싹 달라지면 아무리 오래 책상 앞에 앉아 있어도 소용 없습니다. 사실 공부는 잘 먹으면서 해야 하는데 체중에 지나치게 신경 쓰면 이것이 힘들어집니다. 체중을 확인하지 않고 그냥 공부만 하면 좋을 텐데, 아이러니하게도 이분은 몸무게 숫자를 통해 자신의 불안감을 낮춥니다. 아마 몸무게만 확인할 뿐 자신이 무얼 먹었는지는 확인하지 않을 거예요. 다만 본인이 만족하는 몸무게와 지금 이 순간의 몸무게를 계속 비교하면서 숫자를 확인하는 것뿐입니다.

똑똑한 아이들 틈에서 학업 스트레스를 받았다는 데서도 '비교'가 등장합니다. 우리 주위엔 언제나 똑똑한 사람들이 있게 마련입니다. 그것이 나하고 무슨 상관입니까? 나는 그냥 내 공부만 하면 됩니다. 사연자의 삶이 힘들어진 건 항상 주위에 있는 사람과 자신을 비교하고, 삶의 기준을 옆 사람에게 두었기 때문입니다. 이러면 자기 문제를 스스로 파악하기가 더욱 힘들어집니다. 이분에겐 또 강박적으로 고모와 자신을 비교하는 습관이 있어요. 고모보다 적게 먹고 많이 움직여야 한다고 생각합니다. 자신이 무얼 먹었는지 확인하는 게 아니라 "고모가 많이 먹었네. 나는 적게 먹어야지" 하는 것입니다. 비교하는 준거가 주위 상황이나 사람에게 있으므로 당연히 자신을 통제하기 어렵지요. 변하지 않아야 기준으로서의 가치가 있는데 계속 달라질 테니 말입니다. 이런 상황이니 불안감이 증폭되는 것도 당연합니다. 여기에 정신과 약까지 복용했다고 하니, 죽으려고 작정한 거나 다름없습니다.

한 알의 약이 마음에 떨어지면

정신과 약을 먹으면 멍해져요. 누구라도 공부에 집중하기가 어렵습니다. 이분의 경우, WPI의 타인 평가에 속하는 '셀프'가 거의 바닥 수준인데요. 이는 자포자기 심정이라는 뜻으로 스스로 문제를 파악하고 해결하기보다 누군가 자기 문제를 해결해주길 바란다는 것을 의미합니다. 사실 자기 문제를 정확히 알지 못하면서 정신과 약을 먹는 것은 독약을 먹는 것과 다름없어요.

현재 이분은 스스로 불안을 만들어내고 있습니다. '스스로 불안감을 만들어내는 능력'이 매우 출중한 분이에요. 이것이 사연자의 특성이기도 합니다. 따라서 이분은 먼저 자신이 그처럼 잘하는 일이 어떤 결과를 초래하는지 알아야 합니다. 물론 이런 인식은 그 자체로 괴로울 수도 있지만, 그것을 방지할 방법도 생각해낼 수 있다는 점에서 긍정적으로 보아야겠지요. 사실 자기 자신을 있는 그대로 대면하기란 어려운 일입니다. 어떤 사람은 재미있어 하고 또 어떤 사람은 뿌듯해 하지만 대개는 민낯의 자신과 마주하기를 두려워합니다. 이상적인 모습을 만들어놓고 거기에 자신을 맞추고 싶어 하는 것이 일반적인 심리잖아요.

이 같은 성향은 리얼리스트나 로맨티시스트 성향의 사람들에게 더욱 뚜렷하게 나타나는데요. 이 유형은 자신의 민낯을 볼 때 크게 불안해집니다. 특히 리얼리스트는 아예 거부하려 들어요. 자신의 민낯을 보는 것 자체를 있을 수 없는 일 혹은 나쁜 일로 여깁니다. 가능한 한 '가장 멋진 가면'을 자신의 얼굴로 내세우고 싶어 하지요. 이를 사연자와 연결해보면 답이 나옵니다. 즉 이분에겐 다이어트가 문제가 아니에요. 자신이 생각하는 '가장 멋진 얼굴, 착한 몸매, 기대하는 성적'을 가진 사람이 아니라는 데서 문제의식이 발동하는 거죠. 심지어, 좋은 성적을 기대하는 마음으로 정신과 약을 먹어보았지만 소용없습니다. 약은 신체를 컨트롤하는 것이지 마음을 컨트롤하는 게 아니잖습니까?

마음은 약으로 통제되거나 관리되지 않습니다. 정신과 약을 복용하면 보통 쉽게 나른해지거나 마음이 느슨해지는데, 이는 약물이 우리 마음을 기만하기 때문입니다. 술을 마시거나 담배를 피우는 것과 비슷하지요. 어린 학생에게 정신과 약을 복용하게 하는 것은 마음을 제대로 파악할 수 없는 이 시대와 사회의 비극이기도 합니다. 실제로 많은 부모가 자녀들에게 정신과 약을 처방해줍니다. 공부하다가 힘들어지거나 불안해 하면 먹이고요. 하지만 자녀의 진짜 문제가 무엇인지 정확히 알지 못하는 상황이라면 이렇게 약을 맹신하거나 권하는 것을 재고해야 합니다. 물론 자녀의 불안 수준이 너무 높아 도저히 시험을 치를 수 없는 상태라면 시험 전날 약을 먹일 수 있습니다. 하지만 일상에서 약을 계속 복용하면 전체적인 신경 기능이 떨어지고, 결과적으로 학업에 매진할 능력 자체가 무너집니다. 시험에 대한 불안이나 부담이 큰 아이들의 경우 그들이 시험을 어떻게 인식하느냐에 따라 의외로 해답을 쉽게 찾을 수 있어요. 공부가 자신이 통제 가능한 문제가 될 때 아이들은 더는 불안해 하지 않고, 시험이나 공부도 부담스럽게 여기지 않는답니다.

이분의 경우에도 "왜 불안한가?"를 정확히 인지하는 것이 도움이 됩니다. 불행했던 과거로 돌아갈 것 같은 막연한 불안감, 주위에 있는 멋진 사람과 자신을 비교했을 때 느껴지는 좌절감 등이 자신을 더 불안하게 만들지도 모릅니다. 예를 들어 이분에게는 고모가 비교 대상입니다. 자신과 고모를 비교하는 것으로 보아 고모는 날씬하고 웬만큼 잘 사는 분 같아요. 고모를 성공한 사람으로 보고 자신의 잠재적인 경쟁자로 생각하는 듯합니다. 사연자는 이런 마음을 인정할 수 있을까요? 아마 어려울 겁니다. 따라서 이분에게는 불안의 정체를 확인하는 단계가 선행되어야 합니다. 고모와 비교하는 자신을 자책하거나 비하할 게 아니라 고모와 자신은 완전히 다른 사람이라는 것을 인정해야 해요. "네가 고모와 경쟁하면 고모처럼 될 수 없어. 고모를 잘 따라다니고 엄마처럼 생각해. 그럼 고모가 너의 후원자가 될 거야. 서로 피가 통하는 사람들이잖아"와 같은 조언도 필요합니다. 고모를 경쟁자가 아니라 엄마처럼 생각하는 순간 이분은 고모한테 딸이 될 겁니다. 자연스레 심리적 안정감도 얻게 될 테고요.

나의 가면은 너의 가면과 다르다

다이어트와 관련된 다른 사연을 하나 더 보겠습니다. 이를 통해 예민한 로맨티시스트 성향의 사람들이 자신의 몸과 마음을 어떻게 학대하는지 더 쉽게 이해할 수 있을 텐데요. 앞의 사례와 다른 듯하면서도 유사한 상황이니, 한번 들어봅시다.

—— 저는 아르바이트나 인턴 면접을 볼 때마다 매번 잘 웃고 인상이 서글서글해서 참 좋다는 칭찬을 듣곤 합니다. 일주일 후부터 일하게 될 회사도 사장님이 같은 이유로 입사를 제안했습니다. 그런데 저는 일을 잘하는 편이 아닙니다. 성격이 급하고 긴장을 많이 해서 실수가 잦고, 마음에 들지 않는 사람에게는 무척 냉담합니다. 이런 본모습이 드러나 주변 사람들에게 실망을 안길까 두렵습니다. 그 원인을 생각해보니 중·고등학교 때부터 다이어트를 위해 시작한 걷기 운동 때문인 듯합니다. 매일 다섯 시간 이상 걸으면서 끊임없이 제가 잘나가는 모습을 상상했고 심지어 나중에는 그 상상을 하기 위해 걸었습니다.

그런 상상을 할 때면 늘 '공부해야 하는데' 하는 죄책감이 들었습니다. 상상의 내용을 직접 써보기도 했고, 다른 일에 집중하면서 그만두려고 노력도 해보았지만 시간만 줄었다 뿐이지 여전히 비슷한 상상을 계속합니다. 이런 상상 때문에 잠재적으로 저에 대한 기대가 커지고 그것이 자신감 부족으로 이어지는 것 같습니다.

고3 때는 전문대 요리학과에 합격했지만 부모님의 반대로 재수했고, 재수한 뒤 점수가 더 떨어져 평생교육원에서 한 학기를 보냈습니다. 당시 제 휴대전화를 몰래 보신 아버지가 제가 남자 친구와 함께 침대에 있는 사진을 보고 화가 나서 제게 욕을 하고 폭행을 했습니다. 지금은 마음이 많이 풀렸지만 그때는 2년간 아버지와 연락을 끊고 지냈지요. 지금은 좋은 남자 친구도 있고 제 나름대로 잘 살고 있는데, 매일 창피했던 기억이 떠오르고 그때마다 죽고 싶어집니다.

새로운 출발을 앞둔 지금, 저는 저를 많이 내려놓고 열심히 일하되 사람들에게 기대하지 않으면서 가식적으로 회사생활을 하리라고 결심했습니다. 이런 제 결심이 저한테 잘 맞을까요? ———

"저를 많이 내려놓고 열심히 일하되 사람들에게 기대하지 않으면서 가식적으로 회사생활을 하려고 결심했는데, 그 결심이 나에게 맞을까요?"라고 물었네요. 무슨 뜻일까요? 이 사연을 주신 분은 먼저 '자신을 내려놓고 열심히 일한다'고 했는데, 과연 무슨 뜻일까요? '아무 생각 없이 좀비처럼 살겠다'는 선언과 다르지 않습니다. 좀비 생활을 하는 사람은 결과에 신경 쓰지 않습니다. 사연자가 미리 '사람들에게 기대하지 않는다'라고 하는 답을 정해둔 배경입니다.

이제 "가식적으로 회사생활을 하는 것이 나에게 맞을까?"라는 질문의 뜻을 알아볼까요? 사실, 이분은 지금까지 '남들이 나를 어떻게 볼까?'를 열심히 고민하면서 살았습니다. 여태껏 가식적으로 살아왔으니, 앞으로도 특별히 달라질 것은 없어 보입니다. 그런데도 이분은 매우 심각하게 질문합니다. 사실 이 질문은 '내가 남에게 어떻게 보이면 좋을까'를 묻는 것입니다. '보이고 싶은 나'의 기준과 틀이 자신에게 맞는지 묻는 거예요. 자신이 스스로 정한 삶의 기준 대신 다른 사람의 기준이나 프레임을 가져와 자신에게 맞추려 하니 그게 과연 맞는지 궁금할 거고, 결국 불안이 증폭되면서 "그렇게 살아도 되나요?" 하고 묻는 겁니다.

가식적으로 사는 것을 폄훼할 이유는 없습니다. '가면을 쓴 내 모습'이라고 생각하면 됩니다. 가면이라는 것 자체도 그리 나쁜 게 아닙니다. 실제로 사람들은 대부분 가면을 쓰고 살아갑니다. 대개 서너 개 정도의 가면을 쓰고 살아가지요. 이분은 인간의 이런 특성을 이해하지 못해서 괴로워하는 겁니다.

사람들은 흔히 자기만의 색깔을 지닌다고 말하는데요. 이를 한 단어로 표현하면 '성격'입니다. 퍼스낼러티personality지요. 이 말은 고대 그리스의 페르소나persona라는 단어에서 나왔는데, 이게 바로 '가면'입니다. 고대 그리스인은 기본적으로 인간이 자기만의 특성을 나타내는 '가면'을 쓰고 무대 위에서 연극을 하는 배우 같다고 생각했습니다. 매우 뛰어난 통찰이죠? 그러므로 가식은 나쁜 것이 아니라 내가 다른 사람과 어울려서 살아가고 있음을 보여주는 삶의 긍정적인 장치입니다. 그런데 왜 우리는 '가식적인 사람'이라는 둥 '위선자'라는 둥 이를 부정적으로 평가할까요? 한마디로 자신 역시 가식적으로 살고 있기 때문입니다. 어쩌면 마음 깊은 곳에서 "나는 가면을 쓰고 있지만 너는 그 가면을 벗어!"라고 외치고 있는지도 몰라요.

네, 상당히 이기적인 사고입니다. 보통 자기 위주로 말하는 사람은 '진실한 사람', '진정성 있는 사람'을 굉장히 강조합니다. 특히 정치인들 가운데 이런 사람이 유난히 많아요. 하지만 사람은 대개 이 집단에서는 내가 가장 재미있는 사람이지만 저 집단에 가면 진지한 사람이 되고, 여기에 가면 멋있다고 부러움을 사지만 저기에 가면 소심하다고 평가 받게 마련입니다. 그게 우리 인간의 모습이에요. 그런데도 우리는 인간을 절대적인 존재라고 착각하면서 변하지 않는 무언가에 따라 움직여야 한다고 자타에게 강요합니다.

방황하는 영혼들

소개해드린 두 사연의 이슈는 같지만 사연자들의 WPI 프로파일은 다릅니다. 두 번째 사연자의 프로파일은 한마디로 "내 안엔 내가 너무도 많아" 하는 상황으로 휴머니스트와 로맨티시스트가 비교적 뚜렷하게 나타나며 리얼리스트까지 있습니다. 다른 사람에게는 잘 웃고 인간성 좋은 원만한 모습으로 보입니다만, 정작 당사자는 '남들이 진짜 내모습을 알면 어쩌지?' 하면서 불안해 하는 상황이에요. 즉 '난 상당히예민한데 어쩌지? 내 본모습을 알면 큰일 날 텐데'라고 걱정하면서 긴장하는 로맨티시스트의 모습입니다. 온탕과 냉탕을 왔다 갔다 하는심리 상태인데요. 쉽게 말하자면, 이런저런 걱정을 하다가도 곧 "저 착한 사람이에요. 저한테 뭐든 시키세요" 하는 모습으로 자동 복구된다는 뜻입니다. 그러고는 이때부터 아무 생각 없이 다른 사람이 원하는대로 맞춰요.

이것은 분명 리얼리스트의 모습입니다. 타인 평가에서 특히 '릴레이션'을 중시하는 리얼리스트는 다른 사람과 잘 지내고 착하게 보이면만사가 해결된다고 믿습니다. 물론 '저들이 내 본모습을 알면 실망할텐데' 하는 생각도 합니다. 그래서 다른 사람들이 본성을 알아채지 못하게끔 가면을 준비합니다. 이때 '트러스트'가 제로라면 자신이 뭘 해야 할지 몰라서 이것도 해보고 저것도 해봅니다. 방황하는 영혼의 모습이지요.

"이걸 하고 싶은데 잘 안 될 거 같으니 저걸 할래요."

"아니 왜 그걸 하니?"

"그런가요?"

"그럼 전 뭘 해야 하나요?"

이처럼 다양한 의문을 계속 던지고 자신이 무엇을 해야 할지 헤매면서 급기야 스스로 자책하게 됩니다. '사람들은 왜 나를 힘들게 할까? 우리 부모님은 왜 나를 야단칠까? 그래도 받아만 주신다면 다시 돌아갈래' 하는 생각과 함께요.

본인이 잘 살고 있는지 그렇지 않은지를 판단하는 기준은 매우 간단합니다. 부모님이 나를 받아주고 인정하면 OK입니다. 내 남자 친구가 나를 좋아하고 잘 지내면 OK입니다. 주위에 있는 사람이 "넌 좋은 사람이다. 괜찮다"라고 하면 OK입니다. 이런 사람은 자신을 돌아보면서 '나는 왜 이렇게 주체적이지 못할까?'라고 고민하지 않습니다. 이런 고민이 생기는 순간은 정말 죽고 싶다는 생각이 드는 상황일 뿐인데요. 실제로 자기 나름대로 잘 살고 있으면서 매일 창피했던 기억을 떠올리고 그때마다 죽고 싶다고 생각합니다.

나도 모르는 내 마음, 남이 어떻게 알까?

가식은 어떤 한 사람의 정체성입니다. 잘 활용하면 보다 잘 살 수 있습니다. 물론 저는 가식이 아닌 진정한 제 모습을 찾고 싶습니다. 가식적으로 살던 사람이 평소에 하지 않던 짓을 하면 뭐라고 하나요? "저 사람 좀 이상하지 않니? 죽을 때가 다 됐나?"라고 하죠. 맞아요, 그래서 살던 대로 사는 것이 잘 사는 지름길이라고 하나 봅니다. 사람들은 흔히 지금 하는 일에서 남들은 알지 못하는 자신의 부정적인 성격이 드러날까 봐 두려워하지만, 그런 성격은 스스로 드러내기 전까지 남이 알아차리지 못합니다. 그러니 굳이 말할 필요도 없습니다. 용기를 내어 말해본다 한들 잘 믿지 않을 테니까요.

가면 이야기를 좀 더 해볼까요? 놀이 가면을 벗어 던지는 순간 이분은 스스로 굉장히 놀랄 겁니다. 벗어 던진 가면 밑에 또 다른 가면이 있어서 그렇습니다. 앞서 말했듯 '내 안에 내가 너무도 많은' 상황인 것입니다. 아마 이분의 마음은 세상 끝날까지 다양한 이야기들을 생산해낼 거예요. 사연자의 마음 안에 휴머니스트, 로맨티시스트, 리얼리스트의 기운이 다 돌고 있으니 말입니다. 그런데 굳이 지금 무언가를 정하겠다고요? 아뇨, 어렵게 살지 마세요. 맨 처음 소개해드린 사연의 주인공이나 두 번째 사연의 주인공 모두 '내 마음을 나도 잘 모르겠'고 그 아리송한 마음을 '외적인 무언가를 통해 확인하고 싶을' 뿐입니다.

그러면 나는 무엇을 할 것인가?

두 사연의 주인공 모두 상당히 여성적일 뿐 아니라 주위의 인정을 받을 확률이 높습니다. 부모한테서 얻지 못한 정서적 안정감을 주위 사람을 통해 확보하려면 본인들이 알아서 잘해야 하잖아요. 이것이 자신의 삶을 만들어가는 1차 단계입니다. 대학 공부든 직장이든 혼자만의 방황이든 상관없습니다. 통념과 관계없이 자신의 삶을 멋지게 만들어가는 하나의 단계이자 나름의 인생 공부를 통해 자신을 만들어가는 신화의 시기니까요. 이 신화는 혼자 만들 수도 있지만 보통 멘토의 도움을 받습니다. 주위에서 성공적인 신화를 만든 사람들이 청년기 초기에 어떻게 어려움을 극복했는지, 어떻게 멘토를 찾았는지, 어떤 도움을 받았는지 알아보세요.

거리에서 구걸하며 노래하던 소녀에서 샹송의 여왕으로 거듭난 에디트 피아프Edith Piaf[2]를 아실 거예요. 불우한 환경을 딛고 일어서 뛰어

----

2 프랑스의 샹송 가수·영화배우(1915~1963). 힘차고 정감이 넘치는 노래를 불렀으며, 스스로 작사한

난 감수성으로 대중과 소통하는 오프라 윈프리Oprah Winfrey는 어떤가요? 그녀도 물론 자신의 몸무게에 신경을 쓸 겁니다. 하지만 그녀를 보면 몸무게가 어떤 한 사람을 전부 보여준다고 생각할 수 없습니다. 유명 디자이너 코코 샤넬Gabrielle Chanel[3]의 삶은 어땠나요? 그녀는 당시 사람들의 통념을 비웃기라도 하듯 여성의 감성과 아름다움을 새롭게 드러내는 옷을 만들었습니다. 대학엔 가본 적이 없지만 자신이 느끼는 대로 패션을 소화해 세계 최고의 디자이너가 되었습니다.

사연을 보낸 이분들에게 가장 중요한 것은 자신이 무엇을 해야 하는지 뚜렷이 인식하는 일입니다. 더불어 자신이 다른 누구보다 감수성이 뛰어난 로맨티시스트라는 것을 인정해야 합니다. 남들이 "이게 네 약점이고 문제야"라고 말하는 바로 그 지점에 내가 변할 수 있는 기회가 숨어 있답니다. 물론 그것을 나의 잠재적인 힘으로 작동시킬 수 있음을 인식하기란 정말로 어려운 일입니다. 하지만 두 분은 이렇게 용기를 내서 사연을 보냈어요. 조언을 듣고자 합니다. 이처럼 적극적으로 해법을 찾아 나서면 안 될 게 없습니다.

'정말로 힘든 상황에서 무엇이 그것을 극복하게 해주었을까? 멋진 삶의 원동력은 무엇이었을까?'

이런 것을 생각하는 사람이라면 다른 이의 조언에 관심을 기울일 필요가 있습니다. 그리고 이렇게 알아낸 정보를 다른 사람에게 적극 권해야 합니다. 처음 사연자가 잘하는 일은 스스로 불안감을 만들어내고 그것을 통해 내면에서 어떤 에너지를 솟구치게 하는 것인데요.

〈사랑의 찬가〉, 〈장밋빛 인생〉 따위의 히트곡이 있다.
3   프랑스의 복식 디자이너(1883~1971). 입기 편리한 부인복을 지향하여 독자적인 복식 디자인을 창시하였다.

사실 에너지는 각각 다양한 색깔로 나타납니다. 뜨거운 열기로 가득한 에너지만 있는 건 아니지요. 그 반대도 가능합니다. 삶을 돌아보세요. 정말로 힘이 있는 것은 긍정적인 에너지보다 부정적인 에너지임을 느낄 때가 많지 않았나요? 그것이 또한 사람과 세상을 변화시키는 데더 큰 힘을 발휘했고요. 네, 그렇습니다. 편안하고 잘 살 때는 세상이바뀌지 않습니다. 분노할 상황에서 그냥 좌절하여 포기하지 않고 죽기 아니면 까무러치기라는 마음으로 일어설 때 우리 마음은 긍정 에너지로 가득 찹니다. 변화는 바로 이때 가능합니다.

° 셜록황의 마음 처방

이래도 모르겠고 저래도 모르는 자기 자신을 가장 확실하게 보여주는지표는 외모입니다. 두 분의 사연자는 외모 중에서 특히 몸무게에 비중을 두었습니다. 그래서 '다이어트로 고민하는 자기'를 '나의 참 모습'으로 인식하고 있는 겁니다. 첫 번째 사연자의 몸무게는 그 자체로 자신이 잘 살고 있는지를 확인하게 해주는 성적표와 같습니다. 그러나두 번째 사연자에게 다이어트란 '주변 사람들이 보이는 반응'입니다.

첫 번째 사연자는 전형적인 로맨티시스트 성향을 보인 반면, 두 번째 사연자에겐 휴머니스트, 로맨티시스트, 리얼리스트 특성이 혼재되어 나타납니다. 따라서 "내가 남을 속이는 걸 알면 나를 나쁜 사람으로 볼 텐데 어쩌지?"하면서 근본적으로 자신이 착하고 괜찮은 사람이라는 것을 주변 사람들이 확인해주길 바랍니다. 둘 다 다이어트라는 공통 분모는 있지만 각자 자기 문제를 파악하고 그 문제에 대한 해법을 찾는 방법은 조금씩 다릅니다.

"너는 괜찮은 사람이야. 넌 굉장히 우수한 사람이야."

이렇게 계속 용기를 북돋아주는 상담도 나쁘지 않습니다. 로맨티시스트 입장에서는 있는 그대로의 상황에 대해 긍정적으로 인정받고 지지를 받는 것이 중요하고, 또 필요한 일이거든요. 물론 그런 얘기는 몸무게 감량처럼 정확히 가시적인 것으로 드러나지 않는 이상 별로 귀에 들어오지 않을 겁니다. 왜냐하면 주위에서 아무리 격려하고 위로해줘도 스스로 공감할 수 없기 때문입니다.

휴머니스트, 로맨티시스트, 리얼리스트 특성을 다 지녀서 '내 안엔 내가 너무도 많아'라고 한탄하는 두 번째 사연자는 가면을 두려워하지 말아야 합니다. 가식적이라고 자책할 필요도 없어요. 사람들은 대개 상황이 요구하는 가면을 씁니다. 핵심은 적합한 가면을 골라 쓰는 능력을 키우는 것, 그리고 내가 가면을 쓴다는 사실을 인정하는 데 있습니다.

사는 게 답답하고
무기력해요

친애하는 셜록황에게 ─────

사는 게 재미없고 답답하게 느껴지는 스물일곱 살 여성입니다. 먹고살기 위해 일은 하지만 원치 않는 일을 하자니 적응이 안 됩니다. 지금까지 그랬던 것처럼 금방 그만둘지도 모르겠어요. 그렇다고 공무원이나 뭐 그런 번듯한 직장을 목표로 도전하는 것도 쉽지 않습니다. 남들에 비해 스펙이 그리 뛰어나지 않거든요. 능력이 부족한데 그런 도전을 하는 것은 현실적으로 말이 안 되는 일이라고 생각합니다.

나이가 들다 보니 이제 무언가를 해야겠다, 더 늦기 전에 무언가를 남겨야겠다는 생각은 들지만 막연할 뿐입니다. 곰곰이 따져보면 제가 진정으로 원하는 것이 무엇인지 잘 모르겠습니다. 그래서 그런지 무언가를 해볼 마음도 에너지도 없는 것 같아요. 매일 아침을 거의 기계적으로 시작하고 하루 대부분을 우울하게 보냅니다. 이런 상황을 해결하려면 무엇을 어떻게 해야 할까요?

제 전공은 국문학입니다. 어려서부터 글재주가 있다는 소리를 듣고 자라서 '정말 그런가?' 싶어 문학 공모전에도 도전해봤지만 글을 제대로 쓰지 못했습니다. 생각과 의욕이 반비례 곡선을 그리고 이대로 시간만 보내면 안 된다는 위기감에 억지로 펜을 들었을 뿐 다음 날이 되면 맘에 들지 않는다는 이유로 쓴 글을 몽땅 지워버리곤 합니다. 글뿐만이 아니라 저를 위해 스펙이든 힐링을 위한 여행이든 무언가를 해야겠는데 도무지 힘이 샘솟지 않아요. 삶에 필요한 가장 큰 원동력과 방향성을 잃어버린 듯합니다.

하루하루 영원히 끝나지 않을 가혹한 형벌을 받는 시시포스처럼 아무런 비전도 감정도 활기도 없이 무미건조하고 단조롭게 살아갑니다. 이제 이 형벌과도 같은 삶에서 벗어나고 싶습니다. 모쪼록 어떻게 하면 좋을지 조언해주세요. ───

내게 고민을 허許하라

이분의 고민은 무엇일까요? 자신이 목표로 하는 직업이 무엇인지 찾기만 하면 문제가 좀 풀릴까요? 사연을 죽 읽어보니 고민이 많은 것 같습니다. 그런데 이상하게도 저는 이분의 고민이 무엇인지 정확하게 모르겠어요. 혹시, 이분, 고민을 제대로 하지 않거나 자신의 고민이 무엇인지 잘 모르는 건 아닐까요? 그냥 고민만 하고 있는 건 아닐까요?

자신이 정말 원하는 걸 찾기란 매우 어려운 일입니다. 40대를 넘어가도 찾기 힘듭니다. 40대든 50대든 대다수 사람들이 여전히 붙잡고 고민하는 문제이지요. 그런 만큼 20대에 무엇을 할 것인지 고민한 뒤, 원하는 것을 찾아내 매진하는 것은 거의 불가능해요. 특히, 자신이 원하는 것을 찾아낸다는 건 로또에 당첨되는 것처럼 확률이 희박합니다. 따라서 20대에는 '무엇을 할 것인지' 고민할 게 아니라 무엇이든 닥치는 대로 하고, 차츰 나이를 먹어가면서 자신이 진심으로 원하는 것을 찾아보아야 합니다. 하지만 자신이 찾은 무엇인가에 올인하여 살아가기란 쉽지 않을 겁니다. 자, 학교에서는 이런 걸 가르쳐줄까요? 아니에요, 그저 "네가 좋아하는 것을 찾아서 해"라는 무책임하고 그럴듯한 이야기만 되뇔 뿐입니다. 심지어 "먼저, 네가 원하는 것을 찾아낸 다음 그것을 열심히 해라. 우주의 기운이 모여 너를 도와줄 테니!"라고 말하기도 합니다. 그러나 아쉽게도 우주의 기운은 그냥 우주에 있습니다.

지금 이분은 원치 않는 일에 적응하지 못해 금방 그만둘지도 모릅니다. 그렇다고 공무원이나 번듯한 직장에 도전하기엔 스펙이 딸린다고 고백합니다. 이분에게 현실적으로 맞는 것은 무엇일까요? 본인 스스로 '현실적'이라는 말을 썼지만 제가 보기엔 뭐가 현실적인지 잘 모르는 것 같아요. "당신에게 현실적인 것은 뭐지요?" 하고 물으면 아마도 "글쎄요, 잘 모르겠어요"라고 대답할 공산이 큽니다. 이런 분은 정곡을 찔러 질문하면 당황한답니다. 그렇다면 어떻게 해야 할까요? 네, 우선 자기 자신의 문제가 뭔지 정확히 알아야 합니다.

사실 이분은 현실적으로 아쉬운 게 별로 없습니다. 단지 남들에게 내세울 만큼 본인 상황이 그럴싸하지 않아 불만이 있을 뿐입니다. 오늘내일 끼니를 걱정하는 처지도 아니고, 일하는 게 그다지 절박해 보이지도 않아요. 물론 본인은 심리적으로 절박하고 답답하다고 호소합니다. 이것도 해봐야 할 것 같고 저것도 할 수 있을 것 같은데, 정작 자신에게 맞지도 않고 현실적이지도 않다며 고민합니다.

그래요, 심리적으로는 절박하고 절절합니다. 안타까운 점은 자기 문제를 제대로 파악하지 못해 엉뚱한 곳을 파고 있다는 것이지요. 한마디로 인생 삽질 중입니다. 만약 이분에게 "당신은 정말로 당신의 삶을 절박하게 느낍니까? 아니면 답답하긴 하지만 그냥 이대로 지내겠습니까?" 하고 묻는다면 어떤 대답이 돌아올까요?

시시포스의 심리

WPI 프로파일을 보니, 이분은 고민만 많을 뿐 행동으로 옮기는 것을 무척이나 두려워하고, 또 이런 자신을 게으르다고 자책하며 사는 유형입니다. 발등에 불이 떨어진 것처럼 '죽기 아니면 살기' 상황이 아니라면 어떤 변화도 마다하는 마음입니다. 주위의 부모나 친구는 이분보다 훨씬 더 속이 탈 겁니다. 곁에서 보기엔 해맑은 표정으로 아무 걱정 없이 지내는 것 같을 테니까요. 만에 하나 걱정스러워서 "그렇게 살면 어쩌니, 뭐라도 해야 하지 않겠니?"라고 말을 건네면 온화하고 조용하던 평소의 행동과 달리 과격하게 반응합니다. "내가 아무것도 하지 않는 줄 아세요? 내가 얼마나 힘든 줄 아세요?" 하면서요.

이분은 평소 세상의 모든 고민과 문제를 혼자 짊어진 것 같은 엄청난 무게에 짓눌려 살면서 기진맥진한 상태로 지냅니다. 헤어 나오지 못하는 좌절감에 빠져 있고, 그런 심정을 다른 사람들에게 보여주거나 알려주는 것도 싫습니다. 자존심은 바닥입니다. 하지만 남들에게는 아무렇지 않은 듯 행동하느라 죽을 맛입니다. 그래서 종종 자신의 상황을 "가혹한 형벌을 받는 시시포스처럼 삶이 무미건조하고 단조롭다"라고 표현하지요. 이런 마당에 '뭐든 해보라'는 잔소리를 들었으니 화가 날 수밖에 없습니다.

이분의 WPI 프로파일은 일명 '시시포스 상태'라고 읽기도 합니다. 셀프가 바닥인 아이디얼리스트의 프로파일인데, "앗!" 소리가 절로 나올 수밖에 없습니다. 저주받은 삶을 사는 시시포스의 모습이 연상되기 때문입니다. 무거운 바위를 산꼭대기로 밀어 올려 거의 도달할 무렵이 되면 새 떼들이 시시포스를 공격합니다. 시시포스는 새 떼를 막느라 돌에서 손을 떼고 그 순간 바윗돌은 산 아래로 굴러 떨어집니다. 시시포스는 다시 내려가 그 돌을 산꼭대기로 밀어 올립니다. 끊임없는 반복, 전형적인 '삽질'이지요.

°저주를 푸는 방법

살다 보면 누구나 몇 번쯤 삽질할 수 있습니다. 그런데 삽질은 힘들어요. 그 일 자체가 어렵기 때문이 아니라 의미 없기 때문입니다. 이분의 고민을 잘 살펴보면 핵심은 매일 하나 마나 한 생활을 하고 있다는 데 있습니다. 자기 삶에서 의미를 찾지 못하기 때문입니다. 이런 삶을 '연명'이라고 하는데, 하루하루를 연명하는 것은 갇혀 있는 삶이나 마찬가지입니다. 수감자와 다를 바 없어요. 이분은 스스로 집에 격리되어 있는 쪽을 택했지만, 본인을 그렇게 만든 상황에 대한 정확한 인식이 없고, 언제 끝날지 알지 못하고, 어떻게 헤쳐 나가야 하는지 방법도 모릅니다. 그래서 조언을 요청한 것입니다. 시시포스의 저주를 풀 수 있는 방법을 알려달라고 SOS를 치는 거예요.

사실 이 저주는 자신이 그런 상태에 갇혀 있음을 인식하고 그 상황을 벗어 던지는 것으로 간단히 풀어버릴 수 있습니다. 마법에 걸린 사람이 저주를 푸는 가장 좋은 방법은 칼로 찔리는 것 같은 처절한 고통을 느끼는 것입니다. 그러면 마법이 풀립니다. 자신을 엄청난 시련 속에 던지는 순간 비로소 마법을 풀 수 있습니다. 마치 이순신 장군이 "너희가 살려고 하면 죽을 것이요, 죽으려고 하면 살 것이다"라고 한 것과 같은 심정이 되어야 합니다.

삶이 힘들어지는 것은 항상 주위에 있는 사람과 자신을 비교하고,
삶의 기준을 옆 사람에게 두기 때문이 아닐까요?

시시포스의 상황을 따져볼까요? 시시포스가 산꼭대기까지 바윗돌을 밀어 올렸습니다. 이때 새가 쪼아댄다 해도 "너는 쪼아라. 나는 끝까지 이 돌을 올리마" 하는 자세로 돌을 밀어 올려야 합니다. 그러면 저주가 풀립니다. 자기 자신을 던져서 "차라리 나를 죽여라" 하는 자세인데요. 물론 나는 죽지 않습니다. 그저 저주 상태에 있었을 뿐이니까요.

물론 저주의 고통을 모르는 바 아닙니다. 꿈속에서 벼랑으로 떨어질 때 느끼는 고통과 같지요. 얼마나 지독한지 우리는 대개 그 고통의 순간을 실제라고 상상하면서 두려움에 빠져 꼼짝달싹 못합니다. 이분의 경우 '스펙이 별로 뛰어난 것도 아니고, 뭔가를 하자니 적응하지 못할 것 같고…' 하는 심리도 '무기력+포기'라는 저주에 걸린 것과 같습니다. 이 저주에서 벗어날 수 있는 비법은 자신의 상황을 정확히 인식하고 받아들이는 것뿐입니다. '죽기 아니면 까무러치기' 혹은 '맨 땅에 헤딩하기' 정신으로 직접 부딪쳐야 합니다. 꿈을 꿀 때는 벼랑에서 떨어져도 죽지 않습니다. 꿈이라고 인식하면 조금도 고통스럽지 않지요. 이분의 경우에도 저주는 본인 스스로 만들어낸 꿈과 다를 바 없습니다.

설록황의 마음 처방

현재의 대한민국을 영화 〈매트릭스〉의 가상 세계로 상상해보면, '사는 것이 답답하고 무기력한 사람'에게 필요한 해법을 찾을 수 있습니다. 어떻게 살아야 할까요? 가상의 세계를 진실로 받아들이고 살아갈까요, 아니면 진실을 찾아 떠나야 할까요? 빨간약을 고를까요, 파란약을 선택할까요?

저는 사연을 보내온 분에게 가장 중요한 일은 직면한 현실을 정확하게 인식하는 것이라고 생각합니다. 자신의 삶이 가상의 세계에서 진행된다고 믿을 것인지, 현실 상황이라고 믿을 것인지에 따라 앞으로의 길이 달라질 테니까요. 가능성도 달라질 거고요. 사실, 문제가 무엇이든, 자신의 상황을 있는 그대로 인식하고 받아들이면 그 경험들이 더는 고통스럽지 않습니다. 벼랑에서 떨어지는 상황을 두고 "괜찮아, 이건 꿈이야"라고 하는 것과 같은데요. 이런 갈등을 여러 번 겪게 되면 차츰 자신이 할 수 있는 것을 더 잘 파악하게 됩니다. "어라, 이건 못할 줄 알았는데, 내가 이걸 할 수 있다니!", "해보니까 재미있네", "내가 이런 걸 잘하는구나" 하면서 말입니다.

이렇게 조금씩 자신감을 얻는 것은 꿈이 아니라 현실 속의 경험입니다. 무엇이든 '어쨌든' 해낼 수 있다는 것을 배우면서 자신이 못할 거라고 지레짐작하여 포기했던 것들도 다시 보게 되지요. 그러면서 삶의 의미를 조금씩 찾아갑니다. 여기서 포인트는 무엇일까요? 그렇죠, 절박한 아니 강한 마음을 행동으로 옮기는 것입니다.

삶의 방식과 변화와 관련된 다양한 조언에 귀를 기울일수록 우리는 점점 더 많은 함정과 프레임 속에 자신을 가두게 됩니다. 힐링을 위한 조언이나 위로는 일시적으로는 달콤합니다. 모르핀 같은 효과를 발휘하지요. 그러나 변화를 원한다면 무엇보다 먼저 자신의 상황을 정확하게 인식해야 합니다. 이것을 끊임없이 회피한다면 결코 삶의 해법을 찾을 수 없습니다. 거의 모든 시시포스 저주는 이런 상황에서 발생합니다. 따라서 사연을 보내신 분은 '현재의 상황'을 다르게 볼 수 있는 힘을 길러야 합니다. 괴롭고 힘들다고 인식하지 말고 '내가 변화할 수 있는 멋있고 좋은 기회'로 받아들이세요.

이때 가장 먼저 부딪혀야 할 단계는 스스로 자기 삶을 부정하는 것입니다. 또 누군가가 "네 상황에 문제가 있으니까 알아서 빠져나와"라고 말하지 않고 "너희가 살려고 하면 죽을 것이요, 죽으려고 하면 살 것이다"라고 말해주는 것이 필요합니다. 물론 이순신 장군이 그렇게 말했을 때 군사들의 행동이 바로 바뀐 것은 아닙니다. "적을 향해 돌격, 앞으로!" 했을 때에도 군사들은 그저 조용히 지켜보았을 뿐입니다. 모두 이순신 장군이 어떻게 하나 지켜본 다음에 비로소 움직였습니다. 장군이 자신이 말한 대로 행동하는 것을 보고 그제야 따라 했어요. 12척의 배로 300척의 왜군을 무찌른 명량해전의 마법은 장군의 솔선수범에 그 열쇠가 있습니다. 리더십은 멋진 이야기를 하는 게 아니라 해야 할 행동과 어떻게 행동해야 하는지를 정확하게 보여주는 것이라는 사실을 잘 보여준 경우입니다.

내 상황을 부정하기보다 정확하게 인식하는 것, 멘토를 만나 변화의 길을 걷는 것, 이러한 과제를 하나씩 해결할 마음 자세가 되어 있다면 시시포스의 저주에서 벗어나는 일도 어렵지 않을 것입니다.

좀 있어 보이고 싶은 마음, 잘못된 건가요?

친애하는 셜록황에게 1 ───

저는 30대 워킹맘입니다. 출근할 때 황심소를 즐겨 듣는데요, 제 성격과 관련해 궁금한 것이 있어서 글을 올립니다. 휴머니스트인 저는 정말 사람을 좋아하고 사람들이 제 이야기를 들으며 즐거워하면 굉장히 행복합니다. 사연을 쓰는 지금도 재미있게 쓰고 싶은 마음을 억누르느라 좀 힘드네요.

저는 주변에서 "너는 절에 가서도 새우젓을 얻어먹을 수 있을 것"이라는 평을 들을 만큼 친화력이 좋습니다. 원하는 것을 쉽게 표현하는 편이고 그것이 이뤄지는 확률도 높습니다. 고맙게도 저는 능력과 가정환경에 비해 별다른 부족함 없이 무난하게 살았습니다. 그런데 제가 보기에 의아한 점이 있어서 이렇게 여쭙니다. 사람을 만나 그들을 즐겁게 해주는 것이 기쁜 걸 보면 저는 분명 사람을 좋아하는 것이 맞는데, 곰곰생각해보면 친구가 없습니다. 딱히 친구를 만들어야 한다는 생각도 들지 않아요.

여자들은 보통 친구들과 쇼핑하는 것을 당연시하고 그것을 상당히 즐기기도 하는데, 저는 혼자 쇼핑하는 것이 좋고 친구들과 함께 가면 지치고 힘이 듭니다. 몇 년 전에는 친구들의 친목회에서 모임의 분위기를 주도하는 친구 두 명이 저에게 상처 주는 말을 해서 아예 친목회에서 나와버렸습니다. 저는 그저 모임이 있을 때마다 늘 하던 대로 즐겁게 이야기를 나눈 것밖에 없는데 그 친구들은 제게 왜 그랬을까요?

최근에는 인터넷 주부 카페에 익명으로 글을 재미있게 올리고 사람들의 반응을 보는 것이 큰 낙입니다. 사람을 좋아하는데 주변에 사람이 없는 이 모순은 도대체 무엇일까요? 남들에게 즐거움을 주기 위해 늘 웃기는 말을 많이 했더니 저를 우습게 아는 경향이 있더라고요. 아무래도 이미지가 가벼워져서 그런지 일에서도 과소평가를 받는 부분이 있는 것 같고요. 저와 함께 일하는 사람들은 하나같이 저더러 "보기와 달리 일을 잘한다"고 말합니다. 가벼운 이미지 때문인지 제 발언이나 주장에 힘이 실리지 않는 경우도 있습니다. 회사에서도 제가 제시한 아이디어에 과묵한 직원이 한마디 거들었는데 모든 공이 그 사람에게 간 적이 몇 번 있고요.

속된 말로 저도 좀 있어 보이고 싶은데 어떻게 하면 좋을까요? 말을 좀 줄이면 되지 않을까 싶어서 그렇게 해봤는데 저에게는 무척 힘이 드네요. 저 같은 휴머니스트가 있어 보이려면 어찌해야 할까요? ———

친애하는 셜록황에게 2 ———

저는 서른 살의 평범한 직장 여성으로 결혼에 대한 조급함을 내려놓고 싶어서 이렇게 사연을 보냅니다. 지금 제게는 남자 친구가 있어요. 적지 않은 연애 끝에 올해 1월 소개팅을 통해 만난 사람입니다. 당시 저는 여러 사람을 만나면서 나는 어떤 사람이고 또 어떤 사람을 만나고 싶어 하는지 명확하게 정리한 시점이었습니다. 제가 선호하는 스타일은 꽤 구체적입니다. 담배는 피우지 않고 술은 어느 정도 마실 줄 안다, 운동을 좋아하고 잘한다, 옷은 명품을 따지지 않지만 그렇다고 못 입지도 않는다 등입니다. 친구들에게 이런 얘기를 하면 딱 노처녀로 늙어가는 지름길을 택했다며 핀잔을 주더군요. 그런데 소개팅에서 지금의 남자 친구를 보자마자 제 기준에 맞는 사람이라는 생각이 들었습니다.

그래서 1년간 알콩달콩 연애를 했습니다. 남자 친구는 공대 스타일로 늘 자신감으로 꽉 차 있지만 거만하지 않고 무언가 하나에 꽂히면 푹 빠지는 성격입니다. 예를 들어 겨울엔 스노보드 얘기만 하고 봄, 여름, 가을에는 자전거 생각만 합니다. 그는 저와 이런 활동을 함께하는 것을 좋아하고 저도 잘 타기를 바라고 있습니다. 막 연애를 시작했을 때 남자 친구는 가볍게 툭툭 던지듯 결혼 얘기를 자주 했습니다. 저는 그것이 저와의 만남을 진지하게 생각하는 것 같아 기쁜 한편, 만난 지 얼마 되지 않았는데 왜 그리 가볍게 얘기하는지 궁금하기도 했습니다. 이후로 애정 전선에 변화는 없었는데 어느 순간 결혼 얘기가 급격히 줄어들더라고요.

문제는 남자 친구가 내년에 결혼하겠다고 말은 하지만 구체적인 행동 계획이 없고, 지난여름부터 제 친구들이 쓰나미처럼 결혼에 휩쓸리면서 제게 결혼에 대한 조급함이 생겼다는 데 있습니다. 하루는 남자 친구가 진짜 저와 결혼할 생각이 있는 것인지 의문이 들어 꼬치꼬치 캐물었더니 자신이 정말로 결혼할 준비가 된 것인지 잘 모르겠다고 하더군요. 그 말에 저는 충격을 받았습니다. 혹시 헤어지자는 의미인지 아니면 다른 무언가가 있는 것인지 궁금했습니다. 또 자꾸만 극단적인 생각이 들어 저도 생각을 해봐야겠다고 말했습니다.

남자 친구는 자신이 아직 마음의 준비가 되지 않았고 결혼에 대한 부담감도 크다고 말합니다. 이것이 어른들이 말하는 타이밍인가 싶습니다. 지금 제가 근무하는 회사는 외국계 회사라 골드미스 언니가 꽤 있는데, 혼기를 놓치면 저도 그렇게 될까 봐 '한 살이라도 어릴 때 다른 남자를 만나야 하나' 하는 바보 같은 생각도 듭니다. 저만 결혼에 대한 조급함을 내려놓으면 되는데 그것이 쉽지 않습니다. 남자 친구가 연애 초반부터 우리 집으로 선물을 보냈기 때문에 부모님은 남자 친구를 궁금해 하고 또 결혼 계획에 대해 자꾸 물어보시는데 저는 짜증만 납니다. 어떻게 하면 이 상황을 슬기롭게 헤쳐갈 수 있을까요? ———

좋으면 결혼하는 거지 웬 갈등?

두 번째 사연부터 이야기해볼게요. 휴머니스트 유형의 경우, 상대방을 처음 보는 순간 '이 사람은 내 사람이다'라는 생각이 든다면 바로 결혼하는 것이 좋습니다. 만남 초반에 발산되는 매력이 상대방의 마음을 쉽게 사로잡을 수 있기 때문입니다. 물론, 결혼 후에는 전혀 다른 경험을 하겠지만 말입니다. 이 경우, 결혼하지 않고 질질 끌면 결국 깨지게 되는데, 사연을 보낸 분이 1년 동안 결혼을 지연한 것은 큰 실수입니다. 이럴 때는 그냥 여자 쪽에서 밀고 나가 빨리 날짜를 잡고 진행해야 합니다. 상대방이 발을 빼지 못하도록 일단 상견례부터 하면 그다음부터는 모든 게 일사천리로 진행됩니다.

원래 남자들은 자신이 진행하는 결혼의 성격에 대해 정확히 감을 잡지 못한답니다. 대부분 여자가 알아서 하고 남자는 그냥 따라가지요. 결혼은 남자가 결정하고 밀어붙여야 이루어진다고 생각하는 사람은 대개 백수입니다. 흥미롭게도 남자나 여자 모두, 막상 결혼을 결정하고 나면, 자신의 결정에 대해 굉장히 고민하거나 후회합니다. 그리고 대부분의 사람들이 결혼의 마지막 순간까지 '내가 지금 뭘 하는 거지?' 혹은 '잘 알지도 못하면서 결혼하는 건 아닐까?' 하고 생각합니다. 하지만, 일단 결혼하고 나면 이런저런 것을 생각할 틈이 없습니다. 사회적인 낙인 효과가 힘을 발휘하니까요. 그래서 많은 사람들이 결혼식장에 들어가지 전까지는 그냥 끌려간다고 생각하나 봅니다.

이분은 시기를 놓친 게 아닙니다. 아직까지는 그래요. 결혼에 대해 남자 친구에게 의향을 물어보고 남자 친구가 준비에 대해 어쩌고저쩌고 하면 이렇게 끌고 가면 됩니다. "걱정하지 마. 내가 다 준비할게. 내가 하는 대로 따라와." 물론 남자 친구의 약간 뭉그적거리는 태도가 이분에게 상처가 될 수 있습니다. 하지만 그런 데 신경 쓰는 것 자체가 잘못입니다. 이분은 휴머니스트에다 리얼리스트 성향이 비교적 높습니다. 이런 사람의 본 마음은 사실 그리 조급하지 않아요. 정말로 조급해 하는 성격이라면 스스로 자기가 조급하다고 주장했을 겁니다. 휴머니스트는 본래 행동으로 옮기는 특성이 강하거든요. 그런데 이분은 행동으로 옮기지 않았습니다. 남자 친구에게 결혼에 대해 얘기했을 때 상대방이 아직 준비되지 않았다거나 하면 휴머니스트는 보통 이렇게 대꾸합니다. "너, 나 좋아? 난 네가 좋거든. 그러니까 우리 같이 살자." 이처럼 즉각 행동으로 옮기는 것이 휴머니스트의 특성입니다.

휴머니스트가 로맨티시스트를 만날 때

이분은 남자 친구가 초반에는 계속 결혼 얘기를 하더니 이제는 하지 않는다면서 그게 혹시 자신을 사랑하지 않아서 그러는 건 아닐까 고민 중입니다. 걱정 마세요. 일단 만난다는 것은 마음이 있고 무언가 미련이 남았다는 의미니까요. 어쩌면 이분은 그 정도 미련 따위의 감정으로 만날 수는 없다고 생각할지도 모릅니다. 문제는 지금의 상담 내용만으로는 남자 친구가 어떤 성향인지 알기 어렵다는 점인데요. 바로 여기에서 사연자의 '허당' 기질이 제대로 드러납니다.

이분은 남자가 어떤 사람인지 크게 신경 쓰지 않고 자신이 원하는 대로, 생각하는 대로 끌고 가려고 합니다. 물론 남자 친구에 대해 나름대로 자료를 주긴 했습니다. 먼저 자신이 좋아하는 것에 푹 빠지는 성격이라는 정보를 봅시다. 무언가에 잘 빠지는 사람은 보통 '컬처 culture'가 높은 라이프스타일을 추구합니다. 컬처가 높으면서 에이전트 성향이 높으면 성실한 매력남일 경우가 많지만, 로맨티시스트라면 문제가 달라집니다. 로맨티시스트인데 컬처가 높으면 연애에 쉽게 빠지는 반면 시간이 지나면 책임지지 않으려고 하면서 주저하는 모습을 보입니다. 혼자 즐기는 것은 좋아하지만 그걸 함께하는 것은 주저하는 그런 심리 상태입니다.

사연자의 남자 친구는 컬처가 높은 로맨티시스트로 보여요. 약간 한량기도 있고, 자신만의 삶에 몰입하려는 성향도 있습니다. 마음에 드는 상대를 만나면 '이 여자와 결혼하면 내 꿈이 이뤄질 것 같아'라고 기대하지만, 시간이 흐르면서 현실에서의 결혼생활이 갖는 이모저모를 떠올리고 주저하는 스타일입니다. 휴머니스트 성향의 사연자가 처음에 남자 친구에게 끌린 것은 그가 로맨티시스트였기 때문입니다. 로맨티시스트와 휴머니스트의 관계에서는 휴머니스트가 주도해야 일이 진척됩니다.

이분은 남자 친구가 결혼을 주저한다고 해서 속상해할 필요가 없습니다. 사연자의 본심은 남자 친구의 사랑을 받고 싶은 바로 그것입니다. 그래서 남자 친구가 자신을 이끌어주고 결혼식을 주도적으로 진행해주었으면 좋겠다고 바라는 건데요. 이는 기대하지 말아야 할 것을 기대하는 셈입니다. 물론 남자 친구의 마음이 바뀌었거나 결혼할 의사가 없다는 건 아닙니다. 다만 이분이 자기가 해야 할 일을 제대로 알지 못한다는 것을 지적하는 것입니다. 자기 문제가 무엇인지 모르면서 엉뚱한 쪽으로 상상하고 갈등하잖아요. 휴머니스트 성향이 있는 사람은 주위 사람들의 분위기나 이야기에 영향을 많이 받습니다. 이런 사람들을 흔히 '팔랑귀'라 일컫지요. 리얼리스트도 팔랑귀에 속하는데, 휴머니스트가 '가끔 팔랑귀'인 반면 리얼리스트는 '항상 팔랑귀'입니다.

진짜 허당 vs. 짝퉁 허당

첫 번째 사연자는 '있어 보이는 것'을 굉장히 중요시하는 휴머니스트입니다. 본인 말처럼 모임의 분위기를 재미있고 유쾌하게 주도하고, 그런 면에서 만족감을 느낍니다. 주변 사람들의 관심과 호감을 많이 받아요. 일견 매력적으로 보입니다. 하지만 저는 이런 분을 '허당'이라고 칭합니다. 우리 주변에는 겉보기와 달리 허당 성격 때문에 고민하는 분들이 참 많습니다.

저는 첫 번째 사연과 두 번째 사연의 핵심을 '허당'이라는 공통 분모로 묶었습니다. 첫 번째 분은 누가 봐도 허당입니다. 그러나 두 번째 분은 허당이 아닌 것 같죠? 네, 이분은 과도하게 소심해진 상태입니다. 결혼에 대한 조급함을 내려놓고 싶은 이분은 자기 삶에 대해 나름대로 뚜렷한 틀을 갖고 있습니다. 휴머니스트는 혼자서 하는 일은 자기 성향대로 잘 밀고 나갑니다. 하지만 다른 사람과의 관계 속에서 이뤄지는 일에서는 나름의 어려움을 겪게 마련이지요. 자신이 관리하거나 통제할 수 없는 상황에서는 주저합니다. 이분은 남자 친구가 자신에게 소중한 사람이라 여겨 그의 반응에 좀 더 의존적일 수밖에 없었고, 자연스레 고민도 깊어진 겁니다.

첫 번째 사연자는 '좀 있어 보이고' 싶어 합니다. 휴머니스트의 기본적인 성향을 보여주는 표현이랍니다. 그런데 한 가지만 생각해봅시다. 예를 들어 사람들이 연예인 강호동에게 기대하는 바는 무얼까요? 우스운 이야기를 하면서 마구 소리 지르는 모습을 기대합니다. 만일 그가 진지한 표정으로 이야기를 꺼내면 사람들은 아마도 "쟤 뭐야? 어디 아픈가!" 하는 반응을 보일 겁니다. 사람들이 어떤 사람에게 기대하는 것은 '그 사람이 가장 잘하는' 모습입니다. 따라서 우습고 가벼운 걸 기대하면 그런 사람으로 보이는 게 맞습니다. 이럴 때 진지하고 무거운 모습을 보이면 다들 당혹스러워 할 겁니다.

사연을 보낸 분은 종종 자신이 일한 것에 대한 성과를 빼앗겼다고 말했습니다. 그렇다면 이분은 평소에 자기가 하는 일을 통해 성과를 인정받았을까요, 그렇지 못했을까요? 아마 인정받지 못했을 겁니다. 좋은 아이디어를 내도 상대방은 "어, 괜찮은 생각인데, 웬일이야?" 하면서 대수롭지 않게 여겼을 거예요. 공부를 못하는 아이가 어느 날 갑자기 1등을 하면 단박에 "너, 커닝했지!" 하고 의심부터 하는 것과 마찬가지입니다. 그런데 말이에요, 공부 못하는 아이가 하루아침에 개과천선한 모습을 보이는 것으로는 변화가 일어나지 않습니다. 분명한 결과를 얻으려면, 조금씩, 천천히 자신을 변화시켜야 합니다. 만약 내가 다른 사람들에게 우습게 보이는 유형이라면 일단 사람들이 나를 보는 시각에 충실하면서 천천히 바꿔가야 합니다. 늘 말도 안 되는 소리를 하고 일도 제대로 안 하던 사람이 갑자기 괜찮은 얘기를 하면 어떻게 됩니까? '이상하다' 혹은 '그 사람 생각이 아니다'라고 판단하겠지요?

휴머니스트 성향이 높은 이분이 좀 더 진중하고 실력이 있어 보이려면 차츰 변해야 합니다. 이분의 WPI 프로파일을 보면 휴머니스트 성향이 상당히 높습니다. 아이디얼리스트 성향도 비교적 높고 '릴레이션'이 최고치를 보입니다. 휴머니스트 성향과 릴레이션이 높은 사람은 굉장히 사교적이고 재미있습니다. 여기에 아이디얼리스트 성향까지 있으면 거의 오락반장 수준이에요. 하지만 이때 사람들은 오락반장이지만 그 이면에 무언가가 있구나 하고 느낍니다. 찰리 채플린Charles Spencer Chaplin[4]의 연기를 보면서 웃는 와중에 삶의 본질에 대한 통찰을 느끼는 것처럼요.

문제는 이분의 매뉴얼이 바닥이고 셀프도 아이디얼리스트의 중간밖에 되지 않는다는 점입니다. 즉 이 말은 사연자가 사람들과의 관계도 좋고 재미있기도 하지만 가볍고 경박스러운 모습을 보일 가능성이 높다는 뜻입니다. 그 밖에 리얼리스트 성향과 에이전트 성향이 거의 바닥인 것으로 보아 실제로도 이분은 '허당'입니다. 한마디로 영양가 없는 삶을 살고 있는 거예요.

그렇다고 해서 일과 관련하여 특별히 전문적인 공부를 더 할 필요는 없습니다. 사실 휴머니스트의 공부라는 것은 보여주기 식 공부에 불과하거든요. 안타깝게도 진짜 휴머니스트는 상당한 내공과 실력이 있어도 그것이 그 사람에게서 풍겨 나오지 않습니다. '어떤 사람과 무엇을 하느냐'에 따라 다른 수준으로 묻어 나오지요. 그런데 이분은 혼자서 주도하고자 하는 마음이 굉장히 강합니다. 자신이 일종의 보스 역할을 해야 한다고 여기는 것 같아요. 이분은 또한 가볍게 이야기할 상대는 있어도 자신의 깊은 뜻을 공유할 만한 사람은 없다고 합니다. 홍

---

4 영국 태생의 미국 배우·감독(1889~1977). 독특한 분장과 인간에 대한 뛰어난 관찰력, 가난한 민중의 정의감과 비애감에 바탕을 둔 날카로운 사회 풍자로 명성을 얻었다. 작품에 〈모던 타임스〉, 〈황금광 시대〉, 〈독재자〉 따위가 있다.

미로운 사실은 이분에게는 깊은 뜻이 없다는 점인데요. '있어 보이는 사람'이 되고 싶은데 '깊이가 없다'는 것이 비극의 발생 지점입니다. '명실상부名實相符'를 주장하지만, 허식이나 허울을 추구하는 사태가 벌어지는 것도 이런 까닭입니다. 그래서 이분을 허당이라고 하는 것입니다.

˚ 셜록황의 마음 처방

첫 번째 사연자의 경우, 스스로 있어 보이려 애쓴다고 해서 있어 보이지는 않습니다. 남들에게 있어 보이려고 하면 할수록 자신이 허당이라는 것을 더 강하게 내비칠 뿐입니다. 그럼 어떻게 해야 할까요? 내공을 쌓아야 합니다. 이분이 30대 워킹맘이라는 것은 기본적으로 내공을 쌓을 토대가 갖춰졌다는 의미입니다.

이분은 출근할 때 황심소를 듣습니다. 물론 단순히 황심소를 듣는다고 해서 내공이 쌓이는 건 아닙니다. 자신이 황심소를 듣고 있다는 것을 여러 사람에게 알리고 모여서 그 이야기를 같이 나누는 것이 좋아요. 그럴 때 사람들이 "오, 어떻게 그런 방송을 다 들어? 상담이나 심리 쪽에 관심이 많나 봐?" 하는 반응을 보일 겁니다. 그러면서 다시 보게 되겠지요. 삶에 대한 호기심과 통찰이 없으면 이런 방송을 들으려 하지 않을 테니까요. 실제로도 "그런 거 들으면 머리 아파" 하고 반응하는 사람이 더 많습니다. 게다가 황심소는 말랑하거나 달콤하지 않아요. 직설적이고 돌직구도 잘 날립니다. 사연자의 마음을 아프게 하기 일쑤지요. 그런데 이분이 그것을 듣는다고 합니다. '겉으로는 유쾌하고 아무 고민 없이 사는 줄 알았더니 삶의 통찰을 얻으려고 노력하는구나'라고 생각하면서 사연자를 다시 보게 될 겁니다.

만일 "황심소가 뭔데?" 하고 묻는 사람이 있다면 일단 황심소의 핵심을 잘 설명해주세요. 그런 다음 방송 내용 중 감동 받은 부분을 대화할 때 인용해보세요. 지금까지 쓸데없이 웃기기만 하던 사람이 감동적인 얘기를 재미있게 풀어내면 그때의 반응은 폭발적일 겁니다. 즉 자신의 훌륭한 표현력에 황심소에서 다루는 심오한 인생 이야기와 통찰을 가미해 공유할 때 신세계를 맛볼 수 있을 것입니다.

두 번째 사연자의 경우, 이분은 골드미스 언니들의 이야기나 상황과 관계없이 결혼하고 싶으면 그냥 밀어붙이면 됩니다. 일단 상견례부터 하되 상견례라고 굳이 말할 것도 없이 저쪽에서 선물을 주니 "우리 부모님이 밥 한번 사겠다고 하시는데 혼자 나오기가 쑥스러우면 그쪽 부모님도 함께 모시자"는 식으로 밀고 나가면 됩니다.

모든 남자는 결혼하기 전에 마음의 준비가 되어 있지 않아요. 개중에는 마음의 준비를 하고 난 다음에 결혼하는 남자도 있다고 합니다만, 그런 경우를 저는 '사기 결혼'이라고 부릅니다.

우리가 '가식적인 사람'이라는 둥 '위선자'라는 둥 하면서
남을 부정적으로 평가하는 이유는
한마디로 자신 역시 가식적으로 살고 있기 때문입니다.

나, 잘 살고 있는 걸까요?

친애하는 셜록황에게 ————

저는 마흔한 살의 공무원입니다. 제 고민의 요점은 "내가 내 성격에 맞게 잘 살고 있는가?" 하는 점이에요. 삶이 시들하게 느껴지는 게, '본연의 성격이나 성향대로 살지 못해서 그런가?' 하는 생각이 들어서요. 저는 20대와 30대 초반까지는 해야 할 것, 하고 싶은 것이 명확해서 별다른 고민 없이 잘 지냈습니다. 그런데 30대 중반 이후부터 내가 정말로 원하는 것이 무엇인지, 어떻게 살아야 행복한 삶인지에 대한 고민이 생겼습니다. 지금까지 그저 '이렇게 살아야 해'라고 스스로 만들어낸 이상적이고 당위적인 모습에 맞춰 살아온 건 아닌지 고민도 됩니다.

이런 생각을 하다 보니 전과 달리 현재의 역할이나 일에 몰입되지 않고 때론 무기력감을 느낍니다. 예전에는 명확하던 역할과 일에 대해 새삼스럽게 '무엇을 위해 이러고 있나? 나는 잘 살고 있는가?' 하면서 회의하기도 해요. 머릿속으로는 세상 이치를 다 알고 있지만 예전만큼 재미를 느끼지 못합니다. 제 능력 이상으로 애쓰며 살고 싶지 않다는 생각도 들고요. 그러면서 저의 진짜 성격과 성향은 어떤 것인지 궁금해졌습니다.

제가 타고 난 성격과 성향대로 살고 있는 것인지, 아니면 스스로 만들어낸 이상적인 모습을 추구하며 살고 있는 것은 아닌지 고민스럽습니다. 성격대로 살지 못해서 부대끼는 것인지도 궁금합니다. 아울러 제 성격으로 볼 때 어떻게 사는 것이 즐겁고 평안할지도 궁금합니다. 그런데 이런 거 쓰는 것이 맞나요? 물론 저는 현재 직업에 만족하고, 스스로 마음만 먹으면 앞으로 할 수 있는 일도 많다고 생각합니다. 제가 중히 여기는 가치는 '즐거운 삶', '마음의 평화', '정서적 안정', '프로정신', '유머'입니다. ———

° 이런 고민, 실화야?

위 사연은 정확히 이분의 성격을 보여줍니다. "저는 잘 살고 있나요?", "제가 해야 하는 역할은 무엇인가요?", "제 성격에 맞게 살고 있나요?", "예전에는 잘 살았던 것 같은데, 지금은 어떻게 사는 것이 행복한 것인지 잘 모르겠어요." 이런 말은 굉장히 현실적인 생각을 하는 사람에게서 나오는 것들입니다. 아주 현실적으로 생활하는 분들의 마음을 그대로 드러내지요. 마흔한 살의 공무원으로 살아가는 이분의 WPI 프로파일을 보니, 놀랍게도, 자기 평가와 타인 평가가 거의 일치합니다. 심리적으로 매우 안정되어 있고, 또 비교적 본인 스스로 만족하는 삶을 살고 있습니다. 그런데 여전히 고민하고 있습니다. "제가 잘 살고 있는 건가요? 제 성격에 맞게 사나요?"라고 질문하면서 자신이 잘 살고 있는지를 '타인으로부터' 확인 받으려 합니다. 누군가 자기 삶의 성적표에 '확인' 또는 '참 잘했어요' 도장을 찍어주길 바라는 것입니다. 만일 이분에게 "사표를 내고, 오지 탐험이나 떠나시죠"라고 말한다면 어떻게 반응할까요? 글쎄요. "감사합니다. 그것이 제가 살 길이군요"라고 반응할 것 같지는 않습니다. 이분은 이미 자기 마음 안에 본인이 정한 답을 가지고 있고, "네가 잘 살고 있다"라는 것을 확인 받기 위해 남에게 질문을 던질 따름이니까요.

겉보기에 남부러울 것 없는데도 고민하는 이런 분이야말로 리얼리스트의 마음으로 살아가는 분입니다. 자신의 성격이 어떤지 묻는 게 아니라 자신이 현실에 맞게 잘 살아가고 있는지 확인하고 싶어 하는 유형이 바로 리얼리스트입니다. 누군가 이분에게 "잘 산다는 건 말이야 지구를 반 바퀴 도는 거야"라고 말한다면, "그렇게 한 사람들은 모두 성공했다"라고 이야기한다면, 아마 이분도 그렇게 따라 할 겁니다. 어떤 꿈이나 이상을 좇아 세계 일주를 하는 게 아닙니다. '남들도 그렇게 한다'고 하니, 또는 '그렇게 하는 것이 유행이고 대세'라 하니, '나라고 못할 법도 없지' 하면서 실행에 옮길 뿐입니다. 어쩌면 6개월가량 휴직계를 내고 실컷 돌아다니고 와서 복직할지도 모릅니다.

신문에도 이따금 이와 비슷한 이야기가 실리곤 합니다. 20여 년 동안 공무원 생활을 하다가 어느 날 불현듯 승진을 포기하고 온 가족과 함께 지구를 한 바퀴 돌기로 결정하고 실행에 옮겼다는 식의 이야기인데요. 이런 분들은 여행을 다녀와서 책도 내고 자신이 새로운 삶을 찾았다고 주장합니다. 물론 복직도 하지요. 이들은 "나, 이런 것도 했어!"라는 자기 만족감을 아주 잘 표현합니다. 동료에 비해 승진은 비록 몇 년 늦겠지만, 삶에서 새로운 것을 찾았다고 뿌듯해합니다. 이것이 바로 리얼리스트의 이상적인 삶이 실현되는 모습입니다.

리얼리스트의 이중성격

리얼리스트는 자신이 이상적이고 당위적이라고 생각하는 삶의 목표가 있으면 이를 충족시키려 노력합니다. 잘 이루어지면 나름대로 성공했다고 여기면서 안정감을 느끼지요. 이 같은 안정감이나 만족이 지속되는 기간은 사람마다 차이가 있지만, 최대 10년 정도입니다. 한때 '잘 살아보자', '성공하자', '돈 많이 벌자', '행복' 등의 구호들이 우리 삶 전반을 지배한 적이 있는데, 이것들은 하나같이 삶에서의 만족을 확인할 때 적용하는 기준입니다. 재미있는 점은 이를 충족하기 위해 노력하고 또 막상 충족한다 해도 한 10년 지나면 회의懷疑하거나 의문을 갖게 된다는 점입니다. 왜 그럴까요? 역설적이게도 현실의 기준을 충족하면서 갖게 된 안정감이 또 다른 종류의 불안을 야기하는 상태로 바뀌기 때문입니다. 이를 테면 열심히 일하고 돈을 모아 서울 요지의 아파트로 이사한 K씨가 5년 후 근방에 새로운 지구가 개발된다는 소식에 "괜히 이리로 왔나? 우리 아파트 값 떨어지면 어떡하지?" 하면서 불안해 하는 심리와 같은 것입니다. 안정적인 상태의 현실이 미래를 더욱 불안하게 느끼게 만드는 셈인데요. 목표를 달성한 상태는 더 이상 목표가 없는 상태인 것과 같습니다. '목표였던 어떤 것'이 '당연한 것'이 되어버렸기 때문입니다. 그러니 이상적이고 당위적인 번듯한 목표를 새로 만들 수밖에요. K씨가 다시 한 번 야심차게 '도전 옆 동네 아파트 분양권 쟁취'를 외치는 이유입니다. 자, 이것이 바로 리얼리스트의 삶을 추구하는 사람들의 한계이자 고난입니다. 삶의 조건과 만족의 기준이 끝없이 변하는 가운데 계속해서 새로운 목표를 설정해야 하니 얼마나 힘들겠습니까?

리얼리스트가 처음에 가졌던 이상적이고 당위적인 목표는 스스로 만든 것일까요, 아니면 누가 쥐어준 것일까요? 대개는 부모나 사회가 내미는 것을 자기 목표로 삼습니다. "공무원이 되어 안정적인 삶을 살아야 한다"라고 하는 주위의 말을 받아들여 이를 훌륭하게 이룬 것이지요. 사연을 보낸 분은 지금 스스로 만들어낸 이상적이고 당위적인 모습으로만 살아온 것이 아닌지 회의하는 중입니다. 사연 자체가 이분의 심리 상태를 너무도 잘 표현하고 있지만, 정작 본인은 잘 모르겠다고 생각합니다.

흥미롭게도 리얼리스트는 자기 삶에 만족하는 게 어려워 보입니다. 남에겐 상당히 안정적이고 행복한 상황인데 정작 본인은 불안해 하고 행복하지 않다고 주장합니다. "여기서 멈추면 안 돼!" 하는 심리라고 할까요? 이들은 또한 '미래가 어떻게 될지는 아무도 몰라. 미래는 불안하고 알 수 없는 거야'라고 생각합니다. 물론 '미래는 알 수 없고 불안하다'는 것은 진리예요. 한데 리얼리스트는 갑자기 그것을 '자신에게만 해당하는 문제'인 것처럼 생각하면서 무엇이 미래를 안정적으로 만들어줄지 고민합니다. 사람들은 보통 연금, 보험, 자식, 부동산, 돈, 금 등으로 안정을 추구하지만 지금은 그 어느 것도 믿기 힘든 상황이 되었습니다. 이분 역시 안정을 갈구하며 여러 가지를 추구하고 있는데요. 이들의 마음은 '자식보다 더 믿을 만한 것이 부동산'이라고, 그러나 뭐니 뭐니 해도 보장자산이라 할 수 있는 '돈'이 가장 중요하다고 생각합니다.

흥미롭게도 이분은 공무원 생활을 15년 정도 했는데 자신이 하는 일에서 의미도 재미도 찾지 못해 무력감을 느끼고 있다고 고백합니다. 안정을 위해, 그리고 돈을 더 벌기 위해 공무원이 되었는데 무력감이 엄습하고 삶에 흥미도 없어졌습니다. 왜냐고요? 답은 금방 나옵니다. '그렇게 살았기' 때문이에요. '안정'이나 '돈'과 같은 가치를 추구하다 보니 자연스레 인간관계나 감성적인 부분에 대한 노력을 등한시했을 테고, 그 결과 마음에 구멍이 숭숭 뚫리게 된 것입니다. 이제 그걸 느끼면서 이분은 "내가 잘 살고 있나?" 되새기는 중인데요. 이런 종류의 무력감은 현실에 충실하게 살려고 노력했던 사람에게 흔히 찾아오는 현상입니다. 하지만 이는 개인의 문제라기보다 한국사회에서 리얼리스트로 살아가는 사람들이 숙명적으로 떠안아야 하는 질병과 같은 것입니다. 치료법이 있냐고요? 물론이죠. 자신을 무기력하게 만드는 상황이 무엇인지 깨닫고, 자신을 진짜 무기력하게 만드는 문제가 무엇인지를 제대로 인식하면 됩니다. 왜 무력감을 느끼는지 스스로 인식하지 못해서 마음이 아픈 것입니다.

누구든 현재의 역할이나 일에 몰입하지 못하면 무기력감을 느끼게 마련입니다. 이분은 지금 심심한 리얼리스트예요. 매우 평탄하고 안정적으로 사는 리얼리스트인데 그 평탄하고 안정적으로 사는 것 자체를 불안 요소로 받아들이는 리얼리스트라는 뜻입니다. 어떻게 먹고살 것인가를 고민하는 많은 사람의 입장에서 보면 호강에 겨운 짓이라고 할 수 있어요. 자칫 "공무원이라 배가 불러서 저런다"라는 비난도 들을 수 있습니다. 하지만 절대 그렇지 않습니다. 이분은 지금 상당히 실존적인 고민을 하고 있습니다. 삶의 위기감마저 느끼는 중입니다.

지금까지 이분은 성실하게 열심히 살아왔어요. 이상적이고 당위적인 모습으로 살았습니다. 그런데 이제, '어쩌면 이게 아닐지도 몰라'라는 생각이 든 겁니다. 대다수 사람들은 이쯤 해서 "그럼, 본인이 또 새로운 이상과 당위를 만들면 되지 않나요?"라고 말할 겁니다. 하지만 안타깝게도 리얼리스트는 자신의 꿈과 이상을 스스로 만들지 못합니다. 이런 걸 너무 어려워해요. 그러다 보니, 그 꿈에 따라 자신이 '마음먹고' 행동하기는 더욱더 힘이 듭니다.

리얼리스트는 리얼리스트다

리얼리스트는 삶의 이상이나 꿈 등과 같은 목표를 보통 외부의 누군가로부터 받습니다. 타인의 지시와 명령을 받아 수행하는 것이 편하다고 느끼는 탓인데요. 이분도 어딘가에서 '영감'이든 '미션'이든 그 무엇을 받고 싶어 합니다. 종교 단체나 정당, 부동산 투자 설명회, 투자 회사 같은 곳이면 좋겠군요. 종교 단체에 가면 뭐라고 합니까? "착하게 살아라, 남에게 봉사하는 삶을 살아라, 존재 이유를 찾아라, 내세를 위한 복을 지어라" 하고 이야기합니다. 현실의 가치를 중시하며 살아온 리얼리스트에게는 새롭고 멋진 모습이에요. 투자 회사에서는 "이 펀드에 투자하세요, 저 종목에 투자하는 것이 좋습니다"와 같은 비전을 제시합니다. 리얼리스트는 대개 돈이 많으면 미래가 더 안정적일 거라고 생각하므로 대박을 터트린다는 말을 새로운 복음이라 여겨 몰입합니다.

춤이나 서핑, 여행, 그 밖의 개인적인 취미 활동에 몰입하는 것은 어떠냐고요? 이것은 생각처럼 쉽지 않습니다. 일단 리얼리스트는 '춤' 하면 민망한 느낌을 갖거나 무언가 윤리적인 기준에서 벗어난다는 생각을 하거든요. 물론 공무원들도 다양하게 취미 활동을 합니다. 가령, 영혼을 찾는 '산티아고 순례길'에 가기 위해 한 달 동안 휴가를 내기도 합니다. 교사 같은 교육 공무원이 아니면 이런 일은 상상조차 힘듭니다. 그야말로 대단한 각오가 필요하니까요. 또한 같은 교육 공무원이라 해도 아이디얼리스트인지 로맨티시스트인지 리얼리스트인지 성향에 따라 다른 상황이 연출되기도 합니다. 예를 들어 아이디얼리스트와 로맨티시스트는 이런 목표를 쉽게 실행에 옮길 수 있어요. 그러나 리얼리스트는 이것을 무작정 수행하기보다 얼마나 많은 사람들이 다녀왔는지, 객관적으로 어떤 수준의 '영혼'이 찾아졌는지 등을 탐색합니다. 그리고 나서 현실적인 가치나 필요성이 분명하다고 판단되면 바로 수행에 옮기지만 객관적인 기준이나 필요성을 찾을 수 없으면 보다 안정적인 상황이 되거나 여유 있는 상황이 될 때까지 기다릴지도 모릅니다. 어떤 이는 이를 위해 네트워크를 조직하거나 논문을 쓰기 위한 자료 수집이라는 또 다른 목표를 만들지도 모르지요. 언뜻 뭔가 말이 되는 이유인 것 같지만 실은 아무런 의미도 없습니다. 실은 "~하고 싶다"라는 것 자체가 목적이자 이유인데, 여기에 뭘 더 갖다 붙여야 하나요? 의미 없는 공무원의 노력은 이런 이유로 생겨난답니다.

사실 리얼리스트는 이런 사연을 잘 보내지 않습니다. 심지어 리얼리스트는 자기 심리를 솔직히 털어놓으며 "내 성격을 알고 싶어요"라는 질문조차 하지 않습니다. 사연을 보내기 전에 어떻게든 나름대로 자신의 성격 문제나 현실적인 문제들을 해결합니다. 그런데 이분은 재미있게도 그런 현실적인 일을 하면 자신의 삶이 우아하지 않을 거라고 생각해요. 장사를 하면서 치열하게 살아가는 모습은 자기에게 어울리지 않는다고 보는 겁니다. 혹시, 종교 활동을 하면, 나름대로 의미 있는 삶을 사는 것 같고, 또 최소한 남에게 봉사하는 착한 삶을 산다고 보일 수도 있어요. 하지만 요즘에는 이런 활동을 하려면 시간이 많아야 하고 경제적인 여유도 있어야 합니다. 이런 저런 명목으로 종교 단체에서 돈을 계속 언급하는 소리를 듣다 보면, 이들은 호주머니뿐만 아니라 마음마저 털리는 기분이 들 겁니다. 이런 이유 때문인지 사연을 보낸 분은 종교 활동과도 거리를 두는 것 같아요. 그러다 보니 '나는 잘 살고 있는가?'라는 회의 모드에 더 자주 빠지게 되는 것 아닐까요? 머릿속으로는 뭘 해야 할지를 분명히 알겠는데 별로 하고 싶지 않고 사는 것도 예전만큼 재미있지 않다는 생각이 드는 거예요. 핵심 포인트는 '능력 이상으로 애쓰며 살고 싶지 않다'입니다. 요즘 젊은이들이 좋아하는 책 제목처럼 '하마터면 열심히 살 뻔' 하는 일을 가급적 피하고 싶은 거예요. 더는 아등바등하면서 살고 싶지 않기에 현실에 적당히 맞추면 행복하지 않을까 기대하는 것입니다.

이분은 자신의 능력을 알고 있을까요? 모릅니다. 바로 이 지점에서 헷갈립니다. 지금까지 자신의 능력에 대해 한 번도 의문을 품지 않았습니다. 공무원이 된 것 자체가 능력이라 믿었으니까요. 그 능력으로 지금껏 공무원 생활을 잘해왔다고 믿고 산 것입니다. 앞으로도 그렇게 잘할 거라고 또 믿습니다. 리얼리스트의 마음은 통념적인 공무원으로 살아남을 수 있는 데 꼭 필요한 조건입니다. 이분의 삶의 원칙은 '내 능력 이상으로 애쓰며 살지 않는다'는 것입니다. 이런 분들은 공무원 생활을 잘 견딜 수 있는데요. 이들이 추구하는 삶의 가치를 구체적으로 보여주는 흔한 표현이 있습니다. 바로 '쓸데없이 일을 벌이지 않는다. 시키는 일 외에는 하지 않는다'는 것입니다.

대부분의 공무원은 이처럼 일의 한계와 범위를 설정해놓고 그 이상을 넘어가지 않으려 합니다. 이런 것을 '규정과 법률'이라고 말하며 중시합니다. 리얼리스트의 마음을 가진 분들에게 '창의적'이라는 말은 곧 현재 자신이 하고 있는 일을 부정한다는 의미거든요. 지난 정부에서도 '창조경제'를 구호로 내세우며 '변화와 혁신'을 강조했지만 결국은 그렇게 하고 싶지 않았던 속마음을 잘 드러내주고 마감하지 않았습니까? 사연을 보낸 분은 공무원 생활이 만족스럽다고 말합니다. 그런데 이렇게 잘 사는 사람이 왜 자신의 성향이나 성격을 궁금해 하는 걸까요? 자신이 남들에게 어떻게 보이는지 알고 싶기 때문입니다. 남들을 향해 "내가 이렇게 사는 것이 정말 '행복'하게 '잘 사는 것' 맞나요?" 하고 묻는 거예요. 이런 질문에는 "네, 선생님의 성향과 성격대로 살고 있군요. 또 선생님이 스스로 만든 이상적인 모습을 추구하며 살고 있습니다"라고 대답할 수 있습니다.

이런 대답을 들으면 아마 마음이 뿌듯해질 겁니다. 하지만 100퍼센트는 아니고, 80퍼센트 정도 뿌듯할 텐데요. 이렇듯 완전히 만족하지 못하는 까닭은 이 성향의 사람들에겐 미래에 대한 막연한 불안이 남아 있기 때문입니다. 그래서 다음과 같은 질의응답이 계속 오가기도 합니다. "성격대로 살지 않아서 부대끼는 걸까요?", "혹시, 스스로 부대끼는 부분이 무엇인지 알고 있나요?" 하는 것들이죠.

이분은 '막연히 불안하니까' 무언가 내면에서 부대끼는 것이 있다고 생각합니다. 이처럼 막연히 불안해 하는 특성은 미래가 안정적이지 않다고 생각하는 데서 온 것입니다. 더욱더 '안정'을 추구하는 이유이기도 하고요. 남들 보기엔 현재 상태가 편안하고 안정적인 것 같아도 본인은 이 상태가 지속적으로 유지되지 않을 것 같기에 부담을 느끼면서 불안해합니다. 확신을 가지고 싶어서 주위 사람들에게 계속 묻고, 직접 질문할 배짱이 없는 경우엔 눈치를 봅니다. 이들은 무엇보다 자신이 살아 있음을 느끼고 싶어 합니다. 잘 사는 것의 기준을 '행복'에 두기에 늘 "행복하고 싶다"라고 입버릇처럼 되뇝니다. 주문을 외는 것처럼요. 특이하게도 이 성향의 사람들은 자신의 현재 상태가 행복하다는 것을 인정하기 어려워하면서 "어떻게 사는 것이 즐겁고 평안한 건가요?" 하고 계속 묻습니다.

행복을 바라는 리얼리스트 성향의 사람들은 동시에 '사서라도 고생해야 한다'라고 하는 삶에 대한 '피해의식'도 동시에 지닙니다. 제대로 잘 살고 있다는 것을 확인하기 위해서라도 고통과 시련은 필요하며, 이것을 참고 견디면 나름대로 보상이 있을 거라고 기대합니다. 대부분의 리얼리스트들이 보여주는 삶의 방식이자 삶의 믿음이지요. 마지막으로 이분은 "제 가치는 즐거운 삶, 마음의 평화, 정서적 안정, 프로정신, 유머입니다"라고 했는데요. 여기에 앞서 말한 믿음이 잘 드러납니다. '정서적 안정'과 '마음의 평화'를 원하지만 현실에서 그것을 누릴 수 없으니 '유머'를 발휘해 구멍을 보충하려는 것입니다. 이분에게 즐거운 삶과 프로정신은 참고 인내해야 하는 삶의 모습인 동시에 결과처럼 보입니다.

° 설록황의 마음 처방

당신은 마음의 평화를 누리며, 정서적 안정을 유지하며, 즐겁고, 유머 또한 가득한 생활을 하고 있습니다. 거기에 덧붙여 남들이 이렇게 말해주는 상황을 기대합니다. "오! 당신은 프로입니다. 당신은 놀라운 공무원이군요" 하고 말입니다. 즉 일종의 프로 공무원을 원한다는 뜻입니다.

이 같은 프로 공무원은 급한 것도 없고, 또 뭔가를 애써 잘할 필요도 없습니다. 그냥 공무원으로 인정받고 여유 있게 즐기면서 지내면 됩니다. 물론 이런 걸 다 유지하면서 프로로 인정받는 게 가능할까, 의심하는 분도 계실 텐데요. 그냥 모두가 서로를 프로 공무원이라고 말하고, 그렇게 믿어주면 됩니다. 서로 "우리는 프로 공무원이야!"라고 인정해주는 거죠.

프로 공무원이 어떤 행동을 하고, 어떻게 일을 처리해야 하는지는 별로 중요하지 않아요. 이 유형에게 가장 중요한 것은 '프로 공무원'이라는 명찰을 가슴에 붙이면 그대로 프로 공무원이 된다는 마음으로 사는 것, 바로 그것이니까요. 이런 이야기를 충분히 유머로 받아들일 수 있으시죠? 네, 그게 바로 리얼리스트가 삶을 지향하는 방식입니다. 그때그때 삶에서 겪게 되는 문제가 무엇이든 그냥 '녹색성장', '창조경제', '4차 산업혁명', '소득주도성장' 등의 단어를 들이대면 이 나라 문제가 해결될 것으로 믿는 사람들의 마음이 바로 리얼리스트의 유머랍니다.

우리는 인간을 절대적인 존재라고 착각하면서 변하지 않는
무언가에 따라 움직여야 한다고 자타에게 강요하며 살고 있습니다.
그래서 인생이 고단한 거예요.

모든 것을 유머로 받아들이는 것이 프로 공무원의 기본적인 자질이라면 이 나라에서는 공무원이야말로 최고의 직업이라 할 수 있을 겁니다. '그래야 한다'는 당위성을 버리고, 어떤 일이 벌어져도 유머러스하게 상황에 대처할 수 있다면, 그것이 바로 이 나라에서 살아가는 프로 공무원의 이상적인 모습일지도 모릅니다. 사연을 주신 분의 경우도 비슷합니다. 당신이 가진 문제가 무엇이든, 유머로 그냥 웃어넘기면서, 착한 사람 혹은 좋은 사람이라고 믿고 사세요. 그러면 염려하는 모든 문제가 저절로 해결될 것입니다. 자신의 능력 이상으로 애쓰며 살지 마세요. 주변에서 흔히 추천하는 '여행'은 리얼리스트들이 이런 방식으로 살아가는 데 가장 쉽게 응용할 수 있는 길 중 하나입니다.

생의 한가운데

_내 삶의 방향 찾기

대학에 간판 보고 가나요,
꿈을 이루러 가나요?

친애하는 셜록황에게 ────

진로 문제로 혼란스러운 고2 여학생입니다. 얼마 전 수능 D-100이 깨진 날, 고3 선배와 대화를 나누던 중 학과 얘기가 나왔습니다. 선배에게 어느 과를 지원할 것이냐고 묻자 "문과는 학교 네임 밸류가 제일 중요해. 아무리 과가 유망해도 학교 간판을 무시할 수는 없어. 성적에 맞춰 최대한 좋은 학교에 가는 게 목표야"라고 대답했습니다. 그 말을 듣고 허탈해졌어요. 제가 평소 배울 점이 많다고 생각했던 선배라 더더욱 그랬습니다.

제게 대학은 적어도 20대의 4년을 보낼 곳이고, 그만큼 시간과 돈을 투자해야 할 곳입니다. 그렇기에 선생님이나 소위 입시전문가들이 문과, 특히 인문계열 취업이 암전이라며 겁을 줄 때도, 제가 공부하고 싶은 것을 가르치는 학교에 가야 한다고 생각해왔습니다. 모든 것은 자기가 하기 나름이며, 하고 싶은 것을 열심히 하면 기회는 올 것이라고 믿었는데, 지금은 조금 의문이 듭니다.

저는 정말 궁금해요. 이제껏 유지해온 생각이 대학생활을 지나 사회에 계신 분들이 볼 때 "너는 아직 현실을 몰라!"라며 면박을 줄 만큼 철없는 소리인지요? 흔히 말하는 '현실의 벽'이 열정과 노력만으로는 도저히 넘을 수 없는 높이인지요? ———

대학의 이름으로

고2라는 것이 믿어지지 않을 만큼 놀라운 의식을 가진 학생입니다. 여기서 '암전'이란 '전망이 암울하다'는 뜻으로 학생들 사이에서 흔히 사용하는 단어입니다. 이 시대 대한민국에서 대학의 위치는 참 고민스럽습니다. 먹고사는 게 문제인 사람에게는 대학이 문제가 되고, 먹고사는 게 문제가 되지 않는 사람은 어느 대학을 나오든 상관없다는 말이 있어요. 대학은 먹고살기 위해 노력해야 하는 사람에게는 취업 준비 기관으로 중요하지만, 그런 고민을 할 필요가 없는 사람에게는 별 상관없는 곳이라는 뜻입니다. 대학의 존재 이유가 먹고사는 데 필요한 기술 준비 기관이라는 뜻이기도 하고요. 이렇듯 우리 사회에서 대학은 더 이상 '학문을 계승, 발전시키면서 삶의 지식을 향상하여 교양 있는 인간을 양성하는 학술기관'이라는 기능을 수행하지 못합니다.

먹고사는 문제는 누구에게나 아주 중요합니다. 그런데 대학과 먹고사는 문제의 관계는 어떤가요? 대학이 먹고사는 문제를 수월하게 해결해주던 시기가 분명 있었습니다. 그러나 21세기 대한민국에서는 대학을 나와도 이 문제를 해결하기 힘듭니다. 사실 대학은 현실의 생존 문제를 해결하기 위해 존재하는 기관이 아닙니다. 인류의 미래와 사회 발전을 위해 든 보험, 혹은 일종의 지적 도피처 같은 역할을 하는 곳입니다. 먹고사는 생활 기술을 알려주는 곳이 아니라는 뜻이지요.

그런데 대한민국 대학은 근대 국가로 성장하는 과정에서 선교사와 식민지 정책에 의해 세워졌고, 이후 하나의 기업처럼 성장해왔기에, 현재 대학의 정체성은 기업이나 다름없게 되었습니다. 그 과정에서 대학은 교육기관으로서 기능하기보다 먹고사는 기술이나 지위, 또는 브랜드(상표)를 제공하는 곳으로 전락했습니다. "먹을 걱정을 하지 않는 사람은 대학 간판을 고민하지 않는다"라는 말은 이런 상황을 액면 그대로 보여줍니다.

사연을 보낸 학생은 매우 진지합니다. 나름대로 통념적인 생각에 의문을 제기하고 있습니다. 그런데 이 학생이 진짜 궁금해 하는 것은 무엇일까요? 문제를 정확하게 알아보려면 무엇보다 먼저 우리가 가지고 있는 대학에 대한 통념을 살펴보아야 합니다. 보통, 좋은 대학을 나오면 먹고살 걱정을 덜 수 있다고 생각합니다. 제 주위에도 소위 명문대를 나온 사람이 많습니다. 하지만 그들 대다수가 대학을 나오지 않았거나 이름도 모르는 곳을 졸업한 사람들보다 더 먹고사는 문제를 걱정합니다. 물론 삶의 수준과 기대치는 각각 다를 테지만요.

어떤 분은 고등학교도 제대로 나오지 않았지만 훌륭한 기업체를 운영하고 있습니다. 기술을 바탕으로 비즈니스를 시작한 그는 사업이 어느 정도 안정되자 '내가 모르는 게 참 많구나' 싶어서 이 책 저 책 닥치는 대로 읽었다고 합니다. 자신에게 뭔가 가르쳐줄 사람들과 많이 만나고, 많이 듣고, 누구와 대화하든 배운다는 자세로 임했다고 합니다. 요즘은 강연을 통해 자신의 스토리를 들려줌으로써 많은 젊은이들에게 큰 감동을 주고 있는데요. 몇 년 전, 그분이 대학 졸업장을 받기 위해 모 대학에 편입하여 수업을 이수하고 있다는 소식을 듣고서 저는 이 나라에서는 대학 졸업장이 곧 신분 증명서임을 다시 한 번 확인했습니다.

대학 졸업장이 신분을 구별하는 손쉬운 표식이 되는 사회에서는 흔히 대학 입학을 위한 공부가 인생을 결정합니다. 어릴 때부터 공부를 잘해야 하는 배경이지요. 이름 없는 대학에 들어간다는 것은 곧 사회적 신분이 낮아진다는 것을 의미하기 때문입니다. 이 나라에서는 그 신분을 'SKY(하늘)'에서부터 땅의 '서성중경외한' 등으로 구분합니다. 그나마 다행스러운 것은 이런 구분이 대학을 졸업하는 순간 해제된다는 점인데요. 취업난이 가속화하면서 먹고사는 문제 역시 대학 이름이 아닌 '돈을 많이 벌 가능성이 있느냐 없느냐'로 가늠되는 탓입니다. 물론 고급공무원이나 전문직에 진입할 수 있는 로스쿨, 의대, 대학원 박사과정 등도 있지만, 이것은 소위 '그들만의 리그'로 들어가는 또 다른 표식일 뿐입니다.

사연을 보낸 학생은 '그들만의 리그'에 들어가길 원하지 않는 것 같습니다. 또한 대학은 학문을 연구하고 진리를 탐구하는 곳이라고 생각하고 있어요. 정말 훌륭한 학생입니다. 하지만 저는 속상합니다. 학생의 이런 기대가 대학생활을 하는 동안 어떤 식으로 좌절될 것인지 짐작하고도 남으니까요. 절망하면서 인생의 꿈을 포기할 것 같아 안타깝기만 합니다. 그럼에도 저는 동시에 이 학생을 칭찬하고 싶습니다. 이런 사연을 보냈다는 것은 분명 자신이 직면한 문제를 제대로 파악하고 싶다는 뜻이니까요. 모두가 정답처럼 믿는 것을 무작정 받아들이지 않고, 자신만의 삶을 살고 싶다는 마음을 잘 표현해주었습니다.

유명 대학 졸업자는 특별한 능력자일까?

자신이 좀 '의식 있는' 사람이라 여기는 부모들이 종종 하는 말이 있습니다. 가장 흔한 것이 "무작정 대학에 들어가기보다 네가 무엇을 하고 싶은지 아는 게 더 중요해"라는 것인데요. 이런 말은 듣기에 괜찮고 또 그럴듯하긴 해도 무언가 사기성이 농후한 것 같고 대책이 없어 보입니다. 받아들이기 힘든 유혹에 불과하지요. 흥미로운 것은 이런 말을 하는 부모들 중 대다수가 대학을 나왔다는 사실입니다. 게다가 좋은 대학을 나온 사람이 많아요. 사연을 보낸 학생에게는 도무지 도움이 안 되는 말입니다.

이 학생 역시 그럴싸한 말을 많이 들었을 겁니다. 그런 말을 따라 헤매다가 망가지는 사람도 많이 봤을 겁니다. 이 학생은 지금 자신이 '그중의 한 명'이 되지 않을까 고민하는 것입니다. 어른들이 할 수 있는 또 하나의 흔한 말로 "대학이 뭐가 중요하니? 인생은 스스로 만들어가는 거야. 네가 간절히 원하는 것을 열정적으로 하면 우주의 기운이 너를 도와줄 거야"라는 게 있습니다. 정말 무책임한 말이에요. 아이가 대학의 네임 밸류name value가 중요한 건지 아닌지 고민하는데, 여기에 대고 "쓸데없는 고민이야. 그 고민보다 이것이 더 중요해"라는 식으로 대응하는 것은 문제의 본질을 외면하는 처사입니다. 인생을 먼저 살아온 어른이라면 진짜 문제가 무엇인지, 어떤 내용인지, 어떻게 접근해야 문제 해결의 실마리라도 잡을 수 있을지 알려주어야 합니다. "네 인생은 너의 것, 알아서 해" 하면서 완전히 손을 떼지 않을 거라면 말입니다.

사연을 보낸 학생이 왜 네임 밸류에 대해 고민하는지 살펴보기 전에, '문과는 학교 네임 밸류가 가장 중요하다'는 말의 뜻을 정확히 파악해야 합니다. 학벌이 신분이 되는 사회에서는 분야를 불문하고 학교의 네임 밸류가 중요합니다. 그나마 문과에 비해 이공계 출신은 구체적인 기술이나 능력, 즉 '무얼 할 수 있는지'를 증명할 길이 조금 더 열려 있습니다. 다양한 자격증이 그중 한 예일 텐데요. 학교를 졸업하고 나서 하게 될 일들이 이과생의 경우엔 조금 구체적이고 특별해 보이기도 합니다.

중요한 것은—문과든 이과든 상관없이— 무엇보다 '나 자신이 무엇을 할 수 있느냐' 또는 '능력을 어떻게 발휘할 수 있느냐'라는 질문에 스스로 대답할 수 있어야 한다는 점입니다. 요즘은 문과 이과 따질 것 없이 대학 졸업 무렵에 "나는 이걸 잘해"라거나 "나는 이런 능력이 있어"라고 자신 있게 이야기하는 젊은이를 찾아보기 힘든 상황입니다. 많은 사람이 막연히 기대하는 능력이나 기술이란 게 실은 '조직 활동의 경험'이나 '일정 기간 이상의 수련을 통해 습득된 전문 능력'을 의미하는 경우가 많기 때문입니다. 대학 4년 동안 자신이 어떤 전문 능력을 수련 받고 또 습득할 것이냐의 문제는 이과나 문과, 혹은 어느 대학에 다니고 있는가에 따라 정해지는 게 아닙니다. 자신이 찾고 스스로 개발해야 합니다. 대학은 직업 훈련소도 아니고 취업의 기술을 전수하는 학원도 아닙니다.

°대한민국 대학은 환승역이다

이 학생은, 대학이 20대의 4년을 보내는 곳이고, 그만큼 시간과 돈을 투자해야 하는 곳이라고 생각합니다. 안타깝게도, 20대의 4년을 '무엇'을 배우기 위해, '어떤' 기술이나 능력을 개발하기 위해 시간과 돈을 투자하는 것인지 아무도 묻지 않습니다. 그런 만큼 고등학생 신분으로서 이를 제대로 생각하기란 거의 불가능하지요. 가보지 않은 길에 대한 그림을 그리는 것이고, 경험하지 않은 삶에 대한 구체적인 활동 계획을 짜는 일이기 때문입니다.

대학은 탐색의 시간과 기회를 제공하는 공간입니다. 대학시절에 자신의 능력을 확인하고, 또 삶을 만들어나가는 그림을 그려보아야만 20대의 나머지 시간을 유용하게 사용할 수 있습니다. 고등학교 생활이 대학입시라는 목표를 향해 달려가는 것이라면 대학생활은 20대와 30대의 삶을 준비하는 기간입니다. 그 시기, 무엇을 생각하고 무엇을 배우는가에 따라, 30대와 40대 인생의 일부가 만들어집니다. 40대 중반 이후의 삶은 30대를 어떻게 보내느냐에 따라 또 달라지고요. 시간과 돈을 상수로 결과를 도출하는 것을 성과로 파악한다면, 우리 삶은 각기 다른 인생의 시점에서 각기 다른 공식을 적용함으로써 만들어집니다. 삶의 공식을 만들어가는 상수가 오직 좋은 대학 진학 하나만 있는 건 아니라는 뜻이에요.

지금 대한민국에서 대학 진학을 고려할 때 가장 먼저 던져야 할 질문은 네임 밸류나 전공이 아닙니다. 그보다는 '어떤 사람으로 생활하며 무엇을 배울 것인가?'를 물어야 해요. 누구나 하는 것을 하는 게 아니라 그 기간에 내가 다른 사람과 구별되는 능력과 특성을 어떻게 계발할 것인지 고민해야 합니다. 따라서 대학을 선택할 때 "나의 차별성과 능력을 키울 수 있는 기회를 얼마나 잘 제공해줄 것인가?"를 최우선으로 알아보아야 합니다. 대한민국 대학이 학생 개개인의 능력과 차별성을 키우는 어떤 교육을 하고 있다는 이야기를 들어본 적이 없기에 이 질문에 답을 찾는 것은 쉽지 않을 겁니다.

우리가 꼭 기억해야 할 중요한 점이 있습니다. "대학에 들어가기만 하면 개인의 능력과 차별성이 자연스레 얻어질 거야"라는 생각을 하면 안 된다는 것인데요. 동년배 인구 중 5~10퍼센트의 사람만 대학에 간다면 대학이 '전문 능력을 함양하는 곳'이라고 믿을 수 있습니다. 그런 시대엔 대학을 졸업했다는 것만으로도 상당한 사회적 신분을 주장할 수 있었고 전문가인 양 행세할 수 있었습니다. 하지만 어느 순간부터 이 나라의 대학은 고등학교 졸업생 열 명 중 일곱 명이 들어가는 교육기관이 되었습니다. 소위 민주 시민으로서의 교양을 함양하는 곳이 되었지요. 대학 진학률이 70퍼센트에서 80퍼센트를 웃도는 이 나라에서 대학은 이제 사회인이 되기 위해 이동 수단을 갈아타는 환승역 정도일 뿐입니다. 그 역을 통과하지 않고 사회인이 되는 것을 오히려 차별성이 있다고 말하는 사회가 되어버렸을 만큼 말입니다.

그러면 어떡해야 하냐고요? 이 질문에 답하려면 먼저 '내가 살고 싶은 삶'의 모습을 그려보아야 합니다. 대한민국의 대학은 애석하게도 학생들이 바라는 것처럼 '진짜 공부를 하는 곳, 열정을 불사르며 지식을 습득하는 곳'의 역할을 다하지 못하기 때문입니다. 대학은 그런 생활을 제공하지 않아요. 대학생 본인이 만들어야 합니다. 하늘에 있는 대학이든 땅에 있는 대학이든 마찬가지입니다. 그러니 이제 솔직하게 자신에게 물어봅시다. 대학을 통해 나의 미래 신분을 확인 받고 싶은 것인지, 아니면 대학을 다니는 동안 내가 되고 싶은 사람이 되는 데 필요한 이모저모를 준비할 것인지를 물어야 합니다. 자신이 어떤 사람이 되고 싶은지 알아내고 이를 위해 어떻게 생활해야 할지 스스로 깨우쳐가는 것이야말로 대학에서 배울 수 있는 가장 큰 몫입니다. 안타깝게도 대학에는 이런 교육 과정이 없으므로 사연을 보내온 학생에게 저는 이렇게 이야기해주고 싶어요. "대학에 진학하는 것도 초등학교에 가는 거랑 비슷해"라고 말입니다.

초등학교 때를 돌이켜보세요. 설령 공부하고 싶은 게 있고, 그걸 해내려는 열망이 컸다 해도 뭘 공부해야 하는지 잘 모른 채 학교나 부모가 시키는 대로, 혹은 그냥 저냥 공부하지 않았나요? 대학 공부도 다르지 않습니다. 자신이 어떤 삶을 살고 싶은지, 그에 따라 무얼 공부하고 싶은지 정확하게 모르니까 그 문제와 직면하는 대신 '어느 대학에

갈까'를 고민하는 겁니다. 그 와중에 사회적 신분이니 출세니 하는 욕망들을 끼워 넣는 거고요. 학생들이 종종 공부하다가 "대체 내가 왜 대학에 가야 하는 거지?" 하면서 혼란스러워 하는 배경이랍니다. 이때 가장 현명한 선택은 무엇일까요? 답은 간단합니다. 어느 대학인지, 무슨 과인지 따지지 말고 가장 가깝고 좋은 곳을 선택하는 것입니다. 아마 사연을 보낸 학생은 '아하, 그냥 대학 간판을 보고 가라는 뜻이로구나' 하고 받아들일 겁니다.

네, 모든 대학에는 간판이 있으니 그걸 보고 자기에게 맞는 대학을 선택하면 됩니다. 이 사회에서 대학은 그 정도의 가치밖에 없는 인생의 환승역입니다.

마이 웨이

위의 답변에 대해 사연자가 만족하지 않거나 '내가 배우고 싶은 걸 무시하라는 거야'라고 생각할까 봐 우려되는 부분도 있습니다. 본인이 무엇을 배우고 싶은지 말하지 않았기에 '간판을 보고 가라'고 했지만 어쩌면 이 말을 아재 개그로 받아들일지도 모른다는 생각도 듭니다. 이제 좀 더 확실하고 중요한 것을 이야기해볼까요?

예를 들어 이 학생이 역사를 공부하고 싶다고 해봅시다. 이 학생은 대한민국에서 역사를 가장 잘 가르치는 대학이 어디인지 알까요? 물론 알 겁니다. 하지만 결국엔 자기 성적에 맞는 곳을 찾아가겠지요. 이것은 아주 어리석은 결정입니다. 대다수의 한국인이 '대학' 하면 좋은 환경에서 좋은 경험을 할 수 있는 곳이라고 생각하는데, 여기 아주 중요한 것이 빠져 있습니다. 대학에 가는 사람의 입장에서 봤을 때 가장 중요한 것은 '나'입니다. 그런데 그게 빠졌어요. 내가 어떤 사람인지, 나의 능력이 얼마큼인지와 관계없이 남들이 말하는 소위 명문대에 가기만 하면 내가 훌륭한 사람이 될 거라는 믿음을 가지는 겁니다. 실제로 가장 중요한 것은 '내가 무엇을 원하고 또 내가 어떤 사람인가' 하는 것을 아는 것인데 말입니다.

많은 사람이 대학을 언급할 때 점수로 매겨진 순위만 따질 뿐 그 대학의 개성이나 특성, 전통과 자부심은 고려하지 않습니다. 사실 대한민국의 대학들은 규모로 비교하는 것 외엔 어떤 뚜렷한 특성이 없긴 합니다. '크면 좋다'고 믿는 한국인의 일반적인 심리가 대학에도 적용되니까요. 그러다 보니 대학 캠퍼스가 백화점 못지않게 화려해지고 있습니다. 명품 숍이 많이 들어가야 일류 백화점이라 여기는 것처럼 대학에도 그런 기준이 적용되는 거예요. 그러니 한국인에게 대학 진학은 곧 명품 숍에 가서 명품을 사는 것과 같은 상황이 되는 셈입니다. '네임 밸류'를 따지는 것 자체가 명품 브랜드를 쇼핑하는 것과 같은 심리로 대학 교육을 받아들인다는 의미잖아요?

물론 대한민국에도 어느 대학을 나왔느냐가 두뇌의 우수성을 의미하던 시절이 있었습니다. 하지만 지금은 거의 "부모님이 돈을 많이 쓰셨구나" 정도로 이해합니다. 사교육을 얼마나 많이 받았느냐에 따라 대학의 등급이 달라진다고 생각하기 때문입니다. 따라서 학교의 네임밸류란 곧 "네가 돈과 시간을 얼마나 쓰느냐에 따라 네가 구입하는 대학의 브랜드가 달라진다"는 의미입니다. 어떤 브랜드인지가 중요하지 구매한 물품이 지갑인지 핸드백인지 스카프인지는 중요하지 않은 상황인 겁니다.

사연을 보낸 학생이 대학에 가지 않을 수도 있을까요? 이 학생은 배우고 싶은 것을 가르치는 학교에 간다고 생각하지만 사실 대학에 가도 학생들은 원하는 것을 학원에 가서 배웁니다. 법대나 패션 전공 학생들은 거의 다 학원에 다닙니다. 영어나 기타 외국어를 배우러 학원에 가기도 하고요. 따라서 이 학생이 배우고 싶은 것을 가르치는 학교에 가겠다고 고집한다면 제가 한 가지 복음 정도는 전할 수 있습니다. "어느 학교에 가도 상관이 없다"는 것입니다. 왜냐고요? 어느 학교든 이 학생이 배우고 싶어 하는 것을 가르치지 않을 테니까요.

또 하나 생각할 게 있습니다. 나는 이것을 배우고 싶어서 열심히 공부하는데 옆의 친구가 "야, 그걸 뭐 하러 공부하니?"라고 핀잔을 주고 선생님이 "넌 왜 쓸데없는 것을 공부하니?" 같은 말을 하면 공부하고 싶겠습니까? 마음이 흔들리는 정도가 아니라 아예 공부하기가 싫어집니다. 이 학생이 자신이 배우고 싶은 것을 가르쳐줄 만한 학교와 교수를 정확히 찾지 못하면 원하는 대로 공부하기가 어려워질 것입니다. 대부분의 학교 및 교수들은 자신이 중요하게 생각하는 것에 집중할 뿐 학생이 원하는 것을 이해하고 제공하지 않으니까요.

안타까운 일이지만, 길은 혼자서 찾아야 합니다. 책이나 인터넷을 통해 나름 정보를 찾을 수 있겠지만, 그 정보들은 누군가를 위한 내용이지, 본인을 위한 것은 아니랍니다. 스스로 끊임없이 더듬이로 더듬으며 찾아야지 '이걸 하고 싶은데 우주의 기운이 내게 몰리지 않아'라고 생각하며 주저앉는다면 정말 하고 싶은 게 아닙니다. 생각만 하는 것은 현실을 피해 도망치는 것입니다. 또 사연을 보낸 학생은 '현실의 벽'이 과연 열정과 노력만으로 넘을 수 있는 것인지 물었습니다. 이때 학생이 생각하는 그 벽은 실제 있는 벽이 아니라 학생 스스로 만든 벽입니다. 상상의 벽인 셈이에요. 그러니 그 벽을 열정과 노력만으로 넘을 수 있는지 없는지는 직접 도전해봐야 압니다. 넘어보지 않고 상상의 벽을 세워놓으면 열정과 노력만큼 그 벽은 계속 높아질 뿐입니다.

무엇보다 '내가 어떤 사람인가'를 아는 것이 가장 중요합니다. 이 학생의 생각은 아이디얼리스트 성향을 보이는 학생들의 전형적인 사고방식을 보여줍니다. 중·고등학생 중에서 조금이라도 사고할 줄 아는 아이디얼리스트는 모두 이런 생각을 합니다. 그리고 그중에서 자신이 직면한 현실을 있는 그대로 파악하기가 두렵거나 자신의 열정과 꿈은 엄청나게 많이 생각하는데 직접 행동하는 것이 귀찮을 경우 끊임없이 이런 고민만 합니다.

누군가가 성적에 맞춰 최대한 좋은 학교에 가는 것이 목표다, 대학은 네임 밸류가 중요하다, 아무리 유망 학과에 가도 학교 간판이 더 중요하다 등의 이야기를 하면 '저런 쓰레기 같은 생각을 하다니! 실망이야'라고 생각합니다. 그러고는 너무 현실적이라 내 순수함, 내 이상을 수용할 수 없다고 한탄합니다. 그렇다고 해서 실제로 자신의 이상적인 생각이나 꿈을 구체화하는 데 에너지를 쓰느냐 하면 그건 또 아닙니다. 오히려 그 절망감을 현실에서 구체화하지 않을 핑계거리로 사용하는 놀라운 자기기만과 왜곡 심리를 보입니다. 고민이 많은 아이디얼리스트가 흔히 보여주는 놀라운 특성인데요. 이 성향의 사람들 대다수가 멋진 이야기를 알고 있지만 시간이 흘러도 여전히 같은 상태에 머무는 배경이랍니다. 지금 하는 고민이 10년이 지나도 똑같다는 것은 현실이 무엇인지 아는 것을 회피한다는 뜻이거든요. 너무 지질하고 싫어서 말입니다.

'지질한 현실을 바꾸려고 노력할 것인가? 그 지질한 현실 속에서 내가 진짜 아름다운 꽃을 피우려고 노력할 것인가, 아니면 그 지질한 현실을 거부하고 나만의 세계에서 멋진 그림을 그리는 것으로 내 삶을 잘 개척할 수 있다고 믿을 것인가?' 이것은 각자의 선택에 달린 문제입니다. 그렇지만 어느 하나의 선택이 또 다른 것으로 도망가는 방식으로 이루어지지 않았는지 한번 생각해보아야 합니다. 현실에서 멋지고 잘난 사람들은 이렇게까지 처절한 얘기를 해주지 않습니다. 그래서 학생들이 많이 헷갈려요. 학생들은 대부분 처음부터 우아해야 하는 줄 알거든요.

여기서 "학교 네임 밸류가 가장 중요하다. 아무리 유망한 과를 가도 학교 간판이 더 중요하다"라는 선배의 말이 참 재미있습니다. 유망 학과라는 건 완전한 사기라고 할 수 있는 선전문구일 뿐입니다. 유망 학과라는 건 처음부터 없어요. 마치 백화점에서 "이거 신상품이에요! 이거 잘나가요!"라며 물건을 파는 것과 같아요. 대학들은 곧잘 특정 학문 분야에 '유망 전공, 유망 학과'라는 타이틀을 붙여 홍보합니다. 이야말로 대학 스스로 자신들을 백화점 수준으로 격하하는 꼴입니다. 어떤 분야가 유망하다고 할 때, 혹은 탁월한 성취를 이루었다고 할 때, 이는 그 분야가 특정하거나 학과가 유별나서 그런 게 아닙니다. 모든 일의 결과는 사람에게 달려 있으니까요.

안타깝게도, 뚜렷이 잘하는 것이 없거나 좋아하는 게 없는 사람일수록 외적인 유혹에 약합니다. 특히, 가장 쉽게 탓하는 것이 가정 환경이나 천성입니다. 뭘 잘하는지 못하는지 본인도 모르기에 결과를 가정 환경이나 타고난 지능, 대학 환경의 탓으로 돌리는 것인데요. 따라서 결론은 "좋아하든 잘하든 신경 쓰지 말고 앞에 놓인 것을 닥치는 대로 해보라"는 것입니다. 절대 무책임한 답변이 아닙니다. 일단, 닥치는 대로 해보세요. 단, 잘할 때까지 계속해야 합니다. 닥치는 대로 해봤는데 제대로 하지 못한다면 무얼 잘못하고 있는 것인지 파악해야 합니다. 그럴 때 흔히 "소질이 없다"라고 말하지만 그런 데 신경 쓸 필요는 없습니다.

제가 그 증거입니다. 사실 저는 말솜씨가 변변치 않아 사람들 앞에 나서는 것을 무척 힘들어 했습니다. 그래서 변죽 좋게 말하고 입담을 강화하기 위해 지난 30년 동안 엄청 노력했습니다. 발표 기회도 거절한 적이 없어요. 발표를 잘하기 위해 미친 듯이 준비했습니다.

중요한 것은 먼저 자기 자신을 파악하는 일입니다. 내가 어떤 사람인지 알지 못하면 고2가 아니라 20대, 30대, 40대가 되어도 이런 고민이 계속 이어질 겁니다. 지금 사연을 보낸 학생을 행복하게 해주는 것이 공부라면 그것으로 먹고살 생각을 해봤는지 궁금하군요. 사실 공부로 먹고사는 것은 외롭고 힘듭니다. 공부의 끝이 여간해서 잘 보이지 않을 뿐더러 지질한 삶처럼 보일 때도 많거든요. 하지만 책을 한 권 샀는데 그것이 명품 핸드백을 산 것보다 뿌듯하다면 공부를 해보라고 권하고 싶습니다. 그렇게 할 수 있는 DNA가 있다고 봐도 무방하니까요. 하지만 명품 핸드백을 갖는 쪽이 더 뿌듯하다면 그쪽으로 길을 찾아야 합니다.

라면을 먹으면서도 책 읽는 것이 기쁘다면 공부에 승부를 걸어보세요. 어떤 공부든 상관없습니다. '공부'를 진정한 학문을 위한 것이 아니라 내가 남보다 더 높은 사람, 더 잘난 사람, 더 돈을 많이 버는 사람이 되는 길로 생각한다면, 그 욕망을 충족시킬 수 있는 길을 찾아야 합니다. 본인의 욕망을 허울 좋은 공부로 포장하지 말고 욕망을 성취할 수 있는 정공법을 택하세요. 즉 "돈을 많이 버는 지름길이 무엇인가요?"라고 질문을 던져야 합니다. 남보다 높은 사람, 잘난 사람이 되려는 욕망이 있다면 "내가 고위 공무원이 될 수 있는 지름길은 무엇인가요?" 하고 구체적으로 질문하세요.

시험을 잘 보는 것은 공부를 좋아하고 잘한다는 뜻이 아니라 성적을 잘 받을 수 있도록 학습했다는 뜻입니다. 요즘 대한민국 고등학교의 '학생부 종합전형'은 이 같은 '성적 올리기' 활동에 초점을 둔 것입니다. 정말 특별한 교육제도죠? 이것으로 대한민국에서의 공부란 시험을 비롯한 모든 학교 활동을 점수화하고, 그 성적대로 인간을 평가하는 활동이라는 것을 만천하에 공인해버린 꼴이 되었습니다.

진정한 배움이란 누구나 하는 것을 하는 게 아니라 내가 다른 사람과
구별되는 능력과 특성을 어떻게 계발할 것인지 고민하는 것입니다.

지금까지
헛살았나 봐요

친애하는 셜록황에게 ————

모범생, 명문대, 외국계 은행으로 이어지는 엘리트 코스를 밟은 마흔두 살의 여성입니다. 서른네 살에 엄마의 강권에 못 이겨 반강제로 결혼해 미국으로 갔는데 거기서도 잘 적응했습니다. 현재, 남편은 유학을 마친 뒤 전문직에 종사합니다. 남편은 '마마보이'에 소심함, 외골수, 게으름으로 둘러친 데다 속이 꼬여 있습니다. 끈질기지만 남 탓을 잘하고요. 감정은 아예 없는 것 같습니다. 저는 부지런하고 직설적, 독립적이며 모든 것을 제 손으로 직접 해결하는 편입니다. 어디서든 일을 잘한다고 인정받는데, 좀 급한 편이에요. 불안과 걱정이 많습니다. 일할 때는 너무 세심해서 금방 피곤해지고요.

결혼생활에서 가장 큰 문제는 아이였어요. 남편이 아이를 원치 않았어요. 아무리 설득해도 남편은 사랑이 없는 아이는 낳기 싫다고 고집을 부렸습니다. 저는 아이가 없는 결혼생활을 정상적인 것으로 여길 수 없었고요. 여기에다 시댁 문제까지 겹치면서 이대로 죽 가다가는 나중에 후회할 것 같다는 생각이 들었습니다. 제가 남편의 얘기를 잘 들어주고 호응해주면 좋게 넘어가고, 한 번이라도 직설적으로 얘기하면 싸움이 시작되었습니다. 한데 속마음과 달리 상대에게 맞춰주기만 하는 것도 한두 번이지 이건 아니다 싶더군요. 그래서 이혼을 택했습니다.

저는 본래 '사랑'이나 '행복'에 별로 신경을 쓰지 않고 살았어요. 아예 관심도 없었지요. 대학 간판이 필요해서 공부했고 어딘가는 다녀야 하니 회사에 다녔지요. 결혼하기 위해 상대방을 사랑하는 척했고요. 그런데 이혼 과정을 겪으면서 이런 삶은 완전히 본말이 전도된 것이라는 사실을 깨달았습니다. 늘 남에게는 번듯하고 자신감 넘치는 사람으로 보였지만, 한 번도 행복한 적이 없었었습니다. 심지어 제가 불행한지조차 몰랐어요. 제가 무얼 좋아하는지, 무얼 할 때 행복한지도 생각해본 적이 없습니다.

이 절망의 시기에 무너지지 않으려고, 운동하고 공부하고, 상담도 받고, 철학관까지 가봤지만, 여전히 불안합니다. 왜 이런 시련이 닥친 걸까요? 그냥 살던 대로 살 걸 그랬나요? 어떻게 마음을 다잡아야 제2의 사춘기를 잘 보내고, '인생의 중후반기'를 멋지게 시작할 수 있을까요? ──────

˚ 안 되는 줄 알면서 왜 그랬을까?

상당히 능력 있는 아이디얼리스트 여성의 전형적인 삶을 보여주는 사연입니다. 이제 과거의 삶을 정리하고 제2의 인생을 설계하고자 하는 마음으로 '자기 찾기'를 시작했군요. 만일 이분이 에이전트였다면, 남편이 멍청하고 시댁이 나빠서 이혼했다고 여기면서 이런저런 고민 없이 잘 살았을 겁니다. 로맨티시스트라면, 일단 이혼을 굉장히 꺼렸을 테고 설령 이혼했더라도 이번에는 좀 더 번듯하고 괜찮은 남자를 만나기 위해 노력했겠지요. 그런데 사연자는 아이디얼리스트답게 자신의 삶에서 '행복이란 뭘까?' 또는 '불행은 무엇일까?' 같은 것을 고민하고 있습니다. 지금까지와 달리 새롭게 자신을 탐색하기 시작했다는 것을 보여줍니다. 자신이 이혼한 것 자체를 놓고 '내가 왜 별로 의미도 없는 결혼을 했지?' 또는 '왜 내가 거기에 맞춰 사느라 고생했지?' 등의 생각에 골몰하면서 자신의 상황을 새롭게 인식하고, 그다음 자신의 문제를 탐색하기 시작한 것입니다. 바로, 자신이 뭘 좋아하는지 무엇을 할 때 행복한지 생각해보는 거예요.

아이디얼리스트가 순탄한 결혼생활을 할 때에는 이런 고민을 하지 않습니다. 자연스럽다고 느꼈던 결혼생활이 혼란스럽고 힘들다고 여겨질 때 이들은 자신의 문제를 해결하는 방법 중 하나로 '결혼생활이 나에게 어떤 의미가 있을까'를 곱씹어봅니다. 자신이 지향했던 결혼의 모습을 떠올리면서 현재 자신이 경험하고 있는 현실의 결혼을 돌아보지요. 이때 왜 이상적인 결혼생활이 현실에서는 불가능한지를 고민하게 되는데요. 이것이 바로 아이디얼리스트가 자신의 상황과 문제를 고민하는 방식입니다. 아이디얼리스트 성향이 높은 사람들은 현실의 문제를 내적으로나 심리적으로 탐구하려 듭니다. 그 과정에서 비로소 현실을 생각합니다. '맨땅에 머리를 박아 피를 철철 흘리는 상황이 되어야 자신의 문제를 받아들인다'는 아이디얼리스트의 절박함이 그대로 드러나는 대목입니다.

이런 성향을 가진 분들은 이혼 문제에 당면해서 이렇게 결론을 내립니다. '내가 현실 결혼에 그다지 큰 의미를 두지 않았구나.' 이를 깨달음과 동시에 본인도 모르게 이상적인 결혼의 그림을 가지고 있었음도 알게 되는데, 이 경우는 적어도 자기 성찰을 할 수 있는 아이디얼리스트에 해당합니다. 사연을 주신 분이 바로 그렇습니다. 자신의 능력을 발휘하면서 삶을 정리하고 있잖아요? 이분은 지금 굉장히 혼란스럽고 삶의 박탈감 또한 심하게 느끼고 있지만, 무너지지 않으려고 여러 모로 애쓰고 있는 중입니다. 이런 아이디얼리스트에게 필요한 것은 스스로 자기 삶을 만들고 있다는 분명한 인식, 곧 '자기 찾기'의 의미를 뚜렷하게 느끼는 것입니다.

아이디얼리스트와 리얼리스트의 삶 사이에서

이분은 자신의 의지로 나름대로 엘리트 코스를 밟았다고 했습니다. 하지만 서른네 살에 한 결혼은 엄마의 강권에 따라 반강제로 이루어졌다고 합니다. 이게 말이 되요? 아마 이분은 지금 이혼한 상태에 있으니까 그런 식으로 정리하고 싶었을지 모릅니다. 그러면서 한편으론 "살던 대로 살걸" 하는 마음도 있습니다. 네, 이혼한 것을 후회하는 마음이에요. 물론 전 남편에게 돌아가고 싶은 건 아닙니다. 아이디얼리스트는 자신이 만든 환경에 굉장히 만족하는 편이라 과거 결혼한 삶으로 돌아가고 싶어 하지 않습니다. 후회하는 지점도 분명 있겠지만 본인도 그게 뭔지 잘 모릅니다. 단지, 혼자가 된 이 상황에서 미래의 삶이 왠지 막연하고 불안하고 답답하게 보일 뿐입니다.

"제게 왜 이런 시련이 닥친 걸까요? 그냥 살던 대로 살걸 그랬나요? 어떻게 마음을 다잡아야 제2의 사춘기를 잘 보내고 인생의 중·후반기를 멋지게 시작할 수 있을까요?"

이렇게 묻는 이유를 알기만 하면, 질문에 대한 답도 쉽게 찾을 수 있습니다. 먼저, 이분에게 왜 이런 시련이 닥쳤는지 생각해봅시다. 이분은 대학 간판이 필요해서 공부했고, 어딘가를 다녀야 해서 회사에 다녔고, 결혼하기 위해 사랑하는 척했다고 합니다. 아이디얼리스트가 자신의 정체성과 기본적인 삶이 무엇인지 모르고 그때그때 상황에 맞춰 리얼리스트처럼 살았다는 의미인데요. 이분은 아이디얼리스트와 리얼리스트의 삶 사이에서 왔다 갔다 하다 어느 날 '이건 도저히 아니다'라는 마음에 삶의 경로를 바꾼 것입니다. 마침내 현실의 탈을 벗어 던진 거예요. 하지만 아이디얼리스트로서의 자신을 분명히 찾으려 하기보다 다시 리얼리스트 모드로 돌아가서, '내가 뭘 잘못한 것은 아닌가' 하는 의문을 던지고 있습니다. 이분이 잘못한 건 없어요. 단지, 과거 자신을 어느 정도 포장했던 가면을 벗어 던지고 이제 자신의 눈으로 자신의 삶을 찾아보면 그만입니다. 한 번 눈을 뜬 이상 다시 리얼리스트로 돌아갈 수는 없습니다. 아이디얼리스트로 살아야 합니다. 하지만 이분은 그게 무엇인지, 어떻게 살아야 하는지 정확히 알지 못하기에 '잘 시작할 수 있을까?'라고 질문하는 것입니다.

이분의 문제가 단순히 중년의 위기라거나 이혼 후 삶의 재정리 문제가 아니라는 것을 보여드리기 위해 또 다른 사연을 소개합니다. '기계 인간 같은 나, 문제 있는 거죠?'라는 제목으로 날아온 20대 아이디얼리스트 성향이 높은 여성의 사연입니다. 함께 보시죠.

──── 겉보기에 남부럽지 않게 잘 살고 있는 스물네 살의 여성입니다. 남들이 어찌 보든 저는 알 수 없는 이유로 가슴이 답답하고 제가 헛살고 있는 게 아닌가 하는 생각을 자주 합니다. 괜찮은 대학을 휴학 한 번 없이 졸업한 뒤 곧바로 외국계 기업에 취직한 지 몇 개월이 지났습니다. 저는 항상 목표를 가지고 부지런히 긍정적으로 살아야 한다는 생각을 되새기며 주변 환경, 능력, 외모, 건강, 지식, 인간관계 등에서 완벽하고 싶어 합니다. 교과서적으로 살고 싶어 한다고 할 수도 있어요. 또한 '나는 완벽하고 앞으로 더욱더 그럴 것이다' 혹은 '나는 호감형이고 뭐든

잘한다' 같은 근거 없는 자신감이 있습니다.

그런데 회사에서 하루 종일 반복적인 업무를 하다 보면 로봇 같은 느낌이 들고요. 남자에게도 별로 관심이 가지 않아 '내가 살아 있긴 한 건가' 하는 생각이 듭니다. 여가 시간에도 바쁘게 움직이지만 정말로 집중하는 것은 없습니다. 친한 친구들에게도 영혼 없이 대한다는 말을 자주 듣습니다. 그러면서도 괜찮게 사는 척하느라 매일 TED 같은 것을 봅니다. 대체 뭐가 문제인 걸까요? ───

˚ 남들은 멋있다며 부러워하지만

앞에서 본 이혼한 40대 여성의 사연과 달리 이 20대 여성은 '도대체 자신은 뭐가 문제인 걸까요?'라고 묻고 있습니다. 누가 봐도 멋진 삶을 살고 있지만 본인은 영혼 없이 사는 사람처럼 느낍니다. 보통 외국계 기업에 취직해서 몇 개월 지나면 "그동안 제가 대학에서 뭘 배웠는지 모르겠어요"라거나 "저는 아무것도 모르는 것 같아요" 등의 상담을 많이 하러 오는데 이분은 도리어 일의 어려움은 별로 표현하지 않고, 역설적이게도 업무에 너무 몰입하는 자신에게 의문을 던집니다. 그리고 하루 종일 반복적인 업무를 하다 보니 로봇 같다고 합니다. 일이 너무 시시하다는 뜻이군요. 또 남자에게 별로 관심이 없다는 것은 연애 자체에 큰 관심이 없다는 뜻입니다.

20대 미혼 여성이 일도 시시하고 느껴지고 연애도 시시하게 보인다면 삶의 의미를 어디에서 찾아야 할지 고민하는 게 맞습니다. 매일 TED 같은 동영상을 보면서 자신이 뭔가 의미 있는 일을 하고 있다고 믿으려는 것도 이해가 됩니다. 이분은 지금 새로운 것에 대한 호기심을 충족하고 자기 자신을 계발하고 삶에서 의미를 찾기 위해 노력하고 있습니다.

네, 사연자는 정말로 능력 있는 아이디얼리스트입니다. 지금 공감을 얻지 못해 고민하는 게 아닙니다. "저는 도대체 뭐가 문제인 걸까요?"라고 물었지만 이분에겐 솔직히 다른 사람의 공감이 필요 없습니다. 대다수가 문제라고 생각하는 것을 문제로 생각하지 않으니까요. 다만 나름대로 어떤 문제를 가지고 있는데 그것이 진짜 문제인지 아닌지 굉장히 헷갈릴 뿐입니다. 이것을 '표면적인 문제와 실재 문제를 구분하는 이슈'라고 말합니다. 사람들은 대개 살아가면서 눈에 보이는, 또는 통념적인 '표면적인 문제'로 고민합니다. 이를 테면 다음과 같은 것들입니다.

- 어떻게 하면 좋은 학교(회사)에 갈 수 있을까요?
- 제가 취직을 하긴 할까요?
- 어떻게 하면 괜찮은 스펙을 쌓을 수 있을까요?
- 스펙이 빵빵한데 왜 취직이 안 되는 걸까요?
- 저에게 맞는 직업(또는 결혼)은 어떤 것인가요?

이런 것들은 모두 표면적인 문제에 해당합니다. 심지어 자신이 결혼할 수 있는지 묻는 사람도 있습니다. 사연을 보낸 분에겐, 청춘이라면 누구나 한 번씩 던지는 돈 문제, 가족 문제, 친구와의 관계, 진로 문제 등으로 고민하는 흔적이 거의 보이지 않습니다. 휴학 한 번 없이 대학을 졸업했다고 해요. 비교적 평탄하게 살아왔고 교과서적인 삶을 기본 답안으로 여기면서 아무런 의문을 보이지 않았습니다. 게다가 '나는 완벽하고 앞으로 더욱더 그럴 것이다', '나는 호감형이고 뭐든 잘한다'와 같이 생각하는 자신을 자존감 강한 사람으로 여겨 이를 자랑스럽게 언급합니다.

그런데 놀랍게도 앞의 제2의 사춘기를 맞이한 40대 여성과 이분은 거의 도플갱어 수준입니다. 영혼 없이 살지만, 괜찮게 사는 척하느라 매일 드라마가 아니라 TED 같은 동영상을 보는 본인에게 대체 무슨 문제가 있는지 묻는 거예요. 현실적으로 완벽해 보이는 20대의 삶을 살고 있지만, 스스로 자신의 존재에 대한 의미를 부여할 수 없다는 것이 이분의 문제입니다. 이것은 20대든, 40대든 자신의 인생을 자신이 만들어야만 '살아 있음'을 느낀다는 측면에서 볼 때 나이나 경험과는 관계없는 근본적인 문제에 해당합니다.

우리의 고민엔 통역이 필요하다

앞에 소개한 두 사람의 고민은 아이디얼리스트 성향이 아닌 사람에게는 공감이 힘든 부분입니다. 흔히 잘 이해하지 못하는 고민이라고 합니다. 사실 이들은 웬만해서는 누구에게 자기 고민을 잘 털어놓지 않습니다. 엉뚱한 문제로 고민한다고 배척당하거나 거부당한 경험이 있기 때문인데요. 이들의 고민엔 어떤 솔루션이 필요할까요? 자칫 배부른 사람의 자기 투정처럼 보이는 이런 문제에 대한 해법이 과연 있을까요? 우선 이들의 진짜 문제가 무엇인지 생각해봅시다.

40대의 첫 번째 사연자는 서른두 살에 엄마의 강요로 스펙이 비슷한 잘난 남자와 결혼했습니다. 둘 다 물질적으로 기본 이상을 갖추고 잘 살았을 것 같지만, 남편은 마마보이에 소심합니다. 외골수에 게으르고, 마음이 꼬여 있고, 남 탓을 잘하고, 끈기는 있지만 감정은 없습니다. 바깥에서는 성실하게 일 잘하는 사람이지만 집에 돌아오면 푹 퍼지는 남자의 전형이지요. 여성의 입장에서는 정말 꼴 보기 싫은 사람입니다. 그래서 이혼까지 결심하게 된 것이지요. 혹시 두 사람의 결혼생활에서 아이가 생겼더라면 어쩌면 결혼생활을 유지했을지도 모릅니다.

이분에게 아이가 있었다면 '진정한 행복'이나 '내 삶의 방향' 등을 알고 싶다는 마음의 갈등이 자녀를 키우는 일로 상쇄되었을지 모릅니다. 하지만 아이가 없었기에 결혼생활에서 과감히 뛰쳐나올 수 있었지요. 마치 싯다르타가 왕자로서 멋지게 살고 결혼까지 한 상황에서 '이게 아닌데' 싶어 궁전을 뛰쳐나온 것처럼 말입니다. 이때 우리가 붓다를 "배가 불러서 나왔어"라고 욕하나요? 그렇지 않습니다. 붓다는 행복을 추구하지도 않았습니다. 공자도 마찬가지입니다. 공자가 몇 십 년 동안 천하를 주유하면서 행복과 부유함, 안락함을 추구했나요? 아니지요. 공자는 인仁이 무엇이며, 도道는 무엇이며 그것들이 어디에 있는지 찾았습니다.

행복한 삶을 지향한다는 것은 현실적인 삶을 찾고 있다는 뜻입니다. 행복은 리얼리스트가 추구하는 가치이지 아이디얼리스트가 추구하는 가치가 아니랍니다. 자기에게 맞지 않는 가치를 찾는 것은 흔히 자기에게 맞지 않는 옷을 입으려 하는 마음에 비유할 수 있는데요. 이분은 자기에게 맞지 않는 옷을 걸치고 있다가 뒤늦게 불편함을 각성한 경우입니다. "이 옷이 불편해요. 도저히 입고 있기가 힘들어요" 하면서 벗으려 합니다. 그런데 막상 옷을 벗고 나니 춥습니다. 그래서 "아이고 추워요. 뭐라도 걸칠 게 필요해요. 제가 입을 수 있는 것이 뭔가요?"라고 묻는 상황입니다.

자신이 무엇을 위해, 어떻게 살아야 하는지 끊임없이 고민하고, 그 후 스스로 답을 찾는 것이 아이디얼리스트로서 잘 사는 길입니다. 만일 당신이 이와 유사한 성향의 사람이라면, 일단 인생의 각기 다른 시기에 서 있더라도, 삶의 기본적인 질문은 항상 비슷하다는 것을 알아야 합니다. 리얼리스트 성향의 사람들은 이와 다릅니다. 그때그때 상황에 따라 우리 삶의 질문은 다를 뿐 아니라, 어떤 질문이나 문제에서도 항상 인간의 욕망은 돈과 같은 물질적인 조건에 좌우된다고 믿습니다. 이처럼 어떤 성향이냐에 따라 삶에서 추구하는 가치가 다릅니다.

지금 20대 여성 사연자는 '사는 게 왜 이 모양이지? 이건 로봇처럼 사는 거잖아. 이건 내가 사는 게 아니잖아' 하고 고민합니다. 이런 의문들은 보통 20대 중반부터 30대 초반까지 이어집니다. 그래도 타협해서 '그래, 남들 사는 대로 사는 거지 뭐' 하면 30대 중반을 넘길 수 있습니다. 하지만 40대가 되면 '도저히 이렇게는 못살아. 나를 찾아야 해' 하면서 방황을 시작합니다. 어딘가로 확 떠나버리는 사람도 나옵니다. 이른바 40대 중년의 위기라고 하는 모습은 다양하게 나타나는데, 결혼한 사람일 경우엔 40대 이상이 되면 쇼윈도 부부로 사는 경우도 많습니다. 그러다가 흥미롭게도 50대 초반이나 중반이 되면 마치 오랜 전우를 만난 듯 친구 같은 부부가 되기도 합니다. 아이디얼리스트 성향의 사람들은 각자의 자리에서 삶의 의미를 다양한 방식으로 추구하기 때문입니다.

셜록황의 마음 처방

삶의 고민은 단순히 '먹고사는 문제 해결'로 충분하지 않습니다. 돈, 돈 하면서 돈을 많이 벌기만 하면 잘 살게 될 거라고 기대하던 한국 사람들이 이제 '정말 잘 사는 것이 무엇인가'를 고민하기 시작했습니다. 그것이 바로 요즘 흔히 이야기하는 '행복', '행복하게 살고 싶다', 또는 '행복이 보인다'와 같은 주문입니다. 하지만 어떻게 사는 것이 '행복'한 것인지 도무지 알 수 없기에 그저 '잘 먹고 잘 사는 것'을 보여주

남들이 "이게 네 약점이고 문제야"라고 말하는 바로 그 지점에
내가 변할 수 있는 기회가 숨어 있답니다.

는 먹방과 여행담이 도처에 난무하는 나라가 되었습니다. 물론 그 와 중에도 우리는 계속 묻습니다.

"내가 지금 잘 살고 있나?"

"이렇게 살면 안 되는데. 어떻게 하지?"

사람들이 이처럼 고민하면서 찾고자 하는 게 뭘까요? 네, 자기 삶에 대한 확인이자 삶의 과정에서 자연스럽게 묻게 되는 의미에 몰입하려는 욕망입니다. 이런 욕망은 상황에 따라 5년, 10년 정도 지나면서 또 다른 차원으로 발전하는데요. 이게 바로 아이디얼리스트 성향의 사람들이 자기 삶을 새롭게 만들어가는 방식입니다. 자신에게 끊임없이 질문을 던지면서 그 질문에 대한 답을 치열하게 찾는 것이지요. "쟤 왜 저러니? 이상하다"라는 소리를 듣더라도 한 10년쯤 이렇게 살다 보면 어느 순간 "오, 저 사람은 자기 삶을 저렇게 만들었군. 당신은 어떻게 해서 그런 삶을 만들었나요? 역시 똑똑하네요"와 같은 이야기를 듣기도 합니다. 스스로 느끼기엔 운명처럼 위기가 다가온 듯하지만 그 고민은 혼자만 하는 것이 아닙니다. 나이와 상관없이 어떤 마음으로 자신을 보고, 자신의 삶을 찾아가느냐에 달려 있습니다.

이런 고민을 혼자 감싸 안고 있으면 혼자 고민하다 지쳐서 쓰러질 가능성이 농후합니다. 이럴 때는 상담을 받으면서 본인과 유사한 성향을 보이는 사람들이 어떤 방법을 썼는지 살펴보기 바랍니다. 그리고 '나는 그런 상황에서 문제를 어떻게 설정하는지' 확인해보기 바랍니다. 자신이 설정한 문제를 어떤 방법으로 해결하는 게 좋을지, 혼자서 해결할지, 혹은 자신의 생각을 나눌 수 있는 사람들과 함께 해결해나갈지 생각해보시기 바랍니다. 이렇게 할 때 우리는 자아 찾기를 하는 동시에 자신의 문제를 찾고 그 문제의 해결법까지 알아낼 수 있습니다.

회사를 옮길까요, 창업할까요?

친애하는 셜록황에게 ———

이직을 앞둔 30대 중반의 회사원입니다. 앞으로 2주 후에 퇴사할 예정 인데요. 이 직장에서는 상사가 리얼리스트에 가까운 분이라 마찰이 잦 았습니다. 이제 저의 WPI 프로파일 결과를 보니 왜 그렇게 트러블이 생 겼는지 조금은 알 것 같습니다. 관계 지향적이지 못한 제게도 문제가 있 긴 합니다.

몇 달 동안 휴식을 취하고 다른 직장으로 이직할 생각입니다. 무역회사 나 여행사, 호텔 쪽 사무직을 선호하는데 그쪽이 저와 잘 맞을까요? 차 라리 독립적으로 소규모 창업을 하는 것은 어떨까요? 평소에도 자기중 심적이라는 생각은 했지만 이번 검사를 통해 그것이 확연히 드러나니, 제 자신을 돌아보는 것이 우선이라고 판단했습니다.

조직생활에 지치기도 했고 자꾸만 문제가 발생하는 것도 싫고요. 특히 이번 상사처럼 지나치게 대접을 받으려 하거나, 겉과 속이 다른 행동을 하거나, 사람에 따라 상대를 다르게 대하는 사람을 보면, 정말이지 참을 수가 없습니다. 어느 조직이든 리얼리스트에 가까운 사람은 있게 마련이니 이제 조직에 속한다는 것이 두렵기도 합니다. ────

심리 다중이는 괴로워

퇴사 문제를 상당히 비장하게 생각하는 분의 사연입니다. 그런데 정작 내용을 읽다 보면 아르바이트를 하다가 그만두는 것 같은 느낌이 드는 것은 왜일까요? 무엇보다 사연을 주신 분은 현재 30대 중반이라 했지만 실은 20대 모드로 살고 있는 것 같습니다. 창업을 고민하지만 '창업해서 망하면 다시 회사에 들어가야지' 하는 마음도 있는 것 같고요. 그런 마음으로 창업하면 정말 망하기 때문에 우려가 큽니다. '망하면'이라는 조건을 가지고 창업하면, 반드시 그 조건에 맞는 일이 생기더군요. 망할 것 같다고 하기 전에 절대 그렇게 되지 않을 길을 찾아야 합니다. 더불어 자신에게 조직생활이 어떤 의미가 있는지, 자신이 거기 맞출 수 있는지도 확인해야 합니다. 무서워 피한다는 마음으로 창업하면 그냥 망하는 인생이 될 뿐입니다.

사연자는 현재 자신에 대해 조금씩 파악하고 있는 중입니다. 하지만 자신이 원하는 것이 무엇인지, 자신과 잘 부합되는 것이 무엇인지 모르는 듯합니다. 예를 들어 본인은 사무직을 선호한다고 했는데요. 하필이면 왜 그 사무직이 무역회사나 여행사, 호텔 쪽이어야 하나요? 무역회사나 여행사, 호텔은 아무리 사무직이라 한들 역동적일 수밖에 없습니다. 여러 사람을 만나는 활동이 필수적이죠. 대인관계를 많이 맺어야 하고, 그러다 보면 리얼리스트 성향을 가진 사람도 많이 만나게 될 텐데 말입니다.

리얼리스트 상사를 견디기 힘들어서 퇴사하려는 분이 리얼리스트 성향이 강한 사람들을 많이 접해야 하는 분야를 선호한다는 것이 저로서는 이해가 잘 안 됩니다. 이분이 과연 자신을 잘 파악하고 있는지 의문이 들어요. 뒤에서 조용히 사무를 보고 싶다는 바람과 동시에 이왕이면 여러 사람을 만나는 멋진 일을 하고 싶다는 생각이 마음 안에서 충돌하는 상황이잖아요? '내 속에 내가 너무도 많아'라는 노래 가사처럼 이분의 마음속에는 여러 개의 욕망이 동시에 존재하고, 기본적인 심리 성향 또한 다중적임을 알 수 있습니다.

자유로운 영혼일까, 제멋대로 행동하는 걸까?

이분의 WPI 프로파일 결과를 보니 아이디얼리스트 성향과 로맨티시스트 성향이 동시에 높은 M형입니다. 하지만 타인 평가에서 '릴레이션'과 '트러스트'가 바닥 수준으로 나타나요. 이런 프로파일은 타인에게 관심이 없고 자신이 하는 역할이 무엇인지를 잘 파악하지 못하는 특성을 보입니다. 이분의 생각과 행동이 다르다는 사실을 잘 보여주는 것이 타인 평가의 '매뉴얼' 특성인데요. 이는 일반적인 통념이나 삶의 기준을 마치 자신의 생활이나 도덕 프레임으로 활용하는 경향이 아주 강하다는 뜻입니다. 이분은 '이래야 한다' 같은 당위적인 프레임을 따르지 않습니다. 즉 일반적인 기준을 자신에게 적용하지 않아요. 따라서 이런 M형 프로파일은 상사에게 '정말이지 내 힘으로는 어떻게 할 수 없는 사람'으로 보일 뿐입니다. 좋게 이야기하면 '영혼이 자유로운 사람', 안 좋게 말하면 '조직에 적응하지 못하는 사람, 제멋대로 행동하는 사람'일 뿐입니다.

이분의 경우 트러스트가 낮은 로맨티시스트라 자기 마음대로 자유롭게 일하고자 합니다. 예술적 감성이 풍부하다고 할 수도 있지요. 또한 셀프가 높은 아이디얼리스트라서 독립적으로 뭔가를 추구하려는 욕구가 강합니다. 그런데 직장생활을 하고 있다는 것이 첫 번째 난관입니다. 게다가 이분은 릴레이션이 낮아요. 그러다 보니 상사와의 관계에서 자주 어려움을 느끼고, 본인 스스로 조직생활에 맞지 않는 것처럼 느낍니다. 이런 마당에 다른 조직에 들어가는 것이 옳은 일일까요? 이분에게는 조직생활이 극기 훈련의 마음으로 견뎌야 하는 군대생활과 같습니다. 본인도 조직생활에 맞는 성격이 아님을 스스로 잘 알고 있어요. 무엇보다 상사와의 관계 자체를 인정하기 힘들어 하고, 조직의 위계질서 속에서 말도 안 되는 인간들을 만나는 것이 참을 수 없다고 느낍니다. 그렇기에 더욱더 자신에게 무엇이 잘못된 건지 알고 싶어합니다.

이분은 일반적인 통념이나 상식으로 알고 있는 직장생활에서 벗어나 진짜 자신의 생각, 혹은 특성을 자기 나름대로 구현할 자유로운 직업을 찾아야 합니다. 하지만 그런 것을 생각조차 하지 않아요. 여기에 영혼이 자유롭다 보니 조직생활에 어긋나는 생각과 행동을 자주 하게 됩니다. 이것이 바로 모든 문제 발생의 배경입니다.

조직의 맛이 쓴 이유

상사들은 부하 직원이 자신을 대접해주길 바랄까요, 아니면 스스로 몸을 낮춰 부하 직원을 대접해주려고 할까요? 당연히 대접받기를 원합니다. 이분의 사연을 보면 상사가 겉과 속이 다른 행동을 한다고 했는데, 상사들은 대개 겉과 속이 다르게 행동합니다. '원래 그런 사람'이라 그런 게 아니고요, 상사라는 위치에 올라서면 그렇게 할 수밖에 없기 때문입니다. 그 사람에게도 부하 직원뿐 아니라 상사가 있거든요.

이른바 '샌드위치 신세'인 터라 힘든 겁니다. 가령 상사에게 부하 직원이 열 명 있다고 칩시다. 그들이 한 가지씩만 부탁해도 상사가 처리할 사안은 열 개입니다. 그런데 그 열 개가 언제나 일관성 있게 하나의 방향으로 흐르는 건 아니겠죠? 상사가 나서서 조율해야 합니다. 이때 뭔가를 부탁한 부하 직원의 입장에서는 상사의 일 처리를 보면서 부조리함이나 서운함을 느낄 수 있습니다. 이런 모습들이 반복되다 보면 겉과 속이 다른 것으로 보이는 겁니다.

상사들의 행동이 '겉 다르고 속 달라'서 힘들다고요? 그냥 보이는 대로 받아들이고 느끼는 대로 대해주세요. 특히, 상사가 리얼리스트라면 필요나 상황에 따라 그때그때 다르게 행동할 겁니다. 때로는 일에 대한 책임을 절대 지지 않으려고 할지도 모릅니다. 이 역시 상사의 입장에서는 조직에서 생존하기 위한 전략일 뿐입니다. 이런 상황을 고려하여 '저 사람은 나와 다른 사람'이라 생각하고 지내면 됩니다. 일종의 심리 무장을 하는 거예요.

사연을 보낸 분은 아이디얼리스트와 로맨티시스트 성향이라서 주위 사람들에 대해서도 '나와 생각이 비슷하면 좋겠고, 서로 공감할 수 있으면 좋겠다'는 마음이 강합니다. 여기에 매뉴얼이 높다 보니 자신의 당위적인 기준에 맞지 않는 사람에 대한 '적개심' 또는 '공격성'까지 가지게 된 상황이에요. M형에 매뉴얼이 높은 프로파일의 사람은 살면서 마음에 들지 않는 일을 굉장히 많이 겪을 가능성이 큽니다. '왜 저럴까? 이해가 가지 않아' 하는 상황에 자주 봉착하지요. 늘 자신을 중심으로 다른 사람을 판단하고 평가하기 때문입니다. 이분은 사실 상당히 날카롭고 뛰어난 능력을 갖추고 있는데 주위 사람들이 마음에 들지 않고, 스스로 자기중심적인 사고가 강하다는 것을 알면서도 조직생활에 대한 미련을 버리지 못하는 데 문제의 근원이 있습니다. 어떻게 하면 좋을까요? 조직생활을 계속해야 할까요, 창업해야 할까요? 이럴 때는 자신의 성향을 좀 더 세밀하게 살피고 분석해야 합니다.

자기중심적인 사고가 강하면 조직생활이 어렵습니다. 이분이 독립적으로 소규모 창업을 하는 것이 좋을지 고민하는 배경이지요. 흥미로운 것은 이분이 창업을 해서 혹시라도 직원이나 아르바이트생을 고용한다면 또 그들 때문에 힘들어 할 거라는 점입니다. 자기 기준이 뚜렷한 상황에서 자신의 기분대로 행동하는 사람이니 인간관계가 쉬울 리 없어요. 일을 잘하고 못하고는 큰 문제가 되지 않습니다.

문제는 너의 성격이야

만약 30대 중반인 이분이 소규모 창업을 한다면 준비하는 시간이 얼마나 걸릴까요? 일단 돈과 경험, 경력이 필요한데 여기서 경력이란 조직에서 주어진 일을 처리하는 데 필요한 경력을 의미하지 않습니다. 이분은 자신의 독립적인 사고와 감성을 잘 발휘할 수 있는 곳에 들어가 일을 배워야 합니다. 그런데 그것이 또다시 조직생활이다 보니 문제가 발생합니다. 돈도 벌고 독립적으로 의미 있는 경력을 쌓을 수 있는 일은 과연 뭘까요? 물론 이분이 원하는 것은 무역회사, 여행사, 호텔 일이죠.

이분의 기본적인 WPI 프로파일과 사연을 보면, 이분은 혼자 조용히 일하는 상황을 선호할 듯합니다. 하지만 그런 일들이 남들이 멋있다고 혹은 번듯하다고 인정해주는 것이기를 원합니다. 사실은 창업을 해도 인간관계가 필요합니다. 인간관계가 필요 없는 일이란 아예 존재하지도 않습니다. 재미있는 건 이분이 창업하면 부하 직원에게 겉과 속이 다른 행동을 아주 잘할 거라는 점입니다. 사람에 따라 다르게 행동

분노할 상황에서 그냥 좌절하여 포기하지 않고 죽기 아니면 까무러치기라는 마
음으로 일어설 때 우리 마음은 긍정 에너지로 가득 찹니다.
변화는 바로 이 순간 가능하지요.

할 거고요. 가령 손님에게는 아주 부드럽게 대하지만 아르바이트생에게는 온갖 성질을 다 부릴지도 모릅니다. 그러면서 자신은 또 나름대로 스트레스를 받겠지요. 무엇을 하든 자기 자신을 바꾸지 않는 한 문제는 계속되기 마련이니 말입니다. 이분의 경우 자신이 어떤 사람인가 궁금해 하는 것은 성향을 바꾸기 위해서라기보다 '내가 왜 이런 어려움을 겪는가?'를 알기 위해서입니다. 즉 '내가 처한 환경을 바꾸면 내 문제가 저절로 해결되지 않을까?'라는 생각에서 이직과 창업을 두고 고민하는 겁니다. 그래서 "나는 이러저러한 사람인데 내가 들어가기에 딱 좋은 곳을 알려주세요"라고 사연을 보낸 거고요.

사실 이분은 어딜 가든 상관이 없습니다. 어떤 조직에 들어가든 경험은 비슷할 겁니다. 조직생활을 할 작정이라면 어디든 상관없으니 지금보다 더 좋은 조건을 골라 가세요. 30대 중반이면 취업에 대한 두려움이 있을 텐데 상사와 맞지 않는다고 퇴사하는 상황이라면 개인 능력은 있는 것처럼 보입니다. 능력이 있는 사람은 두세 달 쉬어도 취업이 된다는 자신감이 있는데 실제로 이분은 다른 조직에 들어가서 일할 수 있을 것입니다. 문제는 조직에 속하는 것을 두려워하는 마음인데, 이를 극복하려면 스스로 바뀌어야 합니다. 조직이 바뀌길 기대해서는 안 됩니다.

흥미로운 점이 있어요. 이분은 로맨티시스트와 아이디얼리스트 성향이 뚜렷한데 삶의 가치는 즐거운 삶, 행복, 가정의 화목, 직업적 성취, 정서적 안정 같은 리얼리스트적인 것을 추구합니다. 무슨 뜻인지 아시겠지요? 이런저런 성향을 다 갖춘 분인 만큼 상황에 따라 얼마든지 달라질 수 있다는 뜻이랍니다. 예를 들어 이분은 아무 생각 없이 다른 조직에 가면 일을 잘하겠지만 거기에서 또 자유롭게 성질을 부리다가 나올 겁니다. 이런 과정을 반복하다 보면 한 가지 중요한 패턴을 발견하게 될 텐데요. 조직을 옮길 때마다 근무하는 회사의 규모가 작아지거나 환경이 열악해지거나 연봉이 떨어진다는 것입니다. 주위 사람들이 자신을 바라보는 눈길도 점점 나빠지고요. 이렇게 해서 셀프가 떨어지면 시시포스 상태로 갈 수 있습니다.

° 셜록황의 마음 처방

조직생활이 힘들다면 창업을 목표로 하고 그것을 배울 만한 회사에 들어가 몇 년 열심히 준비하는 것도 좋습니다. 일단 자기 목표가 있으면 조직생활에서 스트레스를 많이 받지 않거든요. 이분은 매뉴얼이 높기 때문에 어떤 조직에 들어가 2~3년 뒤 창업하겠다는 명확한 목표로 일할 경우 상사가 뭐라고 하든 일을 배우는 과정이므로 개의치 않을 수 있습니다.

이분이 무역회사, 여행사, 호텔 쪽을 선호한다는 것은 중요한 논의점이 아닙니다. 2~3년 후 소규모 창업을 할 만한 것이 무엇인지, 그것을 미리 경험하고 배울 수 있는 조직이 어디인지가 중요합니다. 그런 회사에 들어가 미리 경험과 네트워크를 쌓으면 나중에 창업했을 때 도움을 많이 받을 것입니다. 어차피 창업을 하면 자신이 을이 되어 수많은 갑 사이에서 지내야 합니다. 상사나 갑이나 별반 차이가 없습니다.

소규모 창업을 하겠다는 분명한 목표를 가지고 관련 조직에 들어갈 경우 웬만한 어려움은 참아낼 수 있습니다. 자기 업무의 네트워크를 마련해야 한다는 필요뿐 아니라 스스로 창업 수련을 하는 기회라고 생각한다면 조직생활의 어려움을 얼마든지 견뎌나갈 수 있을 겁니다.

또 어떤 직업을
알아봐야 하나요?

친애하는 셜록황에게 ————

실내건축학과를 졸업한 저는 스물아홉 살 때까지 건축, 인테리어, 웹디자인 일을 했습니다. 그런데 이쪽 업계의 작은 회사는 프리랜서 사장과 함께 일하는 경우가 많아 보수가 시장 상황에 따라 달라집니다. 보수가 불안정하다 보니 그냥 프리랜서나 아르바이트를 하는 게 낫겠다 싶어서 회사를 그만두었습니다. 하지만 직장 없이 일하는 것도 만만치 않아 거의 2년간 쉬엄쉬엄 일하며 세월만 보냈습니다. 그때 고정적인 수입이 필요하다는 생각에 카드회사 고객센터에서 일을 시작했습니다. 일 자체는 나쁘지 않았는데 고객센터라는 곳이 고객의 불만사항을 다루는 곳이다 보니 하루 종일 회사를 대신해 온통 죄송, 죄송, 죄송하다는 말만 해야 했습니다.

"불편을 드려 죄송합니다. 빠르게 처리하지 못해 죄송합니다."

제가 잘못한 것도 아닌데 매일 욕을 먹고 마냥 사죄하는 것이 일이었어요. 거기에서 친해진 동기가 하루는 "너는 차라리 영업직이 더 어울리겠다"라고 하더군요. 어쩌면 그럴 수도 있겠다 싶어서 찾아낸 일이 보험설계사 일입니다. 안정적인 대기업에다 새로운 것을 배운다는 생각에 처음에는 무척 좋았습니다. 지금도 그리 나쁘다는 생각은 들지 않습니다. 보험에 관해 많은 지식이 쌓이면서 고객의 수준에 맞춰 보험설계를 해주는 것이 즐겁고 뿌듯하기도 합니다. 그런데 실적은 별로 좋지 않습니다. 월수입이 좋을 때는 200만 원, 좋지 않을 때는 100만 원에서 80만 원을 왔다 갔다 합니다. 제게 성실히 안내만 할 뿐 정작 가입시키지 못하는 문제점도 있고요. 오히려 여기에서는 "넌 고객센터가 더 어울려"라는 말을 듣고 있습니다.

소심한 건지, 열정이 없는 건지, 욕심이 없는 건지, 대체 제가 원하는 것은 무엇일까요? 제가 떼돈을 바라는 것도 아니거든요. 안정적인 전문직, 전공을 살릴 수 있는 직업을 갖고 싶은데 그게 여의치 않고 제가 어디로 가고 있는지 방향을 잃고 하염없이 걷고 있는 듯합니다. 차라리 "네 임무는 산 정상에 오르는 거야"라거나 "저기 서쪽 해안가에 도달하는 거야"라고 누군가가 정해주면 힘들어도 묵묵히 갈 텐데요. 건축직은 스펙이 그리 좋지 않아 그동안 불안정한 프리랜서 사장이 운영하는 작은 회사 외에는 취업이 되지 않았습니다.

제가 지금처럼 실적이 저조하고 착한 안내원 같기만 한 보험설계사 일을 계속해야 할까요, 아니면 다른 일을 알아봐야 할까요? 다른 일을 알아본다면 어떤 일을 하는 것이 제게 적합할까요? ———

잘못 꿴 첫 단추

사연을 보내신 분은 29년을 살면서 세 가지 직업을 경험했답니다. 그런데 지금까지 해온 일이 정말로 자신에게 맞는지, 진정한 자신의 일인지 확신하지 못하고 있습니다. 대학을 졸업하면 보통 24세경인데 5년 동안 3번 정도 직업을 바꾸었다는 뜻이네요. 그 과정에서 자신의 전공을 살려 일하는 데 확신이 없었기에 그저 호구지책으로 선택했다고 합니다. 하지만 그런 일이 자신에게 맞지 않아 다른 분들 조언에 따라 일을 옮겨보았지만, 역시 확신이 없는 상태입니다. 오히려 "여기가 아니고 원래 네가 하던 일이 너에게 더 잘 맞아"라는 평가를 듣는 상황입니다. 이분은 '내가 어떤 사람인지, 특성이 무엇인지 모르기에' 현재 자신이 하는 일에 대한 나름의 뚜렷한 확신을 가질 수 없다고 문제를 규정했습니다. 다음 내용이 이분의 마음을 잘 보여줍니다. "안정적인 전문직, 전공을 살릴 수 있는 직업을 갖고 싶은데 그게 여의치 않고 제가 어디로 가고 있는지 방향을 잃고 하염없이 걷고 있는 듯합니다. 차라리 '네 임무는 산 정상에 오르는 거야'라거나 '저기 서쪽 해안가에 도달하는 거야'라고 누군가가 정해주면 힘들어도 묵묵히 갈 텐데 말이에요."

이분이 바라는 일이 이루어질까요? 안타깝게도 그 누구도 다른 사람에게 가야 할 목적지나 방향을 일러주지 않습니다. "대체 어디로 가야 하느냐"라고 아무리 물어도 응답이 오지 않는 배경입니다. 그렇다면 어떡해야 할까요? 이럴 때 사람들은 대개 "그걸 스스로 찾아야지 누구한테 부탁하나?"라며 질책합니다. "시켜만 주면 뭐든 열심히 하겠습니다"라는 자세로 대답을 기다리는 사람들에겐 답답한 노릇이지요. 대한민국 교육 과정에서 자연스럽게 만들어진 '노예의 마음'은 바로 이런 자세로 기다리는 사람들의 마음일지도 모릅니다. 누군가 내가 어떻게 살아야 할지 가르쳐주지 않아서 '뭘 해야 할지 모르는' 혼란스러운 상황에 놓인 거죠. 아니, 너무 힘들어 하고 있습니다. WPI 프로파일에서 자신감의 지표가 되는 셀프가 바닥일 때 이런 마음이 나타나는데요. 자기 삶의 방향을 스스로 찾고 싶지만, 나(I, myself)가 없거나 너무 약하기에 이런 상황이 발생합니다.

셀프란 자기 자신에 대한 자신감이나 '난 이런 사람이야'라는 자기 인식을 말합니다. 셀프가 바닥인 사람은 누군가로부터 "저 산 꼭대기까지 올라가라", "이 일을 하라"는 지시를 받으면 성실하게 묵묵히 합니다. 보다시피 이분은 "제게는 아무 힘이 없어요. 저도 뭐든 하고 싶은데 힘이 없어요"라고 말하지 않습니다. 이분은 안정적인 전문직, 전공을 살릴 수 있는 직업을 갖고 싶다고 말합니다. 이때 안정적이라는 말은 수입 안정, 분명한 목표 그리고 상황이 자꾸 변하지 않는 일을 의미하는데요. 이를 충족시키는 가장 대표적인 직업이 공무원입니다. 실제로 이분은 공무원이 되었으면 만족했을 겁니다. 군인, 간호장병, 건축장교 같은 직업도 좋고요. 한데 이분이 최초의 입사 테이프를 프리랜서 식으로 불안정하게 끊으면서 인생이 꼬이기 시작한 겁니다.

°무슨 말인지 알겠는데 '느낌'이 안 와요

건축 일은 전문성을 드러낼 수 있는 일이라 이분에게 문제될 요소가 없습니다. 다만 작은 회사라면 스스로 비즈니스도 해야 하는데 그 부분이 힘들 거예요. 이분의 WPI 프로파일은 분명한 에이전트로 나오는데, 이는 곧 누군가로부터 임무를 받고 그것을 달성하면 만족감을 느끼는 유형을 뜻합니다. 에이전트는 하다못해 스파이 노릇을 해도 굉장히 멋진 반면 임무가 없으면 좀비 상태에 빠집니다. 이럴 때 스스로 임무를 설정해서 일해야 하는데 아쉽게도 이분은 자기가 하는 일에서 뚜렷한 사명감을 만들지 못하네요. 또한 주위 사람들과 공감대를 형성하거나 그와 비슷한 방식으로 일하는 데 상당히 취약합니다.

WPI 프로파일에서 이분의 릴레이션 성향은 현재 거의 바닥 수준입니다. 실제로 "너는 차라리 영업직이 더 어울리겠다"라는 말을 듣고 영업직으로 옮겼다고 했지만 제가 볼 때 이분은 영업을 할 만한 사람이 아닙니다. 그런데 다른 사람이 볼 때는 이분이 일하면 결과가 척척 나오고 또 나름대로 성과 올리는 것을 좋아하는 것처럼 보이니 영업직이 맞을 거라고 판단한 것입니다.

물론 이분은 성과를 올리는 것을 좋아하지만 그것은 남이 규정해준 것이지 스스로 사람들과 연계해 성과를 내는 것은 아닙니다. 아니나 다를까, 보험설계사 일을 처음 배울 때는 괜찮았고 사람들에게 상품을 소개하는 것도 능숙하게 해냈습니다. 한데 정작 계약을 성사시키지는 못했습니다. 왜 그럴까요? 설명만 잘하기 때문입니다. 고객들은 대개 보험상품을 계약할 때 누리게 될 혜택을 따지기보다 그걸 설명하는 사람의 진정성에 더 관심을 가집니다. 보험상품이든 화장품이든 제품이나 상품을 설명해주는 사람에 대한 뭔지 모를 느낌이 계약을 많이 좌우합니다. 일종의 '끌림'이 어떤 서비스를 선택하는 데 결정적인 영향을 미치는 거예요. 이분은 설명을 잘해서 신뢰감은 주었지만 정작 상대방의 마음을 움직이지는 못했습니다. 한마디로 '느낌적인 느낌'을 주지 못하는 겁니다.

설레발 조력자가 필요해

에이전트는 고객을 만나 설득하고 자신의 감성적 매력을 드러내는 데 취약합니다. 물론 보험상품 자체에 대해서는 또박또박 설명을 잘해요. 이분이 보험설계사 일을 계속하겠다면 방법이 없는 건 아닙니다. 감성을 잘 전달하는 다른 사람과 팀을 이루면 되지요. 그러면 세 배, 네 배의 성과를 낼 수 있을 겁니다. 이분이 보험상품을 능숙하게 설명하면 특유의 정확성 때문에 신뢰를 얻습니다. 단, 이분의 역할은 여기까지입니다. 일차적으로 설명하고 나서 이분은 빨리 그 자리를 떠나야 합니다. 나머지 일은 감성적으로 정리해서 사인하게 만드는 데 능숙한 사람에게 넘기는 거예요. 그러면 이 역할을 맡은 사람이 나서서 "지금까지 설명한 내용 잘 들으셨죠? 참 믿을 만한 사람입니다. 저분은 한번 고객과 관계를 맺으면 평생 간답니다" 하면서 부족한 부분을 메워주는 겁니다. TV 홈쇼핑에서 쇼호스트와 전문가가 콤비를 이뤄 비즈니스를 하는 것처럼요.

전문가가 어떤 상품에 대해 구구절절 설명하면 쇼호스트는 뭐라고 합니까? 일단 맞장구를 치면서 "제가 써봤더니 피부가 달라졌어요. 윤기가 나요" 하고는 경험담을 늘어놓습니다. 약간 과장된 동작과 말로 감동을 자극하는 그런 행동을 '설레발'을 친다고 표현하는데요. 이런 과장된 호소와 표현은 확실한 것을 기대하는 수많은 리얼리스트와 로맨티시스트 시청자들에게 비교적 잘 먹힙니다. 쇼호스트가 설레발을 치면 시청자들은 대개 은연중 '저 사람 나랑 비슷한가 봐. 쇼호스트가 저렇게 예쁘니 나도 저걸 바르면 예뻐지겠지?' 하고 생각하게 되거든요. 다시 말해 이분은 전문가적인 면에서는 능력이 있는데 설레발을 치는 면에서 부족하니까 지원을 받는 것이 좋습니다. 그렇지 않으면 계속 설명만 성실히 하고 정작 실적을 올리는 데엔 실패하겠지요. 이분도 이런 상황을 알고 있으나 그 특성이 구체적으로 어떻게 나타나는지 인식하지 못하는 것 같습니다.

보험상품뿐 아니라 일반적인 세일즈는 거의 비슷합니다. 많은 세일즈맨이 '이 제품 및 서비스에 대해 잘 설명해서 저 사람에게 팔아야지. 잘 설득해서 이걸 팔아야지'라고 생각합니다. 하지만 실제로 내가 누군가를 설득하는 것은 쉽지 않습니다. 고객이 자신을 설득하려 한다는 것을 이미 느끼기 때문입니다. 세일즈란 어쩌면 자기 자신을 설득하는 직업인지도 모릅니다. 자신의 제품 및 서비스를 다른 사람에게 팔려면 먼저 자기 자신을 설득해야 하니까요. 그 제품 및 서비스를 얼마나 좋다고 생각하는지, 그 효과를 얼마나 인정하는지 먼저 스스로를 설득해보세요. 그걸 못 하면 세일즈는 어렵습니다.

많은 사람이 영업 심리에 대해 착각하는 게 있습니다. '영업은 남을 설득하는 것'이라는 생각이 그중 대표적이죠. 그러나, 아닙니다. 물론 상대에게 뭔가를 팔았을 때 도움이 될 거라는 생각은 해야 하지만, 조금이라도 '내가 사기를 치는 것은 아닌가' 하는 생각이 들면 성공 확률은 낮아집니다. 그럼 어떡해야 할까요? 보험상품을 팔든 건강식품을 팔든 화장품을 팔든 자신이 그것을 '판다'라고 생각하지 말아야 합니다. 오히려 '이 좋은 것을 저 사람에게 어떻게 알려줄까', '이게 저 사람의 삶에 어떤 의미가 있을까', '저 사람의 인생에 어떤 도움을 줄까' 등을 고민해야 합니다. 즉 자신이 팔고자 하는 것이 상대방의 삶에 구체적으로 어떤 의미가 있을까를 따져봐야 한다는 뜻입니다.

'이것'이냐 '저것'이냐는 문제의 핵심이 아니다

'돈 놓고 돈 먹기' 하는 식으로 '상품 놓고 돈 먹기'를 하는 장사꾼은 가장 하수입니다. 진짜 고수는 사람들을 만나 마음과 마음을 주고받는 데 주안점을 두고 그 과정에서 도출된 이익을 부산물로 생각합니다. 예전에 방영된 드라마 〈상도〉에 이런 대사가 나와요. "장사라는 건 말이야, 돈을 버는 게 아니라 사람을 버는 거야." 바로 이것이 개성상인 같은 전설의 상인이 추구하는 상도商道의 핵심입니다.

사연을 주신 분은 자신의 삶과 상도를 일치하는 과제를 먼저 수행해야 합니다. 본인의 성향이 "주어진 과제는 잘 수행하지만 스스로 과제를 설정하는 데 어려움을 느낀다"라고 했는데요. 여기서 특히 누군가가 자신에게 과제를 설정해줄 거라는 마음 자세로 일했다는 게 문제입니다. 세일즈를 할 때 목표는 누가 설정합니까? 보통 상사가 합니다. 그런데 이분에게는 그런 목표가 치명적인 결함으로 작용해요. 한번도 "이번 주 목표는 네가 설정해야 해"라는 말을 들어본 적이 없기 때문입니다. 이분은 월수입이 좋을 때는 200만 원, 좋지 않을 때는 100만 원에서 80만 원을 왔다 갔다 한다고 했습니다. 이 목표는 누가 설정한 거죠? 스스로 설정한 것은 분명 아닐 겁니다. 다시 말해 스스로 설정한 목표 없이 누군가가 "저 산에 올라가라", "저 해안을 점령하라"고 말해주기만 기다리고 있습니다. 즉 자신의 세일즈 목표를 스스로 설정할 수 있다는 중요한 사실을 간과한 거예요. 이럴 때 제가 이렇게 말하면 어떨까요? "이번 달 목표를 스스로 200만 원으로 설정하고 그걸 달성하면 되잖아요." 아마 이런 질문이 돌아올 겁니다. "제가 설정해도 되는 거예요? 진짜요?"

이분의 프로파일을 보면 셀프가 상당히 높습니다. 셀프는 높은데 아이디얼리스트 성향은 셀프보다 떨어집니다. 놀랍게도 이분은 리얼리스트 성향이 에이전트 성향만큼 높아요. 그러니까 목표를 스스로 설정하기보다 주어진 환경 속에서 누군가가 목표 비슷한 것을 던져주면 그걸 막연히 따르면서 '내 목표'라고 생각하며 사는 겁니다. 어렸을 때부터 부모나 스승에게 항상 과제를 받고 "이걸 하면 나중에 잘 될 거야"라는 식으로 배웠기 때문입니다. 네, 스스로를 노예화하는 교육에 길들여진 셈이지요. 심리학에서는 이를 '학습된 무력감'이라고 말합니다.

이분은 자신의 진짜 문제를 놓치고 그저 막연히 "이 일을 계속해야 하나요, 다른 일을 찾아야 하나요?"라고 물으면서 흑백논리로 답을 찾고 있습니다. 그러다 보니 정말 필요한 답을 확인하기가 힘듭니다. 일단 이분이 현재 일을 계속하려면 좋은 파트너를 만나거나 목표를 스스로 설정해야 합니다. 지금까지 해온 방식을 그대로 유지하지 말고 다르게 해야 한다는 뜻인 동시에 앞으로는 좀 더 현명하게 일해야 한다는 겁니다. 그렇다면 "다른 일을 더 현명하게 하는 것은 어떨까요?"라는 질문이 나올 수 있습니다. 저는 이렇게 대답하고 싶습니다. "지금 자기가 하는 일도 현명하게 할 줄 모르는데 다른 일을 어떻게 더 현명하게 합니까? 그리고 그 다른 일이 뭔지도 모르잖아요."

이분은 지금까지 해오던 일을 잘하는 데 목표를 두는 것이 좋습니다. 인간은 참 오묘한 동물입니다. 가령 지금 걸어가고 있다고 해봅시다. 그럴 때 어떤 사람이 "야, 걷지 말고 뛰어"라고 하면 어떻게 될까요? 물론 '더 잘 걸어갈 수 있어' 하면서 그 방법을 고민하는 사람도 있겠지만 대개는 냉큼 뛰다가 넘어지고 맙니다. 걷지도 못하는데 뛰라는 말을 듣고 뛰면 당연히 넘어질 수밖에 없습니다. 특히 젊은 사람들은 자신이 하는 일에서 어려움을 느낄 때마다 제게 이렇게 묻습니다. "이 일이 제 적성에 맞나요? 제가 다른 무언가를 하면 더 좋지 않을까요? 다른 직장에 가면 더 낫지 않을까요?"라고요. 이런 질문을 받으면 저는 다시 되묻습니다. "지금의 일이 왜 당신에게 맞지 않는다고 생각하죠? 이 일에서 가장 큰 문제는 무엇인가요?"

안타깝게도 대다수가 이렇게 질문을 받고 나서야 자기가 현재 직면한 문제가 무엇인지 제대로 알지 못한다는 사실을 깨닫습니다. 그저 힘들다는 생각에 무작정 힘든 것을 그만두고 무언가 다른 것을 하면 잘할 수 있지 않을까 짐작합니다. 그러나 단순하게 회피하면 다른 일을 해도 똑같은 실수를 반복하고 비슷한 어려움을 경험하게 될 것입니다. 자기가 넘어진 곳에서 원인을 찾아 해결하지 못할 경우 장소를 바꿔도 아무 소용이 없다는 뜻입니다.

셜록황의 마음 처방

대부분의 사람들이 이런 상황에 처하면 술 취한 아저씨가 가로등 불빛 밑에서 지갑을 찾는 것 같은 행동을 합니다. 아저씨는 지갑을 찾을 수 있을까요? 찾지 못합니다. 지갑을 떨어뜨린 곳이 다른 곳이기 때문입니다. 밝은 곳에서 찾는 것은 중요하지 않습니다. 정말로 중요한 것은 내가 '저 골목'에서 지갑을 잃어버렸다는 사실을 인식하고 그것을 확인하는 일입니다.

마찬가지로 사연 속 주인공은 일단 지금까지 해온 일에서 자신이 원하는 결과를 내지 못한 이유를 정확히 알아야 합니다. 그것을 충분히 잘할 역량이 있는데 그것을 제대로 발휘하지 못했다는 것이 중요하지, 보험설계사 일이냐 다른 일이냐는 중요한 이슈가 아닙니다. 자기 자신을 정확히 알아야 문제에 대한 답을 찾을 수 있습니다.

"네가 지금 뭘 하든 스스로 목표를 설정할 수 있어. 이번 달 목표를 네가 200만 원으로 설정해. 이제 이번 달 목표는 200만 원이다. 해봐."

이렇게 누군가가 정확히 목표를 주면 아무리 힘들어도 묵묵히 할 수 있다고 했잖아요. 이분은 능력이 없거나 자존감이 부족한 것이 아니라 자신이 어떻게 살아야 하는지 그 게임의 룰을 모르는 것입니다. 이분은 자기 자신에 대해서도 나름대로 많이 생각했어요. 그런데 가장 중요한 얘기, 즉 "목표 설정은 누가 해주는 것이 아니라 네가 설정하는 거야. 너는 충분히 그걸 할 수 있어"라는 말을 정확히 듣지 못했

마법에 걸린 사람이 저주를 푸는 가장 좋은 방법은 칼로 찔리는 것 같은
처절한 고통을 느끼는 것입니다. 자신을 엄청난 시련 속에 던지는 순간
비로소 마법이 풀립니다.

을 뿐입니다.

스스로 목표를 설정해서 자신이 자신에게 임무를 부여하면 됩니다. 물론 자신이 자신에게 임무를 부여한다는 것이 쉬운 일은 아니지요. 어찌 보면 이것은 인생의 아이러니이기도 합니다. 그렇다고 평생 다른 누군가에게 임무를 달라고 보채면서 살 수는 없잖아요? 어쨌거나 '내 인생'인데 말입니다.

러브,
그 모호함에 대하여

_연애의 정체

사람 만나긴 싫은데 연애는 하고 싶어

친애하는 셜록황에게 ─────

마흔한 살 여성이에요. 문학을 전공했고, 현재 국어 학원을 운영하고 있습니다. 중간에 다른 일을 해보려고 시도했다가 실패한 후 그나마 제가 가장 잘하는 일을 하고 있습니다. '하고 싶은 일'과 '할 수 있는 일'이 다르다는 것을 서른다섯 살쯤에 받아들인 셈입니다. 저는 열정적으로 일하고, 겉과 속이 거의 같으며, 타인에게 친절한 편인데, 이런 성격은 자타가 공인합니다. 하지만 겉으로 당당하게 보이는 것과 달리 저는 세상과 사람이 무서워서 조용히 은둔하며 지내고 싶습니다. 물론 농담도 잘하고 잘 웃기는 합니다.

이상하게도 저는 연애가 어려워요. 연애를 하면 늘 실패합니다. 저는 음악과 문학을 많이 사랑하고 영화와 그림도 굉장히 좋아하는데 이런 관심을 공유할 만한 사람이 없었기에 그런 걸까요? 실은 스물다섯 살 때 유일하게 사랑했던 사람을 만났습니다. 둘 다 감수성이 아주 섬세했는데, 서로 첫눈에 반했습니다. 그 이후로는 비슷한 부류의 사람을 만난

적이 거의 없습니다. 제가 생각하는 연애 조건 1순위는 '음악을 사랑해야 한다'는 것이지만, 최근에는 저도 마음을 넓혀, 그마저 포기했습니다. 그런데 박사님의 말씀을 들으니 그걸 포기하는 것은 곧 연애를 포기하는 것이나 다름없다는 생각이 드네요. 진정한 제 모습이 아니니까요.

저는 조금만 말이 통하면 사람에게 쉽게 빠져드는 편인데도, 사랑과 거리를 둔 지 벌써 15년이나 되었습니다. 20대에 짧게 두 번 연애를 했고 잠시 몇 번 만나 데이트를 한 사람들은 시시하고 대화가 되지 않았습니다. 30대를 우울감에 젖어 통째로 날려버린 듯한 느낌입니다. 저처럼 사건이 일어나지 않는 사람도 드물 거라는 생각이 들어요. 외형적으로는 열심히 살지만 속으로는 나를 위로해주고 감싸주는 남자 한 명 없이 산다는 게 서글플 뿐입니다. 넋 놓고 있자니 우울감만 심해져서 일주일에 영화를 한두 번 보러 가는데, 그것이 유일한 낙입니다.

혼자 일하고 혼자 밥 먹고 혼자 영화 보고 혼자 커피를 마셔요. 나이가 나이인지라 친구들은 애를 키우느라 바빠서 한 달에 한 번 만날까 말까 합니다. 완전히 외톨이가 된 듯합니다. 물론 20대에는 친구가 아주 많았습니다. 사람에게 잘 다가가고 말도 잘 거는 편이었거든요. 그런데 세월의 흐름과 함께 자연스럽게 인간관계가 정리되고 새로운 친구를 만들지 않으면서 이렇게 되어버렸네요. 친구를 더 사귀어야 하나 말아야 하나 고민도 했지만 있는 친구나 잘 챙기자고 마음먹은 뒤로 혼자만의 생활에 익숙해졌습니다.

저는 감수성이 예민한 편인데 몇 년 전부터는 그냥 멍 때리며 살고 있답니다. 정신을 차리면 삶이 너무 힘들게 느껴져서요. 부모님은 노처녀 딸인 저에게 언제나 잘해주십니다. 박사님, 사실 저는 너무 외롭고 슬프고 무기력해요. 어떤 날은 음악에 좌우되는 것이 싫어서 음악을 듣지 않습니다. 음악 하나에 아침부터 마음이 와르르 무너지면 그날은 이를 악

물고 일하러 가야 하거든요. 그렇게 혼자 슬퍼하고 설레봐야 평생 아무 일도 일어나지 않으니 멍 때리기로 한 거예요. 아예 '마음 편하게 혼자 살면 되지 뭐' 하는 생각으로 준비를 하기도 합니다. 아름다운 사랑을 하는 것이 어렸을 때부터의 소망인데 그것이 정말 어렵네요. ——

° 내게 사랑은 너무 어려워!

이분의 사연을 읽어보니 연애를 못 해본 분이 결코 아니라는 생각이 듭니다. 다만, '내가 상상하는 이상적이고 멋진 연애가 아니면 그건 연애도 아니'라고 성급히 결론을 내린 것 같아요. '내가 생각하는 이상형의 조건에 맞지 않으면 인간이 아니다'라는 심정 같은 것입니다. 이분의 문제는 무엇일까요? 네, 본인이 이미 '이상적인 기준'을 정해놓았다는 것입니다. 사람들이 흔히 말하듯 눈이 높아서 그런 게 아니라 '막연하게 좋을 것 같다고 생각하는 기준'들을 쭉 세워놓았기 때문입니다. 요즘 말로 '스펙'을 갖추어야 한다고 믿는 것과 비슷한 마음이지요. 노력한다고 해서 원하는 것들을 다 얻을 수 있는 건 아닌데 말입니다. 이제 반문이 터져 나올 차례군요. "현실이 요구하는 이상적인 기준을 놓고 거기에 자신을 맞추는 게 왜 문제인가요?", "그런 걸 얻으려고 노력하는 게 왜 원하는 것을 얻을 수 없게 만드는 길이 되는 건가요?" 아마 도저히 이해할 수 없다면서 머리를 흔드는 분들도 있을 겁니다.

어떤 이상적인 기준(스펙)을 현실의 본인에게 적용하면, 신기하게도 '삶의 문제'들이 생겨납니다. 현재의 자신이 거기 미치지 못한다는 것을 절감하게 되니까요. 예를 들어 본인의 희망 스펙을 "학벌은 SKY 졸업자, 외모는 김태리, 재력은 강남 중형 아파트 전세 가능"이라고 설정했다고 칩시다. 이게 누구나 노력한다고 이룰 수 있는 조건은 아니잖아요? 이처럼 우리가 흔히 이야기하는 스펙은 사실 이상적인 기준입니다. 자신을 평가 대상으로 삼게 만들고, 부족함을 느끼게 만들어요. 이분이 나름의 이상적인 기준을 적용해 연애 상대를 찾으면서 스스로 불행해지는 심리도 이와 같습니다.

이분은 어렸을 때부터 '아름다운 사랑'을 하는 것이 소망이었다고 합니다. 그런데 이분이 바라는 아름다운 사랑의 정체는 무엇일까요? 과연 이분은 그것을 경험해봤을까요? 사연의 내용으로 짐작하건대 아마도 그러한 사랑이란 '음악을 좋아하고, 말이 잘 통하고, 서로의 감성이 잘 어우러지는 사람과의 만남'일 겁니다. 지금은 그게 어렵고, 또 그런 관계를 맺어갈 사람을 만나지 못해서 고민하는 거고요. 그런데 "아름다운 사랑을 하는 것이 어렸을 때부터의 소망인데 그것이 정말 어렵네요"라고 말한 걸 보면 못 한 것 같은데, 또 한편으로 "스물다섯 살에 유일하게 사랑했던 사람, 첫눈에 반할 수 있는 사람을 만났다"라고 말한 걸 보면, 해본 것 같기도 해요. 그렇다면 이분은 자신의 소망을 이뤘는데도 여전히 "그런 사랑 한 번도 못 해봤어, 언젠가 꼭 이뤄야지" 하는 마음을 갖고 있는 걸까요? 뭔가 이상합니다.

이 점이 바로 사연자가 품고 있는 '사랑의 정체'입니다. 바라고 기대하는 마음이 실체도 없이 증폭되다 보니 어느 순간 '그런 거 못 해봤어' 하는 상태로 빠지게 만든 거예요. 이런 마음은 시간이 지남에 따라 '언젠가 나를 재투성이 하녀 상태에서 구해줄 누군가가 나타날 거야'라는 기대로 변합니다. 스스로를 동화 속 공주로 만들면서요. 이런 심리를 '신데렐라의 마음', 혹은 '왕자, 공주의 심리'라고 합니다. 이분이 자신을 공주나 왕자라고 믿으면서 사는 한 언제든 아름다운 사랑을 할 수 있습니다. 40대라고 못할 이유가 없어요. 그런데 이제 그 마음조차 유지할 수 없기에 이런 사연을 보낸 것입니다.

이분은 문학을 전공했고, 이를 바탕으로 국어 학원을 운영하고 있습니다. 나름대로 자신이 가진 감성을 바탕으로 문학을 공부했지만, 창작 활동은 하지 않아요. 너무도 현실적인 세계를 상징하는 '국어 학원'을 경영하고 있습니다. 국어 학원 경영자라는 정체성은 어쩌면 현실과 이상 속에서 갈등하다가 선택한 일이겠지요. 본인이 겪고 있는 삶의 괴리감을 상징적으로 표현하는 것이기도 합니다. 물론 이분은 현재 혼자 힘으로 먹고사는 만큼 경제적으로 더는 어린 시절에 머물지 않습니다. 생활전선에 뛰어든 어른이에요. 그런데 사랑에 대한 생각만큼은 여전히 어릴 때의 것을 고집합니다.

° 나는 소망한다, 소녀의 사랑을

어린 시절 꿈꾸고 소망했던 사랑과 어른이 되어 현실에서 하는 사랑은 다릅니다. 달라도 너무 다르지요. 어른의 사랑에서는 음악이나 영화를 소재로 삼아 주야장천 이야기를 나누는 게 능사가 아닙니다. 음악이나 영화 외에도 상대방과 나눌 것이 굉장히 많기 때문이에요. 이런 이야기는 대화와 소통의 마중물이 되어줄 수는 있어도 본질이 될 수 없습니다. 무엇보다 중요한 건 솔직히 말해 이것입니다. "너 돈 좀 있냐? 우리 어디 갈까?" 하는 것, 그렇죠? 어쨌든 어른이니 아무 데나 가서 소꿉장난을 할 수는 없잖아요.

어릴 때 품은 사랑은 단순합니다. '서로 사랑하는데 원룸 하나만 있으면 되지'라고 생각합니다. 하지만 막상 어른이 되고 나면 상황이 매우 복잡하다는 걸 알게 됩니다. "사랑밖엔 난 몰라" 할 수 없습니다. 이분도 어렴풋이 그걸 느끼고 있어요. "어렸을 때의 소망이었던 아름다운 사랑을 하는 것이 어렵다"라고 말한 걸 보면 어느 정도 아는 것입니다. 게다가 이분은 이미 순수하고 아름다운 사랑을 이뤄보았습니다(본인은 긴가 민가 하지만요). 그러니 이제부터는 40대에 걸맞은 아름다운 사랑이 무엇인지 다시 생각하고 찾아야 합니다. 사랑에 대한 개념과 소망을 재설정해야 한다는 뜻입니다.

이분은 각기 다른 시간대에 가질 법한 '소망'을 여전히 고집해요. 20대의 철없는 아가씨도 아닌데 그때 감성에 젖어 사랑을 말합니다. 이러면 곤란해요. 자신이 바라는 사랑을 새로운 시각에서 그려보고 재구성해야 합니다. 이제 다른 통찰을 얻을 때가 된 것입니다. 앞에서 이분이 "서른다섯 살쯤에 (내가) 하고 싶은 일과 할 수 있는 일이 다르다는 것을 받아들였다"라고 말씀하셨는데요. 아주 훌륭한 통찰입니다. 개인이 자신의 삶에서 쉽게 가질 수 없는 상당히 성숙한 경험이에요.

우리나라 중학생이나 고등학생들, 심지어는 대학생들도 다음과 같은 질문을 많이 합니다.

- 왜 제가 그걸 하면 안 되나요?
- 왜 제가 좋아하는 것과 실제로 할 수 있는 것이 달라야 하나요?
- 왜 제가 연예인이 될 수 없나요? 저는 연예인이 되고 싶어요.

우리는 흔히 자기가 좋아하는 것을 하라고 배웁니다. 그런데 실제로는 사회가 요구하는 조건을 갖추지 못하면 자기가 아무리 좋아할지라도 그것을 하기 힘듭니다. "꿈을 이루기 위해 최선을 다하라", "간절히 원하면 이루어진다"와 같은 말을 듣고 그걸 믿으며 자란 사람들은 그러한 믿음이 깨질 때 무척 괴로워합니다. 한편에서는 또 이렇게 말하기도 해요.

"네가 하고 싶은 일과 할 수 있는 일은 다르단다. 일단 네가 할 수 있는 일에 초점을 맞추는 건 어때? 네가 하고 싶은 일이 무엇인지 계속 생각하면서 말이야."

사실 이건 그냥 "네 마음대로 하라"는 얘기입니다. 이 이야기에서 글자를 하나만 바꿔볼까요? "네가 하고 싶은 사랑과 할 수 있는 사랑은 다르단다. 일단 네가 할 수 있는 사랑에 초점을 맞추는 건 어때? 네가 하고 싶은 사랑이 무엇인지 계속 생각하면서 말이야." 어떻습니까, 결국 같은 이야기죠? 그러니 이분은 선택해야 합니다. '하고 싶은 사랑'과 '할 수 있는 사랑' 중에서 말입니다.

밥 잘 사주는 예쁜 누나

이 사연의 주인공은 참 괜찮은 분이에요. 열정적으로 일하고 타인에게 친절하며 농담도 잘하고 잘 웃습니다. 상당히 매력적인 사람으로 보여요. 그런데 정작 실생활에서는 자신의 남다른 감수성과 생각을 잘 드러내지 못하는 것 같습니다. 오히려 밋밋하게 살아가는 것처럼 보입니다. 하지만 아무리 귀한 다이아몬드 원석이라 해도 집 안 장롱 속에만 처박혀 있다면 제대로 가치를 평가 받을 수 없는 법이지요. 일단 세상에 나가 빛을 보아야 하고, 특성에 맞게 가공되어야 합니다.

이분은 세상과 사람이 무서워서 조용히 은둔하며 지낸다고 했습니다. 결국 본인은 은둔자이면서 음악과 영화, 감성이 통하는 연애를 하고 싶다는 얘기인데요. 거의 텔레파시 연애를 하고 싶다는 거나 마찬가지입니다. 이분이 본인과 잘 통하는 사람을 만나려면 음악 동호회나 그 비슷한 모임에 가야 합니다. 그런 곳에 가면 대개 사람들이 이것저것 물어보고 사생활에 대해서도 곧잘 질문을 던져요. 이분은 사람을 무서워하니 갑작스런 질문을 받으면 당연히 기분이 나빠지겠지요. 더

구나 음악 동호회에 가는 사람들은 대개 20대 후반에서 30대 중반입니다. 이분이 그런 사람들을 만나서 주목을 받으려면 큰언니 역할을 해야 할 텐데, 잘 될까요?

다행히 이분은 열정적이고 농담도 잘하며 잘 웃습니다. 문제는 이분의 마음 상태가 스스로 나서서 큰언니 역할을 해낼 만큼 정리되지 않았다는 점입니다. 오히려 이분은 큰언니가 아니라 소녀 같습니다. 소녀 같은 사람이 큰언니 역할을 하려면 어떻게 해야 할까요? 간단히 말해 돈을 써야 합니다. 젊은 사람들에게 맛있는 것도 사주고 이것저것 챙겨줘야 해요. 그렇게 하면 놀랍게도 누가 좋아하는지 아세요? 젊은 총각들이 좋아합니다. 그들의 이상적인 여성이 바로 '밥 잘 사주는 예쁜 누나'잖아요.

또 다른 문제는 이분이 동호회에 가는 것을 별로 좋아하지 않는다는 점입니다. 어디든 가야 사람을 만날 텐데 말입니다. 이분은 스스로 고백하길 "어릴 때부터 아름다운 사랑을 하고 싶은 소망이 있었는데 그것이 어렵다"고 했어요. 이것이 진심일까요? 물론 진심일 겁니다. 다만 여기서는 이분의 속마음이 '꽤 복잡하다', 또는 '하나인 것처럼 보이는 마음 안에 상충되는 욕망이 공존하고 있다' 정도로 이해하고 넘어가면 좋겠다는 뜻입니다. 이분의 진짜 심리 상태는 이렇습니다.

"나는 이걸 간절히 바랍니다. 그런데 현실적으로는 싫어요."

어렵지요? 바란다는 건지, 바라지 않는다는 건지 헷갈립니다. 이분은 이렇게 마음이 왔다 갔다 하고 있습니다. 이러지도 저러지도 못하는 상태에서 아무것도 하지 않고 자신에게 딱 필요한 것만 하고 있는 것입니다. 사람들을 만나지도 않고 밖으로 나가지도 않으며 필요한 일에만 적극적입니다. 장면1에서 둘째가라면 서러울 정도로 딱 부러지는 모습을 보이던 열정적인 커리어우먼이 갑자기 바뀐 장면2에서는 엉망으로 흐트러져 상상만 멋들어지게 하는 모습을 떠올리면 됩니다.

이 경우, 핵심은 현재 자신의 상황에서 꼭 필요한 일이 무엇인지 분명히 규명하는 것입니다. 자신이 가진 문제의 정체를 확실하게 밝히는 거죠. 현재, 이분의 진짜 문제는 자신이 간절히 바라는 것의 정체를 분명히 알지 못한 채 입으로만, 머리로만, "아름다운 사랑을 하고 싶어요"라고 되뇌는 것입니다.

셀프 무력감과 작별할 시간

이 아름다운 사랑이란 '상상 속의 사랑'일 수 있습니다. 이분은 로맨틱하고 격정적인 사랑을 상상했다가, 또 아주 잔잔하고 마음의 평화를 주는, 거의 천상의 사랑처럼, 보고만 있어도 마음이 뿌듯하고 행복한 사랑을 꿈꿉니다. 마음이 이런 상태라 이러지도 저러지도 못한 채 현실에서는 단조롭게 주어진 일만 하고 있습니다. 그러면서 자신의 삶처럼 사건이 일어나지 않는 인생도 드물다고 호소합니다. 사건이라는 게 갑자기 천둥 치고 번개가 으르렁거리듯 일어나는 것은 아닌데 말입니다.

이분은 음악과 영화를 소재로 대화가 통하는 사랑을 하고 싶다는데, 그건 사랑이 아니고 취향이 통하는 사람을 찾는 것입니다. 사실 영화 그 자체보다 내용에 관해 이야기를 나누는 것이 더 즐겁잖아요? 영화를 보고 나서 커피나 차를 한잔하며 흥미로웠던 장면을 이야기할 때 얼마나 즐겁습니까? 이분도 그렇게 사람들과 감성을 공유하고 싶어 해요. 한마디로 마음이 통하는 친구가 필요한 것입니다. 그런 사람이 없다고 느끼기에 무력감을 느끼는 거고요. 남자 친구가 없어서 그런 면도 있겠지만, 보다 근본적인 원인은 스스로를 다른 사람과 단절시킨다는 데 있답니다.

아무런 만남이 없다 보니 사건이 일어날 리 없습니다. 소설에서도 캐릭터와 캐릭터가 부딪혀야 제대로 사건이 일어나잖아요? 그런데 이 분은 변화가 없는, 늘 뻔한 생활을 합니다. 사건을 기대하는 것 자체가 무리예요. 혼자 일하고 혼자 밥 먹고 혼자 영화 보고 혼자 커피를 마시면서 스스로 무력감을 만들어내는 것이나 다름없습니다. 바로 '셀프 무력감'이에요. 이분의 마음은 줄곧 '누군가와 함께하기'를 바라지만 현실은 그렇지 않으니까요. 따라서 자신의 현실을 부정하면서 이상적인 것만을 원하는 아픔을 겪게 됩니다. 마치 좋아하는 것을 놔두고 다른 것을 해야 하는 상황에 처한 것과 같습니다. 그러니 본인은 얼마나 답답할까요? 하고 싶은 것은 '함께하기'인데, 할 수 있는 것은 '혼자하기'인 셈이니, 자존감도 많이 무너졌을 겁니다.

사연을 읽다 든 생각은 '굉장히 적극적이고 잘 웃는다'라고 한 것도 실은 혼자만의 생각은 아닐까 하는 것입니다. 정황이 그렇다는 뜻인데요. 이분이 겉으로 보여주는 모습은 '저렇게 행동하면 괜찮은 사람이다'라고 생각하는 '역할 모델' 또는 어떤 '이상적 기준'에 따르는 것입니다. 본인이 무엇을 하는지도 모르면서 그냥 '남에게 좋게 보이는 방식으로' 행동하는 거예요. '간절히 바라지만, 현실적으론 싫다'는 모순은 바로 이분의 속마음을 그대로 표현한 것입니다.

이분은 자신이 개성 있는 사람이라고 주장하지만, 다른 사람이 볼 때는 지극히 평범합니다. 어찌 보면 무난히 결혼해서 아이를 두세 명 둔 평범한 40대 아줌마처럼 보일지도 모릅니다. 이분이 혼자 하는 여러 행동에 대해서 '저 아줌마는 왜 혼자서 커피를 마실까? 왜 혼자서 영화를 보고 있을까? 아, 남편하고 싸워서 열 받아 혼자 영화를 보러 왔구나' 하고 생각할지 모릅니다. 일하는 태도라든가 전반적인 인상 면에서도 마찬가지입니다. 자신을 '그런 대로 매력적이며 업무 수행능력도 괜찮지만 좀 수줍고 내성적'이라고 생각하는 이 40대 여성은 실제로 다른 사람의 눈에 '약간 한량 기질을 가진, 일은 그럭저럭 해내는, 사교성이 없는' 사람으로 보일지도 모릅니다.

° 셜록황의 마음 처방

오늘부터라도 머리를 근사하게 다듬고 화장도 예쁘게 하고 밖으로 나가십시오. 특별한 볼일이 없어도 멋진 사람들이 붐빌 것 같은 곳으로 가보세요. 서울이라면 강남역부터 신논현역까지 서너 번쯤 왔다 갔다 할 수 있겠지요. 가로수길로 접어 들어 신사역부터 현대고등학교까지 왔다 갔다 할 수도 있고요. 어차피 혼자 밥 먹고 혼자 영화 보고 혼자 커피를 마실 거라면, 멋지게 차리고 나가서 그렇게 하세요.

세상 사람들의 분위기를 엿보면서 도시의 공기를 맛보십시오. 여기저기 왔다 갔다 하다 보면 놀랍게도 자신과 비슷하게 왔다 갔다 하는 사람들을 만날 것입니다. 왜냐고요? 세상에는 그런 사람이 아주 많으니까요. 그리고 커피숍에 앉아서 지나가는 사람들을 무심히 바라보세요. 분명 지난번에 지나갔던 사람이 또 지나갈 겁니다. 혼자 지나가기도 하고 두 사람이 모여 가기도 할 텐데 뭐 특별히 목적이 있어 보이지는 않습니다. 그런 곳에서 공감할 사람을 찾으면 됩니다. 일단 본인이 혼자가 아니라는 걸 느껴야 합니다. 본인만 유별난 경우가 아니라는 것을 알아야 한다는 뜻이에요.

'나와 비슷한 인간이 참 많구나' 하는 점을 먼저 확인하세요. 그리고 나와 비슷한 그 많은 사람이 어떻게 행동하는지 살펴보세요. 그 사람들의 특성을 내가 먼저 관찰해보는 것입니다.

'어떤 사람이 가장 멋있어 보이지? 나와 비슷한 사람은 어떤 사람이지?'

얼마 지나지 않아 이런 사람을 찾아낼 수 있을 것입니다. 이것은 타인을 통해 자신을 성찰하는 과정입니다. 어느 순간 자신이 초라해 보이고 지질하게 느껴진다면, 내가 무얼 바꿔야 하는지 느낌이 확 올 것입니다.

'잘나가는 사람들은 저렇게 사는구나. 나도 바꿔서 잘나가야겠다!' 또는, '이렇게 하면 내가 잘나간다고 생각했는데, 그게 아니었구나!' 이런 것을 깨달으면 변화가 찾아옵니다. 이 과정을 통해 최신 유행과 트렌드를 접할 수도 있지만, 각기 다른 개성과 스타일을 접하면서 '자신만의 무엇'에 대한 욕구가 생겨나게 될 것입니다.

이것이 바로 이상적인 모습을 좇으면서 현실에 매몰되어 위축된 사람이 자신과 삶을 사랑하게 되는 방법입니다. 단순히 멋진 누구를 모방하는 것이 아니라, 현재의 자신을 느끼고, 바꾸어보려고 노력하는 것이지요. 스스로 멋진 꽃으로 변신하는 것입니다. 사실 이분은 지금까지 자신이 어떤 꽃이었는지 잘 모르는 것 같습니다. 세상과 단절되어 은둔하면서 혹시 자신이 생기가 없는 조화造花, 즉 '인공적으로 만들어진' 그런 꽃으로 남게 되는 건 아닌지 두려운 마음도 들 겁니다. 이때 반드시 명심할 게 있어요. '사랑하고 싶은 마음은 현실 속의 본인을 사랑하는 마음에서 시작해야 한다'는 것입니다. 이상적인 사랑을 막연히 꿈꿀 게 아니라 현실의 자신을 가장 멋지게 꾸밀 수 있는 방법을 찾아보라고 권하는 이유랍니다.

자, 이제 세상으로 나가서 무엇보다 자신이 원하는 '일상의 호사'를 경험해보세요. 평소엔 엄두도 내지 못했던 일들을 하는 거예요. 작지만 확실한 행복을 누리는 겁니다. 이런 시도들을 통해 자신을 사랑하는 마음이 무엇인지 확인하세요. 이것이야말로 막연히 그리던 이상적인 사랑을 현실에서 체험하는 단초가 될 것입니다.

자신감을 얻게 해주는 것은 꿈이 아니라 현실 속의 경험이에요.
무엇이든 '어쨌든' 해낼 수 있다는 것을 배우면서 자신이 못할 거라고
지레짐작하여 포기했던 것들도 다시 돌아보게 되고,
그러면서 삶의 의미 역시 조금씩 찾아가게 되니까요.

불행한 가족사가
내 발목을 잡아요

친애하는 셜록황에게 ────

현재 졸업을 앞둔 대학생입니다. 본래 심리학에 관심이 많았는데 요즘 자기 회의가 깊어지면서 더욱더 관심이 커지고 있습니다. 회의가 깊어진 이유는 우선 남자 친구와의 갈등 때문입니다. 남자 친구와 수십 번 싸우면서 제 문제를 깨달았는데 그건 제가 그 사람을 사랑하지 않고 관심도 전혀 없다는 것입니다.

저는 어렸을 때부터 독립심이 강하고 조숙하다는 말을 많이 들었습니다. 냉정한 면도 있지요. 그런데 이것이 타인에 대한 무관심으로 이어질 줄은 몰랐습니다. 남자 친구를 꽤 많이 사귀어봤는데 늘 제가 먼저 좋아하고는 사귀자마자 관심이 뚝 떨어지면서 머릿속에서 잊어버립니다. 데이트할 때는 재미있게 놀지만 집에 오면 그 사람 생각이 나지 않습니다. 저는 하루 종일 제 생각에만 빠져 있는 것 같아요. 지금의 남자 친구는 정말 좋은 사람이라 잘해보고 싶은데 그 사람은 무관심한 저 때문에 힘들어 합니다. 이제는 저도 제가 그 사람을 사랑하는 건지, 그냥 좋은 사람이라 놓치기 아까워서 붙잡고 있는 건지 헷갈립니다. 처음 좋아할 때는 잠도 못 자고 밥도 못 먹어서 한 달 동안 5킬로그램이 빠질 정도였습니다. 가슴이 뛰어서요. 그런데 왜 이렇게 된 걸까요?

저는 대세를 좇고 삶의 정답을 따르는 유형입니다. 저에게는 구구절절한 가족사가 있는데 과거를 얘기하자면 정말 분노가 치솟습니다. 속이 편하지도 않고 오히려 더 곪는 듯해요. 알코올에 의존하던 아빠도 가족을 힘들게 했지만 저는 히스테릭한 엄마에 대한 분노가 더 큽니다. 알고 보니 엄마도 우울증으로 자살을 시도했었다고 하더군요. 엄마와 함께 있으면 엄청 화를 내면서 무조건 안 된다고 하는 말이 대화의 대부분을 차지합니다. 저는 여우처럼 굴어서 그래도 덜 혼났는데 동생은 고집이 세서 엄마에게 많이 혼났습니다. 동생이 공부를 못해서 엄마가 직접 가르쳤거든요. 그 과정에서 매일 한 시간 정도 계속 소리를 지르고 때렸습니다. 그렇게 공포 분위기 속에서 살았지요. 아빠도 정상은 아니고요. 저는 지금 우울증을 앓고 있는데 특히 비가 오는 날에는 더 심해집니다. 조울증인지도 모르겠습니다. 기분이 좋을 때는 춤을 추고 싶을 정도로 좋거든요. 또한 남자 친구와 대화를 하던 중 제게 인격 장애가 있다는 것을 알게 되었습니다. 시중에 나와 있는 성격 체크 검사를 해보니 자기애성 인격 장애와 강박적 인격 장애가 있더라고요. 자기애성은 타인에게 무관심하고 나르시스적 요소가 많은 형태로 나타납니다. 대학에 와서 미친 듯이 바쁘게 살았는데 그게 강박적 인격 장애의 한 모습이었나 봐요. 아무래도 저는 성격적으로 문제가 많은 것 같습니다. ────

냉정함으로 무장한 자유로운 그녀

이분은 스스로를 냉정하고 현실적인 사람이라고 평하지만, 연애하는 패턴을 보면 자유로움과 주도적인 삶을 원하는 유형입니다. 이 유형에 속하는 여성들은 사랑하거나 연애할 때 자기가 관심을 가진 사람에게는 적극적으로 접근하지만 관심 없는 사람에게는 눈길 한 번 주지 않습니다. 이분은 어렸을 때부터 독립심이 강하고 조숙하다는 말을 많이 들었다고 하는데요. 아마 이런 모습이 다른 사람에게는 상당히 냉정하게 느껴졌을 겁니다.

재미있는 사실은 이분이 본인의 진짜 성향과 관계없이 스스로 믿고 있는 어떤 틀에 맞춰 행동하려 한다는 점입니다. 또한 유복한(혹은 궁핍한) 가정환경이나 삶에서 어떤 모드로 살아야 하는지를 나름의 방식으로 뚜렷이 인식하고, 그 틀에 맞추어 살려고 노력하고 있습니다. 그런데 바로 여기서 이분의 문제가 시작됩니다.

아빠는 알코올 의존증이고 엄마는 히스테리 환자나 다름없습니다. 어떻게 해야 할까요? 자신이 원하는 걸 부모에게서 얻을 수 없는 상황이다 보니 이분에게 남자 친구는 자신을 돌봐주거나 지원하고 희생해줄 또 다른 인물로 부각됩니다. 그래서 자신이 원하는 것을 이루지 못하거나 상대방이 진심으로 원하는 사람이 아니라고 판단되면, 혹은 무언가 부족하다고 느끼면, 이분은 재빨리 남자 친구를 교체합니다.

어쨌든 이분은 지금 그 남자한테 무관심해요. 만일 이분의 남자 친구가 "나를 사랑한다면서 어쩌면 그렇게 무심할 수 있어?"라고 불평한다면 남자 친구가 이분을 상당히 좋아한다는 의미입니다. 제가 볼 때 남자 친구는 정서적 공감을 중시하는 유형일 가능성이 큽니다. 자기가 좋아하는 사람이 자기만 생각해주고 또 자신과 어떤 정서적 교류를 나누거나 공유하길 바라는 유형이지요. 그런데 이분의 입장에서는 남자 친구가 좋긴 한데 자신의 갈등을 드러내면 남자가 충격을 받을 것 같아 염려스럽기도 하고, 다른 한편으로는 자존심도 상하고 그런 마음입니다. 무엇보다 자존심이 상하는 게 가장 싫습니다. 이럴 경우 그 남자를 만나는 것은 정서적으로 호기심이 일거나 어떤 기대감을 갖게 해준다기보다 짜증이 나는 상황이 됩니다.

이분은 남자 친구가 자신이 처한 실제 상황을 잘 모른다고 생각합니다. 그래서 '눈치 없는 남자'가 시시해 보이기도 하고, 마음이 자꾸 멀어지는 것 같습니다. 하지만 막상 버리자니 아까워서 그냥 붙들고 있어요. 버리자니 아깝고 먹자니 별 게 없는 계륵인 셈입니다. 그런데 이분에게 남자 친구가 만족스럽지 못한 것은 남자의 문제일까요, 자신의 문제일까요? 이분은 현실적으로 그 남자가 좋은 사람이고 결혼하면 웬만큼 잘 지낼 만하다는 것을 알고 있습니다. 만일 이분에게 자유롭고 독립적인 성향이 좀 더 강했다면 "너는 너대로 살아라. 난 내 인생을 살겠다"라고 했을 텐데, 이분은 안정된 현상을 유지하려는 마음이 더 큽니다. 결국 놓자니 아깝고 잡고 있자니 미덥지 않은 안타까운 상황이 되어버린 거예요. 아마 현재는 남자 쪽에서 더 괴로워할지도 모릅니다.

이것은 정신적인 자해행위일까?

남자 친구는 여자 친구가 심리적으로 상당히 복잡하고 여자 친구의 환경이 좋지 않다는 것을 알 수도 있습니다. 어쩌면 그는 '거의 벼랑 끝에 있거나 아니면 너무 힘든 상황에 있는 저 사람을 내가 구제해야겠다. 저 사람을 위해 모든 걸 다 하겠다'라고 생각하고 있을지도 모릅니다. 그런데 정작 자존심 강한 이분은 '그러면 내가 저 남자에게 영혼을 파는 셈이지'라고 생각합니다. 혹은 '내 문제를 왜 남자 친구에게 떠안겨야 하는데?'라고 의문을 가질지도 모릅니다. 그러면서 이런 결정을 내립니다. "이 문제는 내 문제니까 내가 해결해야 해. 저렇게 좋고 착한 사람에게는 한 점 부끄러움이 없어야 하는데 나는 그렇지 않아. 그리고 저 사람은 내 모든 것을 이해하고 공감하지 못할 거야. 저 사람이 좋은 사람인지는 알겠는데 더 이상 호기심이 생기지 않는 것도 문제야. 처음에는 좋았어. 정말 좋았어."

그렇습니다. 처음에는 '저 사람을 놓치면 안 돼' 혹은 '저 사람이 나를 싫어하면 어떡하지?' 하고 고민하느라 5킬로그램이나 빠질 정도로 좋아했습니다. 그런데 이제 안달했던 만큼 도망가고 싶은 마음도 크고, 냉정하게 관계를 끊고 싶기도 합니다. 두렵기 때문입니다. 이분은 지금 자신의 진심과 본심이 뭔지를 모릅니다. 이분에게 이슈는 '내가 저 남자를 좋아한다, 좋아하지 않는다'가 아닙니다. '내 문제를 해결하려면 저 사람과 더 이상 관계를 맺지 않아야 한다. 한데 그러면 내가 더 고통스러울 수 있다'라는 생각도 하지 않습니다.

이분은 자기 문제는 스스로 해결해야 한다고 여깁니다. 남자 친구와의 관계에 대해서는 어떨까요? 싫지는 않은데 예전처럼 관심이 뜨겁지는 않습니다. 더는 자극적이지 않으니까요. 한편으로는 새로운 사람을 사귀어볼까 싶다가도 그 누군가를 지금의 남자 친구보다 더 깊게 만날 수는 없을 거란 생각에 망설입니다. 자기 마음이 원하는 바를 제대로 알지 못해서 그때그때 '끌리는 것'에 반응하는 양상입니다. 그러다 보니, 스스로 자신을 부정하거나 또는 자신이 원하는 것과 다른 행동을 하게 됩니다. 일종의 자해나 마찬가지예요.

자해自害란 자기 스스로 몸에 상처를 내는 겁니다. 보통 상처를 낼 때마다 쾌감을 느끼는데, 처음에는 아주 작은 것부터 시작합니다. 작아도 충분히 고통을 느낄 수 있으니까요. 하지만 행위가 계속될수록 정도가 점점 심해집니다. 담뱃불로 몸을 지지는 사람도 있고, 면도칼로 손목에 상처를 내는 사람도 있습니다. 이분은 자기 마음을 자해하고 있어요. 자신이 처한 상황에서 벗어나려고 연애를 하면서도 막상 그것을 현실적으로 '내 것'으로 만들지 못하자 연애를 부정합니다. 그러면서 한편으로 죄책감을 느끼고, 그 이유를 자신의 고통스런 가정 환경 탓으로 돌립니다. 결과적으로 이런 상황에서 벗어나지 못하는 자신을 더 괴롭히게 되고요.

야매는 힘이 세다

모순적이고 역설적인 마음의 상태인데도 이분은 자신의 현실을 직시하려 노력합니다. 알코올 의존증인 아버지, 히스테릭한 어머니로 대표되는 가족 상황이 절망적인 만큼 사랑이나 연애 따위에 연연할 처지가 아니라고 생각하는 것도 하나의 반증입니다. 그러면서 동생을 걱정합니다. 본인은 나름대로 눈치껏 행동하는데 동생은 그러지 못해 늘 매를 맞아요. 이걸 두고 좀 다행이라 생각하면서도 한편으로는 죄책감을 느낍니다. 부모의 학대로부터 동생을 지켜주기 위해 무언가를 하고 싶은데 그러지 못하니까요. 그 결과 우울 증상이 나타났습니다. 본인은 조울증躁鬱症[1]을 이야기하지만, 아마 조증躁症은 자신을 학대하는 그 순간의 짜릿한 자기 파괴적 속성의 자극을 의미할 것 같습니다.

이분은 자아가 굉장히 강하지만, 그 강한 자아로 진짜 자기만의 세계를 만들지 못했습니다. 현실적인 틀에서 벗어나지도 못했고요. 스스로 '이럴 땐 이렇게 하고 저럴 땐 저렇게 하고…' 등등 규칙을 많이 만

---

1   양극성 기분 장애라고도 한다. 정신이 상쾌하고 흥분된 상태와 우울하고 억제된 상태가 교대로 나타나거나 둘 가운데 한쪽이 주기적으로 나타나는 병이다.

들어놓은 탓입니다. 로맨티시스트 성향으로 현실을 파악하지만 통념적인 규범이나 틀이 아주 강해서 스스로를 괴롭게 만들 뿐입니다. 규범이나 틀이 많다는 것은 곧 매뉴얼이 높은 편이라고 할 수 있어요. 자신이 어떤 사람인지 알고 싶은 마음에 인터넷을 뒤져 온갖 정신병리적인 진단 자료를 끌어 모으고, 비슷한 증상이 보이면 그게 바로 내 문제라고 합리화하면서 정체성을 규정하는 것도 매뉴얼이 높기 때문입니다.

흥미롭게도 인터넷에는 정신병리 진단에나 적용되는 징후들을 마치 일반인에게도 곤잘 나타나는 행동처럼 정리하여 친절하게 리스트화한 자료들이 많이 돌아다닙니다. 그걸 보면 정신병자가 아닌 사람이 거의 없을 정도예요. 많은 사람이 자신의 정확한 특성이나 마음, 성격을 스스로 파악하기보다 보통 정신과 의사들이 언급하는 DSM-5^{Diagnostic and Statistical Manual of Mental Disorders, Fifth Edition}[2] 같은 것을 기준 삼아 자신을 파악합니다. 몇 가지 단어 혹은 증세를 통해 병명을 얻게 되면 '내게 정신적인 문제가 있는 거야'라면서 스스로를 환자로 만들어요. 그러고는 의사가 처방해준 약을 복용하기만 하면 그 병이 나을 것으로 기대합니다.

이것은 인간의 마음을 전혀 이해하지 못한 채 심리적 갈등이나 문제를 신체적 질병과 똑같이 생각하는 데서 빚어지는 오류입니다. 병에 해당하는 약만 먹으면 치료가 된다고 믿는 데서 생겨나는 처방책이죠. 마음의 작용에 대해 잘 이해하지 못하는 일부 정신과 의사들은 스스로를 '약 분배기'라고 비하합니다. 하지만, 정신병명으로 마음

---

2 DSM은 미국정신의학회에서 발간하는 정신장애의 진단 및 통계 편람을 말한다. 1952년에 DSM-I 이 처음 발행된 이후 여러 연구결과를 반영하여 2013년 5월에 DSM-5가 발행되었다. DSM-5는 정신장애를 20개의 주요 범주로 나누고 하위 범주에 300여 개 이상의 장애를 포함시켰다.

의 문제를 규정하고, 약으로 그 병이 치료될 것이라 기대하는 상황은 매우 다양하고 심각한 결과를 초래합니다. 의사들의 경우, 환자들에게 '정신병명'을 마치 낙인찍듯 부여하고, 그 병명에 맞는 약을 처방해줍니다. 환자의 마음을 이해하고 또 그의 마음이 작동하는 방식을 파악하는 것보다 이 편이 쉬우니까요. 여기에 부응하여 환자도 자신의 마음을 알려고 하기보다 그냥 병이라 여겨 약을 먹으면서 아픈 마음이 나을 것으로 기대합니다.

"불안해요", "잠이 오지 않아요"라고 하소연할 때 왜 불안하고 왜 잠을 잘 수 없는지 알려고 하지 않고 불안을 낮춰주고 잠을 잘 자도록 돕는 약을 주고받으면서 양쪽 다 문제가 없어지길 기대합니다. 이런 약을 먹으면 대개 위궤양이나 위장장애가 올 수 있으니 소화제를 함께 처방하는 최소한의 서비스와 함께 말입니다. 결국 잠을 잘 자게 되고, 그러면 덜 불안해지고, 소화까지 잘 됩니다. 그래서 '내가 좋아졌나 보다' 생각하면서 문제가 해결되었다고 착각하는 겁니다.

자신의 문제가 무엇인지 알고 싶을 때 사람들은 보통 인터넷에 무작위로 떠돌아다니는 성격 검사 등을 해보면서 다양한 정보를 탐색합니다. 자신의 상황이나 문제에 대한 정확한 이해 없이 불안감의 정체를 확인하기 위해 이것저것 정제되지 않은 정보와 자료에 의존합니다. 이런 행동이야말로 자신을 환자로 만드는 첩경인 줄도 모르고 말입니다.

정신병리학적 진단이나 병명은 미국 사회에서 살아가는 사람들이 겪는 여러 비적응 행동이나 인간관계의 문제를 다양한 신체 및 행동 증세로 구분하여 이것을 신체적 질병의 진단처럼 구분할 수 있게 정리한 분류 체계입니다. 일부 한국 의사들은 이것을 바탕으로 마음의 병을 진단하는 체크리스트로 사용하게끔 몇 가지 검사를 만들었고, 거기에 '우울증', '불안장애', '강박장애', '반사회적 성격' 등의 다양한 정신병리학적 이름을 갖다 붙이게 된 것입니다. 스스로 문제가 있다고 느끼는 사람은 누구든, 정보를 열심히 찾다 보면, 어떤 병이든 어디 한 군데 꼭 걸려들게 되어 있습니다. 이런 것으로 자신의 문제나 아픔을 진단하는 것을 돌팔이 진단, 일명 '야매 진단'이라고 합니다. 마음의 영역에서 무엇보다 경계해야 할 일입니다.

。자해하는 나르시시스트

이분은 무엇보다 표면적으로 드러나는 문제와 실제 문제를 구분하는 것부터 시작해야 합니다. 상담 사연을 다시 읽어봅시다. 어떤 점을 문제라고 했나요? 이분은 처음엔 남자 친구와 싸우는 것 때문에 사연을 보낸 것처럼 말합니다. 그래서 연애 상담인가 하고 읽다 보니 스스로 자신이 이상하다는 결론을 내리면서 끝을 내요. "나는 환자다!"라고 자인하면서요. 하지만 이분은 환자가 아닙니다. 저의 임상적 경험에 따르면 자유롭고 독립적인 성향에 자아가 높은 분들은 내담자(환자)로 상담하러 오는 경우가 거의 없었습니다.

이분은 주관과 특성이 뚜렷하고 자기가 어떤 사람인지 잘 알고 있어요. 약간 마음 아파하긴 해도 자기 행동이나 판단에 의문을 보이지 않습니다. '내 남자 친구는 착한데 내가 좀 잔인한 것 같아. 내가 무관심한 것 같아. 그러면 안 되는데!' 이런 식으로 일말의 죄책감을 가지지만 그것은 쥐를 앞에 둔 고양이의 눈물에 불과합니다. 이분이 자신에 대해 자기애성 인격 장애, 강박성 인격 장애가 있다고 말하는 것은 스스로 "난 나쁜 사람이 아냐! 단지 내게 문제가 있어서 그런 거라고!" 하면서 자신의 행위를 합리화하는 데 지나지 않습니다. 스스로를 그렇게 규정해야 상대방에게 들이밀 핑계가 생기잖아요. "난 진짜 나쁜 사람이 아닌데, 내게 인격 장애가 있어서 이러는 거야. 남자 친구야, 미안해. 내가 너를 사랑하지 않는 건 아닌데 내가 인격 장애 때문에 할 수 없이 이런 행동을 보이는 거야"라고 말입니다.

한마디로 이분은 "나는 나쁜 게 아니라 아픈 거야"라고 변명하고 있어요. 자기 합리화를 위해 엄청나게 노력하는 중입니다. 재미있는 점은 이분이 타인에겐 무관심하지만 본인에겐 과도한 자기애를 보이는 나르시시스트narcissist라는 것입니다. 어떻게 알 수 있냐고요? 현실적인 성향을 가졌지만 대인 관계를 그다지 중시하지 않는 걸 보면 그렇습니다. 나르시시스트는 자기 자신을 너무나 사랑하는 사람입니다. 나르시시즘narcissism에서 파생된 말로 자신에게 과도하게 애착하는 사람을 일컫지요. 잘 아시는 것처럼, 나르시시즘은 물에 비친 자신의 모습에 반해 자기와 같은 이름을 가진 꽃(수선화)이 된 그리스 신화의 미소년 나르키소스와 연관 지어 독일의 정신과 의사 네케Wilhelm Nacke가 만든 말입니다. 신화 이야기에서 알 수 있듯이 그 사랑은 지나칠 때 스스로를 해칩니다.

이분은 미친 듯이 바쁘게 지내거나 무언가에 몰두하면서 자신이 제대로 살고 있다고 스스로를 정당화하는 스타일입니다. 이런 강박적인 성향은 자신이 잘 살고 있다는 것을 느끼게 해주는 일종의 신호이기도 해요. 한데 이분은 자신을 찾기 위해 노력하는 것이 아닙니다. 자신이 지금 잘 살고 있고 잘 살아야 한다는 생존의 당위성을 확인하기 위해 노력하는 거예요. 그렇다고 헛짚은 것은 아니고요, 생존의 당위성을 찾아가는 중이라 할 수 있습니다. 물론 그 와중에 연애를 하면서 가슴 아파할 수많은 남자가 있겠지만 그거야 어쩔 수 없어요. 상대방에게도 이런 독특한 여성과 연애하는 경험이 그리 나쁘지는 않을 겁니다. 두 번 다시 이런 여성을 만나지 않아야겠다고 결심할 수도 있고요.

이분의 연애를 볼까요? 연애할 때 이분은 자신을 비하하거나 좌절감에 빠지거나 자기 확신을 하지 못해 스스로 이상한 사람으로 여길 확률이 큽니다. 그래서 자신을 학대하고 마음을 자해하게 되는 것이지요. 위험한 것은 이 경우, 자해 행위가 상당히 강해지고 여기에 대한 부정적인 행동이 나타나다가 완전히 다른 두 개의 자아가 만들어질 수 있다는 점입니다.

멜랑콜리가 히스테리를 만날 때

이분이 힘들어 보이는 것은 자기 행동을 스스로 부정적으로 해석하기 때문입니다. 왜 그런 행동을 하는지 구체적으로 알면 그렇게까지 자해할 필요가 없는데 말이에요. 자해와 자신을 진짜 사랑하는 행동은 얼마든지 구분할 수 있습니다. 이분이 "나 우울증을 앓고 있어"라고 말하면 다른 사람들이 어떤 반응을 보일까요? 아마 연민과 공감을 보낼 것입니다. 이분은 바로 그것을 기대하고 우울증을 앓는다고 말하는 겁니다. 그리고 놀랍게도 우울증을 앓는 모습은 이분에게 매력을 더해 줍니다.

심리학이 탄생하는 과정에서 가장 대표적이던 질병이 히스테리아hysteria입니다. 지금은 '신경증'이라고 해서 다양한 이름을 갖다 붙이는 증세죠. 19세기 후반, 프로이트Sigmund Freud가 정식으로 정신분석을 통해 이를 마음의 병으로 규정하기 전까지 사람들은 이 병을 여성들만 걸리는 음탕한 질병이라고 생각했습니다. 특히 귀족 부인들이 히스테리 증세를 많이 보였는데 다들 이것을 신체적인 질병의 하나로 여겨 치료받기를 원했습니다. 귀족 신분이 아닌 사람의 경우에는 신의 저주나 마귀가 씌었다고 간주하여 무시하거나 감금하기 일쑤였고요. 사연을 보낸 분은 지금 스스로 자기 병을 진단하고 여러 가지 히스테리 성향의 행동을 보이는 듯합니다.

이분은 스스로 야매 진단과 야매 치료를 하면서 자신의 멜랑콜리한 정서와 히스테릭한 특성을 열심히 발산하고 있습니다. 안타깝게도 이는 엄마에게서 얻은 성향입니다. 엄마는 동생을 때렸고, 이분은 남자 친구들을 괴롭힙니다. 인간에겐 자신이 배운 것을 다른 대상에게 반복하는 특징이 있어요. "맞고 자란 사람이 때린다"라거나 "시어머니에게 시달린 사람이 며느리를 못살게 군다"는 이야기들을 하는 것처럼 말입니다. 이분 역시 엄마의 행동이 잘못임을 알고 있고, 자신이 남자 친구를 괴롭히는 것도 잘못임을 알고 있기에 이런 사연을 보낸 것입니다.

하지만 이분은 남자 친구를 완전히 놓아버리지 못합니다. 이분에게 남자 친구는 에너지를 공급해주는 사람이자 살아가는 데 매우 중요한 사람이거든요. 이분은 호기심을 위해 다른 남자를 사귀면서 양다리를 걸칠 수 있는 유형은 아닙니다. 스스로 정해놓은 규칙이 상당히 많기 때문인데요. 예를 들어 처음 사귈 때는 일반적인 통념과 상관없이 사람을 만나지만 그 남자에게 여자 친구가 있다는 것을 알게 되면 굉장히 괴로워할 겁니다. 심지어 운명이라 할 만한 사람이 나타난다 해도 자기 기준에 어긋나는 점이 있다면 죄책감을 느끼면서 마음을 딱 끊어버리는 스타일이에요. 자기감정을 잘 파악하기는커녕 남들이 뭐라 하는 데 휘둘립니다.

이분은 자기 통념에서 어긋나면 불안해지는데, 이것이 조울증의 느낌으로 나타납니다. 사람은 누구나 안정된 상황인데도 날씨에 따라 기분이 바뀔 수 있어요. 그게 당연한데도 이분은 끊임없이 "내 기분이 왜 이런가요? 내가 왜 이런 행동을 하는 건가요? 저는 어떻게 하면 좋을까요?" 하면서 계속 묻습니다. 하지만 다른 사람에게 대놓고 말하지는 못해요. 누구도 자신의 기분이나 상황을 이해하지 못할 거라고 생각하기 때문입니다. 솔직히 말해도 이해하는 사람이 드물다는 사실을 알기 때문이기도 해요. 남자 친구는 당연히 더 이해하지 못하겠지요.

˚ 엇나간 심리 신공

이분은 남자 친구와 사이가 좋은 편입니다. 하지만 그 이상의 상황이 벌어지면 남자 친구가 감당하기 힘들어 합니다. 남자 친구가 착하고 괜찮은 사람이면 이분을 자기가 책임져야 한다는 생각으로 이미 훨씬 더 다가갔을 겁니다. 그럴 때 이분은 가급적 빨리 정리해야 남자를 위해서도 좋고 자기를 위해서도 좋다고 생각합니다. 이 경우 사랑이냐 아니냐는 이슈가 아닙니다. 이분은 '질곡에 빠진 남자 친구를 구해야 해. 나도 이 남자를 진짜 사랑해서 만나는 게 아니야. 그러니 빨리 끊는 게 내가 정신을 차리는 길이야'라고 생각합니다. 하지만 이걸 실행하는 것은 일종의 자해행위입니다.

지금 이분의 사연에는 무얼 알고 싶은 것인지 문제가 정확히 드러나 있지 않습니다. 가장 큰 문제는 이분이 자기 문제를 막연히 규정하는 데엔 에너지를 많이 쓰지만, 정작 자기 문제를 정확히 아는 데엔 에너지를 거의 쓰지 않는다는 점입니다. 도리어, 자기 삶을 힘들게 만들고, 자신을 더욱 불행하게 하며, 더 나아가 스스로를 희생자로 만드는 놀라운 심리 신공을 쓰고 있습니다. 아주 진지하고 성실하게, 고통스럽게 자기 문제를 해결하려고 노력하지만, 실제로는 문제를 만든 공모자의 심정입니다. 괴로워하고 힘들다면서 문제를 호소하지만, 문제의 핵심을 정확히 인정하지 않기에 더욱더 자신을 학대하는 그런 결과를 얻게 됩니다.

우리가 흔히 얘기하는 것 중에 '콜럼버스의 달걀'이 있습니다. 사람들이 달걀을 세울 수 없다고 생각할 때 콜럼버스는 한쪽을 탁 깨뜨려서 세웠습니다. 그제야 사람들은 "그건 누구나 할 수 있잖아"라고 반응했는데요. 이처럼 누구나 아는 길에 대해 사람들은 이상하게도 "그런 식으로 하면 안 된다"라고 말합니다. 좁고 험한 길만 인정하려는 걸까요? 이분 역시 나중에는 당연하다고 생각할 길을 그렇게 하면 안 된다고 믿고 있습니다. 스스로 "이래야 해, 저래야 해" 하고 규정한 원칙들이 많기 때문입니다. 연애에 있어 감성적인 매력을 가장 잘 보여주는 로맨티시스트 성향의 사람들이 매뉴얼 높은 삶의 방식을 추구할 때, 가장 잘 보여주는 어려운 모습입니다.

° 셜록황의 마음 처방

자신을 좀 더 다른 방향으로 이해 및 탐색하고 또 자신을 정확히 알면 그동안 자신이 하나의 해법이라고 생각하던 많은 것이 사실은 빈 껍데기였음을 알게 됩니다. 그러한 사실을 인식해야 하는데 그걸 알수 있도록 이끌어주는 사람을 만나지 못한 것은 안타까운 일입니다.

일단 고민을 해결하면 이분은 멋지게 살아갈 것입니다. 부모란 자신이 성인이 될 때까지 큰 학대만 없었다면 자기 삶에서 얼마든지 지워도 되는 존재입니다. 그런데 안타깝게도 이분은 부모가 남긴 지질한 유산에서 벗어나기는커녕 그걸 더 지질하고 힘들게 확인해야 자신이 잘 산다고 생각하는 심리 상태를 유지하고 있습니다.

현재 이런 성향의 사람에게 가장 필요한 것은 무엇보다 자신의 가치와 존재를 긍정적으로 인식하는 것입니다. '벼랑 끝에 서 있는 자신'을

자신의 성향이 어떤 것이든, 삶에서 자신에게 문제가 있다고 느낄 때,
아니 자신이 처한 상황이 불편하다고 느껴 거기서 벗어나고 싶을 때,
우리가 알아야 할 것은 '내 문제의 정체'입니다.

인정하고, 정말 자신을 사랑하는 마음으로 받아들여야 합니다. 자신만이 자신을 구제할 수 있는 유일한 사람이라고 인정해야 합니다. 스스로에 대한 긍정적 수용이 절대 필요합니다.

그리고 자신의 '존재 이유'와 현재 자신에게 필요한 '변화의 구체적인 과정'을 분명히 알아야 합니다. 이를 매일매일 자신을 칭찬하고 격려하는 행동 방식을 익혀야 합니다. 여기 익숙해질 수 있다면, 삶의 변화가 극적으로 일어날 겁니다. 스스로 만들어내는 괴로운 상태를 거부하고 벗어나려면, 자책이나 자기비하에서 벗어나야 한답니다. 무엇보다, 자신을 아름답고 멋있는 사람으로 인정하고 받아들이세요.

알콩달콩
흔한 연애가 부러워

친애하는 셜록황에게 ———

저는 20대 후반으로 남자 친구가 없는 외로운 솔로 직장인입니다. 요즘 제게 몇 가지 고민이 있습니다. 저는 지금껏 해외나 국내에서 열다섯 번 넘게 이사를 다니느라 늘 정든 친구들과 헤어지며 살아왔습니다. 그래서일까요? 한 번 인연을 맺은 사람은 가급적 우정을 오래 유지하려 애써왔는데 요즘에는 그것도 부질없다는 생각이 듭니다.

연락하며 지내는 친구는 많지만 제가 편하게 마음을 터놓고 지낼 만한 친구는 몇 명 없습니다. 또 정말로 친한 친구의 마음속 깊은 고민을 들어주긴 해도 제 속마음은 절대 털어놓지 않습니다. 조금은 두려운 마음이 있기 때문입니다. 이런 마음을 어떻게 해석해야 할까요? 때로는 죄책감마저 듭니다. 제 심리 유형을 분석한 결과 현재나 이상 모두 활동적이고 친화력이 좋은 성향으로 나왔는데요. 평소 행동을 보면 그 결과가 맞는지 의심이 갑니다.

사랑도 그렇습니다. 저는 지금까지 서른 번 이상 소개팅을 했고 그때마다 첫 만남에서 "편안하다", "오래 사귄 여자 친구 같다", "사귀고 싶다", "내가 찾던 이상형이다", "대화가 잘 된다" 같은 말을 들었습니다. 하지만 저는 상대방과 잘 맞는 느낌이 들지 않고 오히려 불편합니다. 이제는 '편안한 여자', '운명 같은 여자'라는 말도 듣기 싫습니다.

저도 다른 사람들처럼 제 마음에 들기 위해 노력하는 남자를 만나고 싶어요. 저도 제가 원하는 것을 얘기하고 싶고, 징징대기도 하고, 선물을 주고받고, 가끔 싸우긴 해도 헤어지지 않는 정상적인 연애를 하고 싶습니다. 저 같은 사람은 어떤 성향의 남자를 만나야 할까요? 제 문제점은 어떻게 고쳐야 할까요? ──

뭐래, 나도 공주 대접 받고 싶다고!

이분의 고민은 자칫 자기자랑처럼 들릴 수 있습니다. 남자들이 이렇게 평가해주면 날아갈 듯한 기분에 사로잡히는 여성도 많으니까요. 많은 남자가 호감을 보이며 처음 만나는 자리에서 "편안하다", "오래 사귄 것 같다", "한번 사귀어보자" 같은 말을 하면 여성들은 대개 좋아합니다. 그런데 이분에게는 그런 말들이 마음에 와 닿지 않아요. 아무래도 사연을 좀 더 정확하게 이해해야 할 듯합니다.

이분은 스스로를 20대 후반으로 남자 친구가 없는 솔로 직장인이라고 표현했는데, 이분에게 남자 친구가 없는 것은 사실 같아요. 주목해야 할 것은 이분이 어린 시절부터 많은 사람을 사귀었고 그 사람들과 관계를 오래 유지했다는 점입니다. 대단히 훌륭한 특성이자 능력입니다. 문제는 그 많은 친구 중에서 마음을 터놓고 만나는 친구가 몇 명 없다는 거예요. 가령, 친구가 별로 없지만 그들 모두와 마음을 터놓고 지낸다면 '소품종 소량 생산' 주의로 친구관계를 맺는 것입니다. 한데 이분은 '다품종 소량 생산' 상황에 처해 있습니다. 여기에 핵심이 있어요. 이분의 마음이 불편한 첫 번째 이유는 자신이 많은 친구 모두와 마음이 통해야 한다고 생각하는데 현실적으로 그렇지 않기 때문입니다. 자신이 아는 모든 친구와 마음이 통하기를 바라는 것은 굉장히 큰 기대입니다. 희망이 너무 커요.

이분은 편안하고 운명 같은 여자가 아니라 조금은 도도한 연애를 하고 싶어 합니다. 남자가 "당신은 편안하고 운명 같은 여자입니다"라고 말했을 때 여성들은 어떤 기분이 들까요? 20대 후반이면 약간은 대접을 받으면서 공주처럼 연애하고 싶은 마음도 있을 텐데요. 이럴 때 '편안하고 운명 같은 여자'라는 말을 들으면 여성은 상대방이 자신을 연애 상대라기보다 결혼해서 자기를 잘 보필해줄 것 같은, 즉 맏며느리 같은 사람으로 본다는 느낌을 받습니다.

사실 남자의 입장에서 '편안하고 운명 같은 여자'라고 말하는 것은 그야말로 최고의 고백입니다. 하지만 "너를 만난 지 얼마 되지 않았지만 내 모든 것을 주고 싶고 너와 평생을 함께하고 싶다"라는 남자의 찬사를 여자는 '나를 뭐로 보는 거야? 나를 쉬운 여자로 보는 거야? 지금 나더러 너희 집에 가서 부엌데기를 하라는 거야!' 하는 뉘앙스로 받아들입니다. 게다가 첫 만남에서 그러한 얘기를 들었으니 발끈하는 것도 당연해요. 그런데, 한편으로 이런 상황은 이분이 그만큼 매력적이라는 것을 의미합니다.

。내 안엔 내가 너무도 많아

이분은 기본적으로 사람들과 비교적 잘 지내고 상대방을 편안하게 해주는 재능을 갖추고 있습니다. 다른 사람들과 관계 맺는 것을 상당히 좋아하고, 그 방면에 능력도 있고, 타인에게 관심도 많아요. 관계에 신경을 쓰면서 잘 지냅니다. 사실 이분처럼 어린 시절에 만난 친구와 오랫동안 연락을 유지하면서 지내는 것은 결코 쉬운 일이 아니거든요.

사람을 좋아하고 다른 사람과의 관계를 중요시하는 이런 성향의 사람들은 누군가를 만날 때 상당한 친화력을 보이고 타인과 잘 지내는 것처럼 보이지만, 막상 상대방과 헤어지고 나면 그 사람과 무슨 얘기를 나눴는지조차 잘 기억하지 못합니다. 많은 사람에게 에너지를 쓰느라 어느 한 사람의 본질이나 내면에 대해 잘 파악하지 못해요. 인간관계가 넓기는 한데 깊이가 없습니다. 이분 역시 사람은 많이 알고 있어도 그들 각각과 어떤 측면에서 공감을 나누거나 감성적으로 공유한다는 느낌을 받지 못해요. 만나는 사람은 많아도 어딘가 모르게 늘 허전하고 공허한 이유입니다.

더구나 이분에게는 오지랖 성향뿐 아니라 세심하고 감성적인 성향도 있습니다. 이런 성향은 대개 누군가가 자기 마음을 읽어주기를 강력히 바라는데, 흥미롭게도 이분에겐 이런 두 가지 다른 성향이 공존합니다. 무수리가 되어 오지랖 넓게 다른 사람 일에 관여하고 싶은 마음과 다른 사람이 자신을 공주처럼 여겨주기를 바라는 마음이에요. 서로 완전히 다른 두 가지가 한 사람의 마음에 들어 있는 것입니다. 그런데요, 스스로 무수리처럼 행동하는 사람을 남들이 공주로 대접할 수 있을까요? 정말 힘든 일입니다. 스스로 무수리처럼 행동하고는 상대방이 "당신은 무수리 같아요. 그래서 참 편해요", "무수리 같은 당신이 내게는 운명이에요"라고 하면 이분은 이렇게 반응합니다. "아니, 이놈이 나를 자기 집 무수리로 아나!" 공주로 대접받고 싶은데 무수리 취급을 하니 짜증스러운 것이지요.

이분은 남자를 편안하게 대할 줄 아는 성품을 갖췄고 미모도 있어서 남자들이 반할 수밖에 없어요. 그런데 수없이 몰려드는 그들이 이분의 마음을 충분히 읽어주지 못합니다. 따라서 이분이 연애를 제대로 하려면 딱 필이 꽂히는 남자가 나타나야 합니다. 백마 타고 오는 초인이든 호동왕자든 말입니다.

° 온달은 됐고, 호동왕자라면 한 번쯤

이 사연의 주인공인 평강공주가 사랑할 남자를 찾는 심리는 우리가 알고 있는 이야기와 조금 다릅니다. 일면 재미있기도 해요. 왜냐하면 이분은 막상 바보 온달 같은 남자가 나타나면 "왜 저 모양이야" 하면서 곧바로 돌아설 테니까요. 그러니까 이분의 마음은 본인은 평강공주이되 잘 만들어진 호동왕자가 나타나기를 기대하는 겁니다. 평강공주의 역할은 싫어하면서 이야기의 결과만 바라는 셈인데요. 그러면서 "왜 나에겐 남자 친구가 없을까? 아, 외로워"라고 한탄합니다.

이분은 일단 잘난 남자에게 끌립니다. 오지랖 성향이 높은 여성은 일단 번듯하고 잘난 남자여야 눈길을 보냅니다. 아주 잘생기거나, 나름대로 능력이 출중한 남자라야 해요. 한마디로 눈이 높은 편입니다. 물론 이분은 자신의 눈이 높다고 절대 말하지 않습니다. 단지 자신이 매력을 느끼는 대상은 외모와 사회적 지위 같은 여러 조건을 모두 충족해주는 남자라고 할 뿐이지요. 네, 가장 만나기 힘든 유형입니다. 그런데 이분은 여기에 한 가지를 더 추가해서 남자 쪽에서 이런 마음으로 다가와주길 고대합니다. "나는 네 맘이 어떤지 잘 안다. 나는 너를 위해 모든 것을 희생할 수 있다. 나는 너만 바라보며 살 것이다."

문제는 잘생기고 능력 있고 배경도 있는 남자들은 이분이 바라는 것처럼 젠틀하게 행동하지 않는다는 데 있습니다. 보통 재수 없게 행동해요. 하지만 이분은 드라마 속 남자 주인공 같은 젠틀한 사람을 기대합니다. 그러니 얼마나 어려운 상황입니까? 이분도 그걸 알기에 차선책으로 남자에게 차이기도 하고 자신이 화를 내기도 하는 그런 알콩달콩한 연애, 흔한 연애를 바라는 것입니다. 물론 그런 남자가 세상 어딘가에 존재한다고 해도 이분이 그를 만날 확률은 제로에 가깝습니다. 왜냐고요? 그렇게 잘나고 멋진 남자가 있으면 자기 애인으로 삼지 왜 다른 사람에게 소개하겠습니까? 게다가 지금은 누구나 스스로를 공주라고 생각하면서 사는 시대잖아요. 바보 온달을 소개시켜줄 사람은 있어도 호동왕자를 이웃 공주에게 소개해줄 사람은 없다는 것, 이분에겐 좀 아픈 깨달음이지만 반드시 필요한 인식이라 생각합니다.

。셜록황의 마음 처방

이분은 자기 마음에 드는 멋진 남자를 스스로 찾아야 합니다. 일단 찾았으면 포기하지 말고 끝까지 붙잡으세요. 그렇다고 "너는 내 거야! 꼼짝 마!" 하면 남자들이 무서워할 테니 상대방이 먼저 "당신은 내 운명"이라고 말하게끔 만들어야 합니다. 물론 이분은 대놓고 애교를 부리는 성격이 아닙니다. 여우 스타일도 아니고요. 하지만 여우의 탈을 쓴 늑대가 되어야 합니다.

우선 타깃을 분명히 정하세요. "저 같은 사람은 어떤 성향의 남자를 만나야 할까요?"라고 물었는데, 이분은 '번듯하고 잘난 남자'면 어떤 남자든 상관없습니다. 또 "제 문제점은 어떻게 고쳐야 할까요?"라고 질문했는데 본인에게 큰 문제점은 없습니다. 다만 이제는 마음에 드는 남자를 타깃으로 삼아 스스로 공략해야 해요. 타깃이 내게 다가오기를 마냥 기다리고 있으면 안 됩니다. 그 타깃은 서 있기만 할 뿐 다가

오지 않을 테니까요.

일단 타깃을 발견하면 큐피드의 화살을 날리세요. 충분히 승산이 있습니다. 내면적인 연애는 모든 남녀가 잘할 수 있습니다. 문제는 그것을 어떻게 표출하느냐 하는 것인데요. 이분은 스스로 화살처럼 날아서 공략해야 연애가 이뤄집니다. 지금은 화살이 가만히 있으면서 타깃이 다가오기를 기대하기 때문에 문제가 되고 있는 것입니다.

무엇보다 주위에서 마음에 드는 남자를 찾아보세요. 사연을 보면 아직까지 주위에서 마음에 드는 남자를 찾아본 적이 없는 것 같습니다. 소개팅을 한 남자가 자신에게 대시하는 얘기만 했지 자신이 마음에 드는 남자에게 대시해본 이야기는 없네요. 자신감이 결여되었다는 뜻입니다. 아니나 다를까, 프로파일을 보니 자신을 표현하는 셀프 수준이 거의 바닥이에요. 자신이 왜 연애에 자신감 있게 대응하지 못하는지 한 번쯤 상담을 받아보는 것도 좋을 테지요.

어쩌면 이분은 연애에 대해 착각하고 있을지도 모릅니다. 연애할 때는 어떻게 해야 하는가에 대해 '이래야 한다' 혹은 '나는 이런 남자를 만나면 안 된다' 같은 생각을 할 가능성이 있다는 뜻입니다. 그뿐 아니라 연애 이후에 이어지는 결혼에 대한 두려움도 많습니다.

네, 이 정도면 자신이 안고 있는 문제의 초반은 이해했을 것입니다. 그다음에 자신이 어떻게 해야 하는지는 자연스럽게 파악했을 것이고요. 스스로 문제를 이해하기만 하면, 문제의 답은 수학문제를 풀 때처럼 찾아내기 수월해집니다.

힐링을 위한 조언이나 위로는 일시적으로는 달콤해요. 모르핀 같은 효과를
발휘합니다. 하지만 진정 변화를 원한다면 무엇보다 먼저 자신의 상황을
정확하게 인식해야 해요.

갑자기, 뒤늦게, 로맨스를 꿈꾸는 나 비정상인가요?

친애하는 셜록황에게 ————

디자인 관련 업종에 종사하는 40대 초반 여성입니다. 사람들은 제가 연애를 많이 해본 줄 압니다. 남자 친구가 없다고 하면 '설마' 하고요. 정작 저는 마흔 살이 넘도록 연애 한 번 제대로 해보지 못했는데 말입니다.

실은 '나이를 먹어도 내 일은 내 힘으로 하자', '완벽한 자유 추구' 등을 꿈꾸며 연애나 결혼의 가치를 평가 절하해왔습니다. 연애라고 하면 번듯한 남자와의 로맨스를 상상하는 데서 벗어나지 못했고, 조금이라도 '거래'라는 느낌이 들거나 내 배경을 좋아하는 듯한 남자를 만나면 경멸했습니다. 차라리 내 손으로 벌어먹고 집도 사서 누구의 간섭도 받지 않고 자유롭게 사는 것이 낫다고 생각했지요. 주변에서 보는 커플이 대부분이 금전적으로든 심리적으로든 고생하는 것 같아 부럽기는커녕 한심하게 생각했습니다. 물론 그렇게 살 자신도 없었어요. 체력도 약하고 혼자 있는 시간도 많이 필요한 제가 아내, 주부, 며느리, 자식, 엄마의 역할을 하며 산다면 산산이 부서지고 말 테니까요.

그런데 몇 년 전 갑자기 찾아온 노화와 건강 악화로 당혹스럽던 차에 주변에 부모형제 외에는 아무도 없다는 것을 깨닫고 우울해졌습니다. 몇 달 고생하다가 이겨내긴 했는데 그 계기가 되어준 게 바로 주변 사람들과의 소소한 대화였습니다. 요즘 무슨 영화가 재미있느냐 같은 아주 소소한 대화였지요. 이후로 일을 잘하고 인정받는 것을 가장 중요시하던 제가 사람들과 일상적인 얘기를 하는 것에 재미를 붙였고, 일부러 기회를 만들어서라도 사람들을 만나려 노력하고 있습니다.

동시에 누군가와 함께 살고 싶다는 생각이 드는데 문제는 주변이 텅 비어 만날 사람이 거의 없다는 점입니다. 사람들과의 관계 속에서 친근함을 찾는 것은 거의 불가능해 보입니다. 연애를 못하는 더 큰 걸림돌은 이 나이에도 로맨틱한 만남을 포기하지 못하겠고 거래하는 느낌은 여전히 싫다는 것입니다. 로맨스를 꿈꾸기엔 나이가 너무 들어버린 걸까요? 20대, 30대에는 정말 많은 기회가 있었는데 지금은 아무리 기다려도 기회가 오질 않네요. ———

못 한 게 아니라 안 한 거야

'지금 연애를 하고 싶다'는 이분은 대체 어떤 연애를 원하는 걸까요? 본인은 "이 나이에도 로맨틱한 만남을 포기하지 못하겠고 거래하는 느낌은 여전히 싫다"라고 했지만 제가 보기엔 결코 로맨틱한 연애를 꿈꾸는 것 같지 않아요. 이분은 40대 초반까지 잘 살아왔어요. 부족한 게 없다 보니 연애에 대해 별로 관심이 없었습니다. 연애는 보통 나보다 잘나고 좀 번듯한 사람을 만나고 싶은 마음에서 시작하는데 본인이 모든 면에서 평균 이상이라 별 생각이 없었던 겁니다. 어떻게 아냐고요? "사람들은 제가 연애를 많이 해본 줄 압니다. 남자 친구가 없다고 하면 '설마' 하고요"라고 말하잖아요. 잘생기고 예쁜 사람을 보면 흔히 '저 사람은 연애 좀 해봤겠다'고 생각하는 게 보통입니다.

이분은 자신의 감정이나 감성 같은 사적인 영역을 보장 받고 싶어 합니다. 세심하고 감성적이며 겸손하고 협조적이에요. 이런 성향을 가진 분이 디자인과 관련된 일을 하는 것은 매우 자연스럽습니다. 제가 경험한 바로는 디자인 분야에서 일하는 분들 중 대다수가 이런 성향을 가졌더군요. 그들은 일반적으로 자기 몸이 약하다고 생각하면서 한 떨기 꽃과 같은 심리 상태로 '왜 주위 사람들은 이토록 거칠고 아름답지 못할까'라고 생각합니다. 이분은 또한 "주변 사람들이 당신의 성격을 어떻게 평가하나요?"라는 질문에 "신뢰가 간다고 해요"라고 답합니다. 이분이 평소 다양한 덕목 가운데 '신뢰'를 매우 중요한 가치로 여긴다는 뜻인데요. 이런 성향의 사람들은 자신에 대해 다음과 같이 생각합니다.

'나 같은 사람이 어디 있어? 내가 얼마나 잘났고 멋있는데. 나는 쟤들처럼 저렇게 지질하게 살고 싶지 않아. 아니, 왜 저런 남자를 만나 고생하면서 살아. 내가 뭐가 아쉬워서.'

자신을 바라보는 이미지에 맞추어 자신의 삶을 만들어가려고 하는 거죠. 그렇다면 이들이 가진 연애의 구체적인 모습은 어떨까요? 또 다른 성향의 사람들은 연애에 대해 어떻게 생각할까요?

생활 연애와 결혼 연애

연애와 결혼은 다릅니다. 연애라고 하면 많은 사람이 이성과 만나 알콩달콩 지지고 볶으면서 즐겁고 행복하게 지내는 것을 떠올립니다. 더러는 싸우고, 심하면 헤어진 뒤 다른 사람을 찾기도 합니다. 주변에서 흔히 볼 수 있는 이런 연애를 '생활 연애'라고 합니다. 생활 연애를 하는 사람은 연애가 곧 생활이지요. 이들은 시도 때도 없이 문자하고 통화하고 하루의 많은 부분을 함께 나눕니다. 그러면, 생활 연애를 계속하면서 진도를 나가긴 하지만 그냥 연애만 하고 싶고 결혼할 생각은 없는 연애도 있을까요? 아주 많습니다.

'이 사람과 결혼할 수 있을까? 이 사람을 만나면 부모님은 뭐라고 할까? 2년 후 우리는 어떻게 될까? 1년 후에는 뭘 하고 지낼까?'

이처럼 서로 잘 놀고 나서 갑자기 '우리 관계는 대체 뭘까?'라는 질문이 떠오를 때 깜짝 놀라는 연애가 바로 '결혼 연애'입니다. 생활 연애를 하는 많은 사람이 시간이 흐르면서 자연스럽게 결혼 연애로 이어지길 원합니다. 연애가 결혼이라는 또 다른 상황으로 바뀌는 것을 다들 정석으로 여기니까요. 그러나 두 사람의 마음이 딱 맞아떨어지기란 매우 어려운 일입니다. 상당히 드물지요. 제가 연구해본 결과 처음에 생활 연애로 시작했다가 결혼 연애로 가는 확률은 10분의 1 수준입니다.

아예 생활 연애를 건너뛰고 결혼 연애를 한 뒤 곧바로 결혼하는 경우도 있습니다. 나이 문제일 수도 있지만, 주로 어떤 경로로 만났는지가 큰 영향을 줍니다. 예를 들어 중매나 결혼정보업체를 통해 만나게 된 경우라면, 특별히 생활 연애를 기대하기 쉽지 않습니다. 목적지가 분명하기에 결혼 연애가 기본이 됩니다. 그런 분들에게 우리는 대개 "어떻게 만나셨어요?" 하고 묻습니다. 이 질문의 답이 곧 그들 연애의 정체에 대한 기본 정보를 주니까요. 이때 나오는 답은 대개 "친구 소개로 만났다" 아니면 "우연히 만났다"입니다. 처음부터 결혼 연애를 시작했지만, 결혼을 목적으로 만났다기보다 생활 연애로 시작했다고 느끼고 싶은 마음과 남들에게 그렇게 보이고 싶은 마음의 발로지요.

결혼 연애와 생활 연애를 구분할 수 있는 것은 연애의 강도와 속도가 아니라 시간의 길이입니다. 대학에 다닐 때 만나거나 20대 초반 혹은 중반쯤 만나 최소한 연애 기간이 3년에서 5년에 이르면 그들은 생활 연애 상태에서 결혼 연애로 넘어간 것이라고 할 수 있어요. 생활 연애라고 이야기하려면 두 사람의 관계가 최소한 2~3년은 넘어가야 한다는 뜻이랍니다.

연애를 하다가 결혼했다고 하는 사람들도 대부분 생활 연애에서 결혼 연애로 넘어갔다기보다 결혼 연애로 시작해서 결혼으로 간 경우가 많습니다. 예를 들어, 20대 후반에 만나 1년 반이나 2년 정도 사귀다가 깨지거나 결혼으로 넘어가면 결혼 연애입니다. 이런 연애는 두 번 이상 하기 쉽지 않으며, 갈수록 연애 기간이 짧아집니다. 이미 연애에 대해서 다 알고 있는 터, 결혼을 위한 대타협의 시간을 일부러 길게 끌고 갈 필요가 없으니까요. 이런 이유 때문인지 나이 들수록 결혼이 힘든 게 아니라 연애가 더 어렵다는 생각을 하게 됩니다. 연애의 목표 또한 결혼이 되고요. 결국 연애를 조금 아는 상태에서 결혼에 이르는 셈인데, 결혼을 결정하는 속도가 나이에 비례해 빨라져야 한다는 강박도 갖게 됩니다.

부모용 연애와 의리 연애

결혼을 위한 연애에 결혼 연애만 있는 것이 아닙니다. 연애를 하는 느낌이 없는 결혼 목적의 연애를 '부모용 연애'라고 부릅니다. 이런 연애는 결혼에 대해 아무 생각이 없거나 결혼은 부모의 조언에 맞춰서 하는 것이 좋다고 생각하는 사람들이 선택합니다. 또 "얘, 넌 절대로 아버지 같은 사람과 결혼하지 마라. 너는 엄마의 실수를 반복하면 안 된다. 결혼은 뭐니 뭐니 해도 조건이 맞아야 해"와 같은 이야기를 듣고 자란 여성들의 선택지이기도 하고요.

이처럼 부모가 말하는 조건에 맞는 남자, 번듯한 남자와 시작하는 연애를 '부모용 연애'라고 합니다. 이런 만남을 유지하면서 본인들은 효자, 효녀가 되었다고 착각하는데, 요즘은 이것을 '스펙'에 맞춘 결혼이라고 합니다. 좋은 스펙을 가진 사람이 직장을 잘 잡듯이 '좋은 스펙'을 가진 배우자를 찾는 마음입니다. 이들도 일정 기간 연애한 다음 당연하다는 듯 결혼합니다. 아예 처음부터 부모가 만들어준 배경 안에서 주위 어른들의 소개로 만나는 사람들도 꽤 많습니다. 전통적인 중매가 바로 부모용 연애의 전형입니다. 요즘은 자신의 스펙에 맞춰 이런 연애를 추구하는 사람들도 있습니다. 하지만 이들은 대개 연애에 대해 잘 모릅니다. 그저 남들처럼 하면 된다고 생각하지요.

그다음으로 많은 것이 '의리 연애'입니다. 일단 두 사람 사이에 의리가 생기면 이어서 즐겁고 신나는 어떤 이벤트가 따릅니다. 단순히 영화를 보거나 차를 마시는 것부터 상당히 진한 스킨십까지 뭐든 있어야 연애가 이어지지, 그것이 없으면 깨집니다. 그냥 대화를 나누는 것은 연애가 아니고 친구끼리 하는 수다에 불과하잖아요? 사실 의리 연애에는 대화가 필요 없습니다. 오래된 친구처럼 이들의 관계도 오래되었고, 서로의 몸에 대해서도 친숙한 그런 연애입니다. 이런 의리 연애의 마음이 강한 사람에게 상대방은 '특별한 내 사람'이라거나 '특별한 그 사람'이 아닙니다. 오래 묵은 김치처럼 때로는 나를 아프게도 하지만, 이미 미운 정 고운 정이 다 들었기에 '의리'로 관계를 유지할 뿐입니다. 비교적 오래 같이 산 중년 이상의 부부들이 자신의 결혼 상태를 마치 의리 연애인 것처럼 표현하는 경우도 많이 보았습니다.

˚ 연애의 얼굴은 다양하다

생활 연애를 꿈꾸다가 현실적으로 결혼 연애 모드로 곧장 들어갈 수도 있고, 생활 연애를 꿈꾸는데 부모의 영향으로 부모용 연애를 하면서 생활 연애를 한다고 착각할 수도 있습니다. 결혼 연애로 생각했는데 그냥 의리 연애로 지내는 경우도 있고요. 연애를 언제 어떻게 시작하고 그것이 어떤 식으로 변질되는가는 사람마다 다릅니다.

우리가 막연히 생각하는 연애의 전형적인 모습은 생활 연애로 시작해 결혼 연애를 하는 동시에 부모용 연애가 되어 결혼으로 가는 것이지요. 그게 여의치 않으면 의리 연애로 가다가 또 다른 결혼 연애 대상을 만나 결혼하기도 합니다. 그러니까 오랫동안 사귄 건 저 사람이고, 지금 오랫동안 같이 사는 건 이 사람인 거지요. 머릿속에서 이런 식의 연애 스토리가 만들어지는 것이 일반적인 연애의 다양성입니다. 그만큼 경우의 수가 굉장히 많습니다.

여기까지가 연애의 절반입니다. 이런 기본적인 상식 없이 연애에 대해 상담을 하는 것은 최악입니다. 또 다른 연애는 지금까지 말한 연애가 잘 이뤄지지 않거나 그 연애와 완전히 다른 심리적 차원에서 하는 연애를 말합니다. 생활 연애의 다른 심리적 차원은 무엇일까요? 바로 '연애의 휴지기'입니다. 생활 연애가 '온on 연애'라면 이것은 '오프off 연애'라고 할 수 있는데요, 한마디로 불이 꺼진 상황입니다. 연애의 불이 꺼진 상황에서는 항상 예전에 사귀던 사람의 이야기를 할 가능성이 큽니다. "예전이 어땠다, 예전에 해봤다" 같은 이야기들이 많이 나오지요. 이것도 연애의 한 종류입니다. 사연을 주신 분처럼 뒤늦게 연애를 원할 때, 가장 중요한 것은 현재 자신이 어떤 연애를 원하는지 분명히 아는 것입니다. 자신이 연애의 대상에게 원하는 것은 무엇인지 아는 것이 연애의 출발점이니까요.

결혼 연애의 반대는 무얼까요? 여기에 대해 많은 사람이 헷갈립니다. 우리가 결혼하기 위해 누군가와 사귈 때 그 사람을 내 주위 사람들에게 보여주고 싶을까요, 그렇지 않을까요? 당연히 보여주고 싶습니다. 그럴 경우 그 사람에 대해 어떤 이야기를 하고 싶을까요? 주위에서 어떤 사람이냐고 물었을 때 뭐라고 소개하겠습니까? 대다수는 소위 말하는 좋은 스펙을 보여주려고 합니다. 이런 연애를 '쇼윈도 연애'라고 합니다.

이는 어떤 사람에 관해 말할 때 기본적인 스펙 중심으로 소개하는 것인데요. 대표적으로 결혼정보업체에서는 결혼을 염두에 둔 쇼윈도 연애를 권합니다. 백화점 쇼윈도에 늘어놓은 다양한 물건 중 내 마음에 드는 것을 선택하는 연애 심리라고 해서 쇼윈도 연애라고 하지요. 실제로 결혼정보업체를 통해 사람을 만나면 90퍼센트 이상이 쇼윈도 연애 심리로 들어갑니다. 결혼 연애가 결혼이라는 목적 아래 진행되듯 쇼윈도 연애도 마찬가지입니다.

그런데 말입니다. 쇼윈도에 있을 때는 멋져 보였던 명품이 직접 사용해보니 마음에 들지 않는 거예요. 상상했던 거랑 많이 다릅니다. 그래서 반품을 요청하지만 상대방은 정색하고 도리질을 합니다. "교환이나 환불은 절대 안 됩니다!" 하면서요. 안타깝게도 이 같은 쇼윈도 연애의 결과로 대한민국에 이혼 미시들이 늘어나고 있답니다. 쇼윈도 연애의 경우 본인은 절대 쇼윈도 연애라고 인정하지 않지만 본인이 인정하든 인정하지 않든 심리적인 사실은 쇼윈도 연애입니다.

사람들은 보통 자신이 의식하고 인정하는 것만 자기 심리라고 생각합니다. 의식하기 싫고 기분이 나빠지는 마음은 자기 게 아니라고 여겨요. 그것을 밖으로 끄집어내서 대표적으로 욕을 얻어먹은 양반이

프로이트입니다. 21세기 대한민국에서는 저 셜록황이 프로이트와 비슷한 입장에서 사회적으로 한 소리를 듣고 있답니다.

한국 사회에서는 쇼윈도 연애가 대세입니다. 소개팅을 하고 난 뒤 처음에는 솔깃해서 만나다가 점점 고개를 갸우뚱하지요. 그래도 좀 더 만나봐야지 싶어서 두 번, 세 번 만나도 역시 별로일 경우에는 마음의 상처를 입고 헤어집니다. 또 다른 제품을 시도해보지만 역시 시답지 않아요. 그러다가 점차 연애하기 힘들다는 자괴감에 빠집니다. 내게 맞는 사람이 없어서가 아니라 기본적인 연애 심리가 쇼윈도 연애인 탓입니다. 하지만 쇼윈도 연애가 반드시 나쁜 것만은 아닙니다.

° 보헤미안 연애

고상하고 환상적인 연애를 원하는 사람에겐 '보헤미안 연애'가 어울리겠군요. 보헤미안 연애는 영혼이 자유로운 사람들이 추구하는 연애입니다. 서로를 구속하지 않으면서 쿨하게 만나고 상대를 존중해주는 소위 말해 카사노바의 연애입니다. "나는 너하고 있을 때는 너만 생각해. 다른 여자랑 있으면 그 여자만 생각하고!" 이렇게 말하는 거죠. 얼마나 멋지고 쿨한가요? 연애 감정이나 사랑이 꼭 한 사람에게만 머물 필요는 없습니다. 사랑은 움직이는 것이니까요.

이 같은 보헤미안 연애의 특성 때문에 많은 이들이 '즉흥 연애'와 헷갈리기도 합니다. 즉흥 연애의 핵심은 엔조이enjoy, 즉 원나잇one night입니다. 클럽 같은 곳에서 만나 하룻밤을 즐기는 연애가 대표적이에요. 즉흥 연애의 연속이 보헤미안 연애라고 생각하기도 합니다. 하지만 이는 잘못된 생각입니다. 왜냐하면 즉흥 연애는 상대가 누구인지 중요하지 않거든요. 즉흥 연애의 목적은 그냥 하룻밤을 같이 즐기는 것일 뿐 사람이 중요하지 않아요. 다음날이면 잊거나 잊힐 테니까요. 하지만 보헤미안 연애는 우리가 소설이나 시에서 언급하는 그 사랑, 바로 그 마음에서 비롯됩니다. 정체를 알 수 없는 '님'이 바로 보헤미안 연애를 통해 만나는 그분이거든요.

○ 연애보다 궁금한 나

연애가 헷갈릴 때 '내가 누구인지' 먼저 아는 것이 정리에 도움이 됩니다. 나를 안다는 것은 곧 연애를 통해 내가 어떤 욕망을 충족하고 싶어 하는지를 아는 것이니까요. 연애를 생각할 때 많은 경우 자기감정 그 자체보다 상대방의 스펙과 조건을 중시하는 경향이 있는데, 사연을 보낸 분 역시 그런 걸 따지느라 마흔 살이 될 때까지 연애다운 연애를 하지 못한 것입니다.

이분은 스스로 연애라고 말은 했지만 자신이 생각하는 연애가 무엇인지도 모르고 막연히 연애 사연을 보냈습니다. 자기가 찾는 연애의 정체가 무엇인지 곰곰이 생각해본 적도, 열심히 찾아본 적도 없는 채 말입니다. 그러다 어느 날 갑자기 누군가에게 연애 감정 비슷한 걸 느낀 거예요. 소소한 생각을 나누고 공감을 받아보니 기분이 썩 좋았거든요. 하지만, 이것은 연애가 아니라 '수다'입니다. 연애에 대한 감이 전혀 없다 보니 이런 착각을 하는 거죠. 더 놀라운 사실은 이분은 정작 수다를 통해서도 연애 감정을 느껴본 적이 없다는 점입니다.

어떻게 이런 일이 일어날까요? 이유는 간단합니다. 지금까지 이분이 아쉬운 것 없이 살아왔기 때문입니다. 게다가 이분은 가족 외의 다른 사람과 자기감정을 공유할 필요를 거의 느끼지 못했어요. 한마디로 주변 사람들을 굉장히 차갑게 대했습니다. 겉으로 보기에는 늘 주변 사람을 예의바르게 대하지만, 그 이상은 한 발자국도 들어가려 하지 않습니다. 누군가를 알고 싶어 하지도 않고요. 심지어 누군가가 자신에 대해 알고 싶어 하면 철벽을 두른 듯 꽁꽁 차단해버립니다. 그러니 수다 같은 건 어림도 없었겠지요.

이런 분은 자기 일에 몰두하고 자신의 일에서 즐거움을 찾는 유형입니다. 하지만 완전히 일에만 몰입하는 건 아니에요. 일도 딱 필요한 만큼만 하고 집에 가서 가족과 함께 지내는 것을 선호해요. 그러면서 한편으로는 여러 가지 책임과 의무 때문에 자신이 회사에 나가지 않으면 다음 날 회사가 망하는 줄 알고 나름대로 최선을 다합니다. 이분에게는 가족이 매우 중요합니다. 스스로 관리하지 않으면 가족이 해체되기라도 하듯 불안해합니다. 이런 마음을 모르는 사람들은 이분을 능력 있고 멋지게 살아가는 여성이라 생각할 겁니다. 당연히 감성적인 외로움에 시달릴 거라고 추측하지 못했을 테고요. 그저 늘 '너 잘난' 여성으로 보였기에 연애를 하지 않았다고 하면 모두가 놀랄 뿐입니다.

사연으로 확인할 수 있는 이분의 문제는 자신이 생각하는 '진짜 본인의 모습'과 '다른 사람이 보는 자기 모습' 사이에 커다란 갭이 있다는 겁니다. 무엇보다 이분은 자신의 삶이나 자기 자신에 대한 이해가 부족해요. 연애 문제도 마찬가지입니다. 이해가 부족한 상태에서 '갑자기, 뒤늦게' 연애가 하고 싶어진 겁니다. 대체 이 연애의 정체는 무엇일까요? 아니, 이분은 왜 이제 와서 연애 감정을 느끼고 싶어 할까요?

몇 가지 배경을 짐작해볼 수 있습니다. 우선 그동안 자신이 안정적으로 감성을 충족시켰던 가족 관계에 모종의 해체가 발생했을 수 있어요. 믿고 의지했던 어머니의 건강이 나빠지는 것처럼 본인에게 안정감을 주던 생활의 틀이 바뀌었을지도 모릅니다. 자신이 혼자라는 느낌을 훨씬 더 많이 받도록 사건이 일어난 것이지요. 하지만 그 문제가 경제와 관련될 확률은 적습니다. 왜냐하면, 스스로 먹고살 만큼 돈도 모았고 전처럼 많이 일하지 않아도 지낼 만하다고 이야기했거든요. 이 경우, 남은 시간을 누구와 함께 보낼지 고민스러운 것입니다.

이 여성은 지금 연애라고 할 만한 것을 꿈꾸는 것이 아닙니다. 그냥 자신과 소소한 감성을 나누고 자신이 마음 편하게 한 발 더 다가가 고민과 감성을 공유할 수 있는, 어찌 보면 절친한 친구나 형제 같은 사람을 원하는 거죠. 아주 오래 사귄 친구처럼 편하지만 내 생활에 간섭하지 않고 마음만 공유하는 것을 연애라고 생각하고 있으니까요. 바로 '의리 연애'와 비슷한 감정을 가진 누군가와 '생활 연애'를 즐기고 싶은 마음입니다. 안타깝게도 '즉흥 연애'나 '보헤미안 연애'는 아닌 듯하군요. 적어도 10년 이상 결혼생활을 한 것 같은 마음으로 자신과 생활을 공유할 수 있는 그런 사람을 찾는 것입니다. 결혼도 하지 않았고, 오랫동안 연애를 하지 않은 사람이 이런 감성을 공유하고 싶어 연애를 꿈꾼다는 게 참 난감합니다. 뭔가 앞뒤가 맞지 않잖아요. 자신의 문제를 정확히 파악하지 않고 막연한 정답을 원해서 이 같은 상태에 이른 것입니다.

° 셜록황의 마음 처방

남은 시간을 누군가와 함께하면서 연애 감정을 느끼고 싶다면, 일단 두 가지 방안을 생각해볼 수 있습니다. 무엇보다 생활에서 다양한 사람들을 만날 수 있는 기회를 만들어야 해요. 이왕이면 그들이 사연자가 일하는 영역이나 일상에서 쉽게 접할 수 있는 사람들이면 좋겠습니다. 요즘 동호회에 가입하여 사랑의 대상을 찾았으면 하고 기대하는 분들이 꽤 있는데요. 사연을 주신 분도 비슷한 욕망을 가졌다고 볼 수

사람들이 어떤 사람에게 기대하는 것은
'그 사람이 가장 잘하는' 모습이 아닐까요?

있습니다. 그들과 수다를 떨면서 과거에는 무심하게 지나쳤던 관계를 이제 감성을 공유하는 새로운 관계로 발전시키고 싶어 합니다. 매우 사소한 시작처럼 보이지만 어쩌면 자신의 삶을 변화시킬 단초가 될지도 모릅니다.

인간의 욕망은 진화하게 마련입니다. 서 있으면 앉고 싶고, 앉아 있으면 눕고 싶고, 누워 있으면 자고 싶어져요. 이런 모습은 인간관계에서도 똑같이 일어납니다. '이제껏 내 삶의 범위가 좁았구나' 하고 인정하면서 그 범위를 넓혀갈 궁리를 해야 합니다. 또래가 아닌 사람들에게도 관심을 돌려보세요. 그동안 다른 사람들이 자신에게 조금이라도 관심을 보여주기를 기대하셨잖아요? 그런데 또래 남성이 40대 초반의 여성에게 관심을 보이기는 힘듭니다. 거의 다 유부남이니 자신에게 관심을 달라고 할 수도 없고 또 상대방이 관심을 주기도 어렵잖아요. 이럴 때는 차라리 유부남이 아닌 '어린 남자'에게 관심을 돌려볼 수 있을 겁니다.

여행을 많이 다니는 것도 하나의 방법입니다. 사연에서 체력이 약하다고 하셨지만, 여행을 다니다 보면 오히려 몸이 건강해집니다. 무작정 막연히 떠나는 그런 여행이 아니라 화제와 토픽을 가지고 나름대로 탐구하고 이야기를 나누며 여행하는 그런 이벤트를 알아보세요. 자신과 전혀 다른 사람을 공통된 화제를 다리 삼아 자연스럽게 만날 수 있는 최적의 기회입니다. 그들과 소통하고 수다를 떨다 보면 어느새 삶의 반경이 한 뼘 넓어져 있을 겁니다.

오늘부터 실천해보세요. "연애를 하고 싶은데 어떻게 해야 되나?" 하면서 고민만 하지 말고 폭넓게 교제하면서 마음이 맞는 사람을 찾아보세요. 마음에도 없는 남자, 아무리 생각해도 지질한 남자를 만나서 억지로 '알콩달콩 연애'를 고집할 필요가 과연 있을까요?

짝사랑 말고
둘이 하는 사랑

친애하는 셜록황에게 ———

좋아하는 이성이 있는데 사적으로 전혀 연결고리가 없는 사람이라 친해지지 못해요. 그분도 굉장히 내성적이고 저도 비사교적이다 보니 친해지기가 무척 어려워요. 무엇보다 고민스러운 제 모습은 그분이 몇 번 친근하게 다가오려 했는데 제가 눈을 피해버리거나 엉뚱한 짓을 했다는 것입니다. 대체 왜 이러는 걸까요?

어릴 때부터 이성뿐 아니라 동성 친구 사이에서도 친해지고 싶은 아이에겐 말을 못 붙였습니다. 그러다가 상대가 다가오면 일부러 먼저 피하거나 대충 얼버무려요. 그분에 대해서는 아는 게 전혀 없으면서도 하루 종일 그분만 생각할 정도로 좋아하고 있어요. 몇 달째 그렇습니다. 잘 알지도 못하는 사람을 가슴 두근거리며 좋아하는 것도, 이처럼 하루 종일 생각하는 것도 모두 비정상인 것 같아요. 적극적으로 대시해볼까 하다가도 제 스스로 설정한 이상적인 이성상에 그분이 부합하지 않을지도 모른다는 생각에 그만두곤 합니다. '분명 오래가지 못할 것이다',

'내가 먼저 질릴지도 모른다' 같은 걱정을 하는 거예요.

저는 연애 경험이 많지 않습니다. 좋아하는 이성과 연애를 해본 적은 한 번 있고요. 생각해보니 저는 주로 짝사랑을 하는 것 같아요. 하루 종일 일하면서도 틈이 날 때마다 그 사람을 생각합니다. 짝사랑이 끝나거나 주변에 짝사랑할 사람이 없으면 지나간 사람을 그리워하면서 미련을 떱니다. 이성적으로는 더 이상 좋아할 이유도 없고 나쁜 점을 충분히 아는데도 말이지요.

이러다 보니 제가 정말 그분을 좋아하는 건지 아니면 좋아하면서 무슨 대리만족을 하는 건지 잘 모르겠습니다. 제 시간을 생산적인 데 투자하고 싶습니다. 일에 더 집중하고 책도 읽고 창작도 하고 싶습니다. 그런데 하고 싶다고 생각할 뿐 실행에 옮기지는 않아요. 틈나는 대로 좋아하는 이성에 대한 생각이나 고민만 합니다. 일에 재미를 붙이지 못해서 그런 걸까요? 곰곰이 되돌아보니 학교에 다닐 때도 이랬다는 생각이 듭니다.

저는 예체능 분야에 종사하는데 남들의 눈에는 제가 하고 싶은 일과 꿈을 찾아 원하는 길로 착착 나아가는 것처럼 보일 겁니다. 물론 저 역시 비전도 꿈도 있지만, 현실적으로는 직장 4년 차인데 불구하고 겉보기와 달리 노력이 미미했습니다. 일에 온전히 집중하지 않고 열심히 짝사랑하는 데 에너지를 써온 것 같습니다. 짝사랑 상대와 잘되지 않으면 다른 사람을 찾아 떠나면 그만인데 대시조차 못했다는 아쉬움이 있는 데다가 혼자서도 즐길 게 많아서 그런지 새로운 모임에 나가거나 찾아 나설 마음은 생기지 않습니다. 제가 좋아하는 사람과 건강한 연애를 하려면 어떻게 해야 하는지, 또 일에 집중하려면 어떻게 해야 하는지 궁금합니다. ———

상당히 가슴이 짠하면서도 아름다운 사연입니다. 지금 그 남자를 짝 사랑하는 게 더 좋은 것이라는 생각도 듭니다. 짝사랑은 거부당할 염 려가 없잖아요. 사랑하는 마음이 만들어내는 짜릿한, 아니, 아릿한 느 낌을 편안하게 즐길 수만 있다면, 이것보다 더 좋을 수는 없습니다. 하 지만 단순히 음미하는 수준이 아니라 정말 맛도 보고 싶은 게 우리 감정이 만들어내는 아픔이죠. 정말, 어떻게 하면 좋을까요?

이분은 매우 감성적인 로맨티시스트 성향의 사람이라 자신이 느끼 는 감정을 분명히 인지합니다. 하지만 행동으로 옮기지 못합니다. 상당 히 주저해요. 마음속으로 수십 번, 수백 번 생각하지만, 진전은 없습 니다. 이런 성향을 가진 여성들은 대개 상대방이 자신에게 '대시해도 된다'는 분명한 신호를 보낼 거라고 믿습니다. 보내지 않는다면 행동 할 수 없다고 생각하고요. 그래서 열심히 신호를 찾습니다. 하지만 그 럴수록 삶은 더 힘들어집니다. 상대방이 자동차도 아닌데 자신에게 대 시해도 된다는 신호를 보낼 리 없으니까요. 만에 하나 어떤 신호를 감 지해도 이런 성향은 '아! 대시해도 되는구나' 하고 생각하지 않습니다. 사람들과 관계를 맺는 데 서툴고, 낯선 사람과의 만남에 소극적이며, 사회성 또한 떨어지는 탓입니다. 그러니 정작 누군가가 다가오려는 신 호를 보낼 때 회피하는 겁니다. 그토록 기다렸던 신호인데 말이에요.

사회성이 떨어지는 사람들은 대개 타인에게 불편함을 느낍니다. 자 동적으로 낯선 사람을 경계하지요. 그러다 조금이라도 호감이 가는 상대방이 나타나는 순간, 아니, 어떤 매력이 느껴지는 대상이 자신에 게 관심을 표하는 순간, 그때부터 매우 어색해합니다. 그렇게나 애타게 찾던 신호가 분명히 나타난 상황에서 그것을 어찌하지 못하는 배경입 니다. 혹자는 "친해지고 싶다면서 막상 상대방이 말을 걸거나 관심을 표하면 외면하다니, 너무 모순된 거 아닌가요?” 하고 물을 수 있습니다. 하지만 그렇게 말씀하시면 안 돼요. 아픔에 공감하지 못하는 발언이거든요. 이런 성향을 가진 분들은 누군가와 친해지기 전에 먼저 익숙해져야 한답니다. 친숙함이 안전함이 될 때, 이런 분들은 평소와 다른 행동을 자연스럽게 보일 수 있습니다.

° 러브 인 더 트랩

지금 짝사랑을 하고 있는 이분은 동시에 ‘짝사랑의 전형적인 트랩’에 빠져 있습니다. 짝사랑의 전형적인 트랩이란 상상만 무궁무진해지는 것을 말합니다. 상상할 때 상대방은 세상에서 가장 괜찮은 사람으로 바뀝니다. 가장 이상적이고 멋진 모습으로 그려져요. 그를 향한 내 마음도 점점 강해집니다. 하지만 상상에 깊이 빠져들수록 현실 속의 그 사람을 가까이하거나 그에게 다가가는 건 더욱더 어려워집니다. 그 결과, 자신이 만든 상상 속 인물이 현실의 인간을 밀어내버리는 비극적 결과를 초래하게 됩니다. 상상 속의 그 사람이 현실의 그 사람이 아니기 때문입니다. 나중에 그 사람과 직접 만날 기회가 생겼을 때 실망하는 정도를 넘어 ‘이 사람이 그 사람 아닌 것 같아’ 하면서 황당한 느낌까지 받게 되는 배경이랍니다.

　자신이 상상 속에서 좋아하던 사람과 현실의 사람이 다르다는 것을 알게 되는 순간 감정은 더 이상 발전하지 못합니다. 현실의 그 사람이 상상한 그 사람과 다르다고 느끼면 느낄수록 연애의 아픔은 증폭되는 반면 좋은 관계를 맺을 가능성은 줄어듭니다. 짝사랑하는 사람들이 ‘많이 상상할수록 사랑이 이루어질 확률이 높아진다’라고 믿는 것과 정반대로 말입니다. 사실 짝사랑에 잘 빠지는 사람들은 그 순간의 ‘기분 좋은 느낌'을 중시해요. 그래서 짝사랑 대상을 더 많이 상상할수록 현실적으로 관계가 맺어질 가능성이 낮아진다는 사실을 부정하려 듭니다. 도통 받아들이지 않으려 하지요. 만일 독자 여러분 가운데 사연자처럼 짝사랑 중인 분이 있다면, 그와 현실적인 사랑을 하고 싶다면, 지금 당장 그 사람에 대한 상상을 중지하세요.

'나는 이런 사람이야'라는 기준을 유난히 많이 자신에게 적용하는 사람, 또 자기 나름의 '이래야, 저래야 한다'는 생각을 강하게 가진 사람에게는 짝사랑이 정말 좋은 사랑의 방법입니다. 관계 때문에 빚어지는 이런 저런 귀찮은 일들을 하지 않아도 되니까요. 사실, 연인이 생기면 하루 종일 붙어 다니는 것부터 시작해서 얼마나 신경 쓸 게 많습니까? 하지만 피곤하고 힘들어도 대개 사랑의 이름으로 그런 수고쯤이야 극복할 수 있다고 믿습니다. 하지만, 짝사랑을 하면 그런 게 없으니 나름대로는 편하고 좋은 상태라고 할 수 있지요.

"하루 종일 일하면서도 틈이 날 때마다 그 사람을 생각합니다. 짝사랑이 끝나거나 주변에 짝사랑할 사람이 없으면 지나간 사람을 그리워하면서 미련을 떱니다. 이성적으로는 더 이상 좋아할 이유도 없고 나쁜 점을 충분히 아는데도 말이지요."

보세요. 이분은 실제 사람과의 사랑이나 연애가 아니라 자기만의 상상 속 인물과 사랑하는 데 익숙합니다. 상대방 남자에게 익숙해져야 하는데, 자꾸 상상과 익숙해져요. 아쉽지만 어느 하나에 익숙해지면 다른 것을 시도하기가 쉽지 않습니다. 그것으로 어느 정도 기본 욕구를 충족시킬 수 있기 때문이죠. 말로는 계속 연애하고 싶다고 하지만 솔직히 이분에게는 아쉬운 게 별로 없습니다. 혼자서도 잘 노는 사람이니까요. 이분은 시간을 잘 보내는 편입니다. 남들이 볼 때는 아주 바쁘게 생활하는 것 같고 스스로도 바쁘다고 생각하지만, 실제로 본인은 무얼 하는지 잘 모릅니다. 그리고 무엇보다 이분은 혼자 조용히 지내면서도 특별히 아쉬운 걸 못 느낍니다. 이런 상황인 만큼 본인이 앞장서 뭔가를 저지르는 행동은 하지 않습니다.

˚ 나는 탱크가 될 수 없어요

이분은 필feel을 중요시하고 또 필이 상당히 강합니다. 사람을 딱 보면 '저 사람이 나랑 통하는 사람인지 아닌지' 감을 잡아요. 그런데 감정 적으로 느낌이 와도 행동으로 옮길 수가 없다는 것이 안타까움입니다. 이유는 수십, 수백 개가 있을 수 있어요. 이런 성향의 사람들은 모든 걸 사랑의 감정으로 극복할 준비가 되어 있습니다. 가끔은 비극의 주 인공이 되고 싶다는 몽상도 합니다.

하지만, 아무리 그래도 현실적으로 자기만의 상상 속에서 과도하게 감정을 증폭시키면 안 됩니다. 어떤 사람에게 필이 꽂힌다 해도 곧장 '필'로 연결하지 말고 먼저 친숙하고 편하게 대해야 한다는 뜻입니다. 왜냐하면, 아무리 멋진 사람이라도, 막상 자신이 현실로 대하는 그 사 람은 보통 개천에 살고 있기 마련이거든요. 개천이 어떻습니까? 대개 미꾸라지, 도롱뇽, 자라 등 이런저런 게 섞여 있습니다. 따라서 상대에 대한 사랑이 아무리 커도, 현실의 그가 놓인 상황을 인정하지 않는 한, 최소한 그를 둘러싼 현실에 익숙해지지 않는 한, 사랑의 승천을 하 기 힘들다는 것을 인정해야 합니다. 그래야만 원하는 것이 되지 않아 도 누군가를 원망하지 않게 된답니다. 이게 왜 중요한가 하면요, 로맨 티시스트의 경우, 이럴 때 보통 자신을 자책하기 때문입니다.

이 같은 난국을 극복하려면 자신에게 맞는 연애법을 알아야 합니 다. 이분의 경우, "저 사람 마음에 든다"라고 하는 상황에 처했을 때 좋아하는 감정을 곧바로 드러내면 안 됩니다. 로맨티시스트 성향의 사람은 자신에게조차 감정의 정체를 부정하는 단계가 필요한데요. 쉬운 일은 아니지만, 스스로에게나 상대방에게나 자신의 감정을 눈치 채지 못하게 하면서, 무심한 듯 자주 마주칠 기회를 만들어야 합니다. 마주칠 때마다 거기에 의미를 부여하면서요. "어! 여기 웬일이세요? 어떻게 여기에 오셨어요?" 하는 식으로요. 우연을 가장한 필연이지만 '만물이 정해놓은 조화에 따를 뿐'이라는 태도를 보이는 겁니다.

스스로 나서서 좋아하는 사람에게 대시하지 못하는 분들, 마음이 갈대 같은 이 성향의 분들에게 착각은 금물입니다. 따라서 본인은 사랑의 전쟁에서 절대 탱크가 될 수 없음을 알아야 해요. 그리고 '대시'라는 단어를 머릿속에서 지워버리세요. 대신 은근과 끈기로 우연인 듯 자꾸 마주칠 거리를 만들어야 합니다. 이런 기회가 늘어날수록 당신이 가진 매력이 점차 그를 옭아맬 테니까요. 당신 또한 이 과정을 통해 자신감을 회복할 수 있고, 그 결과 자연스레 당신만의 매력을 부각할 수 있을 것입니다.

° 격려와 지지 속에 피어나는 꽃

이분은 4년 동안 일하면서 거창한 비전을 세웠던 데 비해 노력이 미미했다고 말했습니다. 계획보다 노력이 미미한 것은 이 성향을 지닌 사람들에게 종종 드러나는 특징인데요. 이들은 아무리 밀어붙이려고 해도 행동 자체가 어렵습니다. 왜냐하면 먼저 필이 꽂히는 경우, 그 필은 대개 자신을 옭아매는 족쇄로 작용하기 때문입니다. 마치 사슬에 묶인 코끼리처럼, 자신의 예민한 감성이 족쇄가 되어 엄청난 중압감을 주는 거예요. 실은, 아무리 사슬에 묶여 있다 한들, 코끼리가 마음먹고 온 힘을 다하면 사슬 따위 무시하고 앞으로 나갈 수 있습니다. 하지만 묶인 데 익숙해진 코끼리는 결코 그런 생각을 하지 않아요. 이분의 마음도 코끼리와 비슷합니다. 다가가고 싶은 마음은 굴뚝같지만 몸은 이미 '동작 그만' 상태에 있는 겁니다.

로맨티시스트 사람들이 부담스러운 과제를 수행할 때 필요한 것은 누군가의 인도입니다. 이들은 누군가 구체적으로 끌어주기만 하면 아주 쉽게 따라갑니다. "이건 언제까지 해야 해"라면서 진행 상황을 체크해주고, 또 이미 한 일에 대해 인정해주는 사람이 있다면 정말 좋은 상황이지요. "내일까지 이 일을 끝내"라는 말을 들으면 심적으로 부담을 받지만 나름대로 자존심에 상처를 입지 않으려고 열심히 노력하거든요. 이 유형은 큰 그림을 그려놓고 나아가야 하는 일엔 서투릅니다. 마음만 먹고 잘 실행하지 못해요. 하지만 그것을 잘게 나누어서 매일 조금씩 해야 하는 일로 구체화하면, 그리고 누군가가 앞에서 끌어주면 잘 따라갑니다.

이런 분들과는 늘 손을 잡고 데리고 가는 마음으로 지내야 합니다. 혼자서 가라고 하면 절대 가지 않고 힘들다고 불평하니까요. 연애의 경우도 마찬가지예요. 구체적인 조언이나 지도를 해줄 수 있는 사람이 필요해요. 나름의 멘토 역할을 해줄 사람, 무조건 격려하고 지지해줄 사람 말입니다. 또한 아무리 작은 움직임이나 동작이라도 칭찬해주면서 그것을 지속할 수 있도록 힘을 주는 사람이 주위에 있어야 합니다. 사소한 움직임이 이들에게는 변화를 만들어내는 단초가 되니까요. "잘한다"라며 격려하는 무조건적인 응원이 필요한 배경입니다.

"이 일이 힘들면 다른 일을 하지 뭐. 이 사람이 안 되면 다른 사람을 짝사랑하지 뭐."

이분 역시 이런 성향이 강해서 자신이 무얼 하든 주위에 있는 사람에게 이야기하고 싶어 합니다. 물론 좋은 말을 듣지 못할 테니 그건 각오해야겠지요. 혹은 얘기를 하기 전에 먼저 다짐해두는 것도 좋습니다.

"내가 너에게 이 얘길 하는 이유는 다음에 어떻게 해야 할지 네가 조언해주길 원하기 때문이야. 네가 한마디라도 야단을 치거나 질책하거나 비난한다면 너는 인간도 아니고 앞으로 나와의 관계는 끝인 줄 알아."

이런 경고 없이 이야기를 꺼내면 이해심이 부족한 상대방은 냉큼 한마디 던질 겁니다. "그럼 그렇지!" 그런데 이렇게 핀잔을 들으면 당사자들은 상처를 받아 마음을 닫아버립니다. 당분간 그 사람을 미워하는 데 에너지를 쓰게 되지요. 사실 이들이 미리 경고하고 얘기하면 상대방은 굉장히 재미있어 합니다. 거의 제정신이 아닌 사람처럼 보이니까요. 실제로 이 유형의 사람들은 약간 귀엽기도 하고 예뻐 보이기도 하고 어딘지 모르게 묘한 매력이 있습니다. 동성이라도 상관없습니다. 보통 때는 신경질을 잘 내고 성질만 부린다고 생각하던 사람도 편안한 상태에서 말하면 애교를 부리는 듯한 느낌으로 받아들이게 됩니다.

이 같은 로맨티시스트 성향의 분들은 일에서든 연애에서든 첫 번째 단계로 자신의 감성을 누군가와 공유해야 합니다. 그래야만 다음 단계로 넘어갈 수 있어요. 우리는 보통 이것을 '상대방의 마음을 끈다' 또는 '잡는다'라고 표현합니다. 이 말은 한국 사람들이 잘 사용하는 대표적인 표현인데요. 누군가 나에게 그런 모습을 보여주었으면 하고 바라는 마음이기도 합니다. 그런데 감성 공유의 과정을 거치지 못한 채 혼자 전전긍긍한다면 안타까운 상태에 빠질 확률이 높아요. 사연자처럼 현재 사랑의 관계에서 충분히 자기 몫을 다했다고 스스로를 속이면서 '믿고 싶은 것'을 '사실'이라고 받아들이는 사고방식이 고착될 가능성이 있기 때문입니다.

재미있는 점은 이런 성향을 보이는 분들이 일단 자기 나름대로 규칙을 정해두면 그걸 꾸준히 해낸다는 것입니다. 물론 근본적으로는 규칙 정하는 것을 두려워하지만 일단 정해지고 나면 그걸 꼭 지켜야 한다는 마음의 압박을 받습니다. 예를 들어 이분이 마음에 둔 남자의 가게에 하루에 두 번 이상 들른다는 규칙을 세웠다고 칩시다. 일단 규칙이 생긴 이상 이분은 그렇게 할 겁니다. 그랬을 때 남자에게 어떤 제안이 들어오는지 아닌지는 남자가 결정할 문제이므로 그의 결정에 대해 본인이 걱정할 필요는 없지요. 그 정도까지 대시했는데 아무 제안이 들어오지 않으면 그 남자는 나를 몰라보는 멍청이일 뿐입니다. 그렇게 둔한 사람이라면 차라리 사귀지 않는 게 나아요. 아니, 이것으로 그에 대한 검증은 끝났다고 봐야 합니다.

셜록황의 마음 처방

사연에서 이분이 "건강한 연애를 하려면 어떻게 해야 하느냐"라고 물었는데 아주 훌륭한 질문입니다. 건강한 연애라는 게 뭔가요? 헬스클럽에서 만나는 것이 건강한 연애인가요, 야구장에 가서 연애하는 것이 건강한 연애인가요? 아니면 부모가 바라는 사람과 만나서 연애하는 것인가요? 이분은 지금 건강한 연애를 바라면서 정작 그 건강한 연애가 무엇인지 정확히 모릅니다.

물론 짝사랑도 있긴 하지만 연애는 분명 둘이 하는 것입니다. 내가

하루아침에 개과천선한 모습을 보이는 것으로는 변화가 일어나지 않습니다.
분명한 결과를 얻으려면, 조금씩, 천천히, 자신을 변화시켜야 합니다.

바라는 연애와 상대방이 바라는 연애는 일치, 공감, 수용이라는 문제를 안고 있습니다. 여기서 '나는 이런 연애를 해야 한다'라고 생각하거나 규정하는 것 자체가 건강한 연애를 방해할 수 있습니다. 그러므로 상황을 있는 그대로, 흘러가듯 즐기는 것이 연애의 요체입니다.

이분은 친해지고 싶다가도 막상 상대방이 관심을 보이면 외면한다고 했는데요. 이 문제를 극복할 수 있는 몇 가지 요령이 있어요. 우선, 어떤 남자를 좋아하게 되면 "저 남자는 웃기는 사람이야. 난 저런 사람을 별로 좋아하지 않아"라고 자신에게 최면을 걸어보세요. 그다음, 자연스럽고 편한 모드로 그 사람에게 다가가 그냥 이웃집 아저씨를 대하듯 해보세요. 그렇게 편하게 굴면 대개는 상대방이 먼저 당신에게 매력을 느끼게 됩니다. 이런 성향의 분들은 '예쁘다'거나 '착하다' 같은 보편적인 평가와 관계없이 대부분 뭔지 모를 묘한 매력을 지니고 있거든요.

사연자의 경우, 상상 속 짝사랑 연애는 현실에서의 연애가 아니라는 점을 받아들이세요. 그리고 마음에 드는 남자가 있으면 일단 그에게 익숙해지도록 노력하세요. 좋아하는 이성이 작은 가게를 운영하고 있다고 했죠? 그러면 그 가게의 단골이 되어 자주 드나드세요. 방문할 이유야 얼마든지 만들 수 있잖아요. 그 남자 때문에 방문하는 게 아니라 어디까지나 그때그때 볼일이 있을 수 있습니다.

"○○ 들어왔어요? 언제쯤 오면 살 수 있나요?"

"★★★이 꼭 필요한데 구해줄 수 있나요?'

이렇게 은근히 상대방에게 부탁하면서 시간을 정해놓고 계속 방문하는 겁니다. 아무리 내성적이고 비사교적인 남자라 해도 고객이 2, 3주 동안 매일 들르면 편하게 느낄 수밖에 없어요. '저 아가씨 왜 저렇게 자주 오는 거지? 뭔가 이유가 있겠지' 하는 생각에 흥미를 보이게 됩니다. 그렇게 서로 관심이 오가면 관계가 점점 덜 불편해집니다. 일단 그 남자를 좋아한다는 생각은 머릿속에서 지우세요. 상상도 하지 마세요. 그 남자를 실제로 알고 나면 내가 상상하던 그 사람이 아닐 가능성이 더 클 테니까요.

나도 연애를 잘하고 싶다

친애하는 셜록황에게 ———

그림을 업으로 삼은 서른한 살의 프리랜서 일러스트레이터 여성입니다. 주로 혼자 일하는 편이라 그런지 관계를 맺는 데 서툽니다. 오랜 친구와의 깊은 관계는 잘 유지하지만 그림과 전혀 관련이 없는 사람에게서 호감을 사거나 대화를 흥미롭게 이끌어가는 것이 힘들다 보니 연애가 어려운 것 같습니다.

낯선 사람을 만나면 침묵이 어색한 나머지 인터뷰를 하듯 질문하고 답하면서 대화를 이끄는데 때로 그게 더 어색하고 저 자신도 따분하게 느껴집니다. 재미가 없으니까 다음 약속은 거의 피하고 말지요. 20대엔 여자 친구들이나 동성 같은 남자 친구들과 편하게 지냈는데, 30대가 되니 주위 사람들이 하나둘 결혼해서 그런지 관계도 예전 같지 않습니다. 그래서 더 외로운 것 같아요. 연애를 못하는 제게 성격적 결함이 있는 건지, 제가 통 매력이 없는 존재인지 자괴감도 들고 정서적으로도 괴롭습니다.

직업적인 면에서는 완전히 몰두해서 그런지 일이 잘 풀리지 않아도 금방 털어버리고서 자신감 있게 임하지만, 연애는 여전히 어렵고 불편해요. 드물게 상대가 호감을 보인 때도 있는데 사소한 말에 상처를 잘 받는 편이라 일방적으로 관계를 끊어버린 적이 제법 있습니다. 그래서 그런지 연애 관계를 지속해본 적이 별로 없어요. 남의 눈치도 많이 보는 편이고요.

저는 아직도 제 자신을 잘 모르겠어요. 어떻게 하면 친화력을 높이면서 남에게 좀 더 호감을 받는 사람이 될 수 있을까요? 어림없는 일에 매달려 억지로 노력하기보다 그나마 있는 장점을 살리는 게 나을까요? 부끄럽지만 구구절절 질문을 드립니다. ────

섬세한 사람들이 곧잘 빠지는 함정

자신의 성향을 정확히 파악해서 문제를 해결하고자 하는 분의 사연입니다. 성향을 분석한다는 것은 현재 생활에서 무언가를 바꾼다기보다 자신의 성격 시스템과 마음이 어떻게 작동하고 있는지 알고 적절히 대응하는 데 목적이 있습니다. 성격은 우리의 마음이 각자 어떻게 작동하고 있는지 알려주는 믿을 만한 단서거든요.

사연을 보내신 분은 상당히 예민한 사람이에요. 성격 프로파일로 보면, 사소한 것에 잘 토라지고 또 그것이 오래갑니다. 별로 웃기지 않는 일에도 잘 웃습니다. 어여쁘고 수줍은 사춘기 소녀 같아요. 하지만 방심은 금물입니다. 웃을 때는 천사가 따로 없지만 신경질을 내거나 냉정하게 굴 때는 악마까지는 아니어도 오뉴월에 서리가 내릴 정도는 되니까요. 여성에게 싸한 냉기가 흐르면 남자들은 대부분 무서워합니다. 그럴 때는 아무리 미인이라도 가까이하고 싶지 않죠. 사실 30대 여성이면 어떤 외모라도 모두 아름다운 시기입니다. 그 얼굴로 기분 좋게 미소를 지으면 천사 같지만 화를 내거나 토라지면 동일 인물이라고 믿기 힘들 때도 많습니다.

이분은 감수성이 상당히 뛰어납니다. 감수성이 뛰어나니까 그림 그리는 일을 업으로 삼은 것입니다. 감수성이 뛰어난 사람들은 그 감수성을 서로 공유할 때 뿌듯해 하고, 또 자신이 살아 있음을 느낍니다. 정서적 공감을 중시하는 이유이지요. 그렇다고, 일부러 직업이 같은 사람을 만날 필요는 없습니다. 도리어 불행의 싹을 틔울 수 있거든요. 유사한 분야에서 일하면 정서적인 공감이 빠를 거라고 생각해서 그런 선택을 하지만, 일로 경험하는 정서적 공감과 사람과의 정서적 공감은 차원이 다릅니다. 하고 있는 일을 서로 쉽게 이해한다고 해서 그 사람을 쉽게 이해하는 것은 결코 아니지요. 이런 사례는 수많은 예술가들의 연애의 역사에서도 종종 찾아볼 수 있습니다.

근대 조각의 시조로 불리는 오귀스트 로댕Auguste Rodin은 〈생각하는 사람〉, 〈지옥의 문〉과 같은 걸작을 남겼습니다. 그에게는 카미유 클로델Camille Claudel이라는 연인이 있었어요. 카미유는 로댕의 아틀리에에서 조수로 일하다 연인이 되었는데, 그녀는 로댕을 존경했고 존경의 마음은 이내 사랑으로 바뀌었습니다. 많은 예술가들에게 나타나는 흔한 사랑의 패턴인데요. 서로 비슷한 활동을 하면서 공유하게 된 감정을 기반으로 존경의 마음이 사랑의 감정으로 변하는 것입니다. 사회적 통념을 무너뜨리는 관계가 맺어지는 배경이기도 하고요. 이 경우, 사랑을 순수한 예술을 위한 영적 영감의 출처라고 이야기하지만, 결말은 항상 비극적입니다. 사랑이 삶의 아픔을 포장하는 용도로 사용되면서 연애의 정체와 잘못된 지점을 인식하지 못하기 때문입니다.

안정적인 상태의 현실이 미래를 더욱 불안하게 느끼게 만드는 이유는
목표를 달성한 상태는 더 이상 목표가 없는 상태인 것과 같기 때문입니다.

문제의 진짜 문제를 찾아라

이분은 나름대로 솔루션을 찾으려고 노력했지만, 정작 자신의 문제가 무엇인지 알려고 하기보다 자신에게 부족한 것을 먼저 채우고 싶어 합니다. 사실 대부분의 한국 사람들은 자기가 잘하는 것은 당연한 거고, 부족하거나 떨어지는 것은 절차탁마하면 '문제로 여겨지는 것'을 해결할 수 있을 거라고 생각합니다. 이를 테면 국어, 영어, 수학 중에서 두 과목이 90점이고 한 과목만 70점을 받았다고 해봐요. 대다수 부모가 어떻게 반응할까요? "두 과목이나 90점을 받다니 정말 잘했구나"라고 말할까요? 아닙니다. 잘한 과목엔 눈길도 주지 않고 못한 것만 들먹입니다. "왜 이 과목만 70점이지? 뭔가 더 해야 할 것 같아. 얘야, 과외를 받아볼까?" 하는 식입니다.

우리가 살아가는 과정에서 부닥치는 문제를 파악하려는 마음도 마찬가지입니다. 늘 부족한 것부터 채우려 하고, 자타가 공인하는 어떤 멋진 기준에 자신을 맞추려고 하지요. 정작 필요한 것은 '자신의 진짜 문제가 무엇인지'를 아는 것인데 말입니다. 자신의 진짜 문제를 알려면 어떡해야 할까요? 무엇보다 '내가 어떤 사람인지'를 제대로 파악해야 합니다. 사실 이런 일은 참 낯설고 힘들어요. 특히 정답 같은 삶을 추구해온 한국인들에게 그렇습니다. 이때의 정답이란 바로 남들이 좋다고 하는 것을 따르고 자신에게 부족한 것을 채우는 일입니다.

이분이 힘들게 생각하는 연애의 진짜 문제는 무엇일까요? 본인 스스로 연애가 중요하다는 것을 알고 있고, 연애에 서툴다는 것도 인식하고 있습니다. "왜 연애에 서툰 걸까요?"라고 물으면서 자신에게 무언가 부족한 게 있어서 연애에 서툰 거라고 생각합니다. 사교성이나 친화력 같은 특성을 올려야 한다고 믿고, 그나마 자신에게 뚜렷한 창의적이고 자유로운 성향을 활용하면 어떻게 좀 나아지지 않을까 기대합니다.

그런데 부족한 특성을 올리고, 어떤 좋은 점을 활용하면 과연 문제가 해결될까요? 게다가 인간의 이러 저러한 성향들은 '올리고 싶다'고 해서 올라가는 게 아닙니다. 심지어 어찌어찌 해서 원하던 특성을 갖게 된다 해도 본인이 기대했던 결과를 만들어내지 않아요. 오히려 나름대로 평형을 유지하던 마음에 엔트로피entropy[3]의 증가를 일으킬 수도 있습니다. 자신이 정말 원하는 것을 하고, 힘든 문제를 해결하고 싶다면, 자신의 진짜 문제가 무엇인지 분명히 인식해야 합니다.

연애를 잘 하고 싶고, 또 연애를 알고 싶다는 이분은 사실 연애할 때 나타나는 자신의 모습이 어떠한지에 대해서 별로 관심이 없습니다. 자신이 어떻게 행동할 때 가장 매력적인지에 대해서도 관심이 없어요. 또한 연애를 하다 자신이 상처를 받았다고 느꼈을 때, 자신이 어떤 행동을 하는지도 알지 못합니다. 심지어, 일방적으로 자신이 상대방과 관계를 끊었을 때 그 남자가 어떤 상처를 입는지, 또 그 상처에 어떤 연고를 발라주며 정성을 들여야 그를 잡을 수 있는지에 대해서도 전혀 생각해보지 않았습니다. 스스로 남자에게 상처를 줘서 끊어버린 일만 제법 된다고 하면서, 정작 자신이 그만큼 연애를 잘 했다고 생각하기는커녕 잘못한다고 불평하고 있어요.

° 난 몰라요, 내가 이미 알고 있다는 걸

이분은 누군가를 자연스러운 분위기에서 만날 때 자신의 매력을 한껏 발산할 수 있는 유형입니다. 일부러 소개를 받으면 감정적으로나 정

---

3 자연 물질이 변형되어, 다시 원래의 상태로 환원될 수 없게 되는 현상이다. 에너지의 사용으로 결국 사용 가능한 에너지가 손실되는 결과를 가져온다.

서적으로 경직되어 어색해 하지요. 제가 이 유형의 분들에게 연애상담을 해드릴 때 "연애하거나 소개받는다고 생각하지 말고 친구처럼 여기세요" 혹은 "혼자 만나기보다 여럿이 만나 자연스럽게 이야기를 나누세요"라고 조언하면서 곧잘 동호회 활동을 권하는 배경입니다. 그렇게 어울리다가 이야기가 잘 진행되거나 어떤 사람에게 매력을 느끼면 따로 만나면 되잖아요. 하지만 자신과 다른 장르의 예술가를 만나 장르를 왔다 갔다 하면 좋을 것 같다는 생각은 착각이므로 주의해야 합니다.

자신과 관심이 통하고 자신이 좋아하는 화제에 대해서는 말을 잘한다고 하는 이분은 그림을 업으로 삼은 일러스트레이터입니다. 그러면 그림 쪽에 관심이 있는 남자가 많을까요, 적을까요? 일반적으로 많지 않습니다. 음악에 관심이 있는 남자보다는 확실히 숫자가 적습니다. 그림에 관심이 있는 남자를 만나려면 어디로 가야 할까요? 그림 동호회나 미술관, 갤러리로 가야 합니다. 만약 동호회에 남자가 많지 않더라도 누군가에게 그림을 좋아하는 남자를 소개받을 수도 있습니다. 그림을 좋아하는 남자와 대화하면 당연히 그림 이야기가 주된 소재로 떠오를 테지요? 그것도 인터뷰를 하듯 딱딱하게 대화하는 것이 아니라 생글생글 웃으며 즐겁게 대화하겠지요. 음악이든 미술이든 이런 걸 취미로 삼은 사람들은 상당히 지적이고 호기심도 많으므로 그런 사람을 자연스럽게 만나 취미를 공유하는 것이 좋습니다.

이분처럼 감성적이고 섬세한 사람들은 누구와 만나도 연애를 잘할 수 있지만, 정서적 공감을 이루는 방식은 저마다 다르다는 사실도 인지해야 합니다. 예를 들어 활동적이고 친화력이 좋은 사람들은 이벤트를 만들어 함께하면서 정서적 공감을 이룹니다. 반면 안정된 삶을 중시하는 사람들은 돈이 생기거나 무언가 영양가 있는 건수가 생길 때 정서적 공감을 이루지요. 자유롭고 도전적인 삶을 중시하는 분들은 어떤 아이디어를 공유할 때 정서적으로 공감합니다. 계획과 과제에 집중하길 즐기는 유형의 분들은 어떤 일을 함께하는 것을 정서적 공감이라고 생각하고요. 하지만 사연을 보내주신 분은 막연한 공감, 즉 '좋은 게 좋은 거지 뭐'라는 생각을 곧 정서적 공감으로 여깁니다.

이분에게는 약간 여유자적하고 한량처럼 지내면서 편안하고 즐거운 것이 정서적 공감입니다. 자신이 열정적으로 하는 무언가에 상대방이 공감해주길 기대하지만 그 '무엇'은 얼마든지 다른 것으로 바뀔 수 있습니다. 이 점이 핵심이에요. 또한 이분은 동성 같은 남자 친구를 편하게 여기는 것으로 보아 처음에 남자를 만날 때 가급적 이성이라는 긴장감이나 어색함을 느끼지 않을 수 있는 환경을 조성해야 합니다. 말로는 "나는 어찌하오리까"라고 한탄하면서도 실은 본인 스스로 어떤 남자가 편한지, 누구와 편하게 지낼 수 있는지, 누구를 좋아하는지 다 알고 있습니다. 주변에 그런 느낌을 가질 수 있는 남자가 많을 수도 있습니다. 그런데도 연애가 제일 어렵고 불편하다고 말하는 이유는 무엇일까요? 연애의 메커니즘을 몰라서 그런 걸까요, 아니면 '알 건 다 안다'는 약간의 교만함 때문일까요?

'감'이 뛰어난 이분은 사태를 빨리 파악하지만, 그것이 정확히 어떤 시스템으로 작동하는지 잘 모릅니다. 연애를 하게 되더라도 엉뚱한 데 신경 쓰며 혼자 북 치고 장구 치는 격이지요. 이런 분일수록 자신의 특성과 지금 부딪힌 문제가 무엇인지를 정확히 알아내야 합니다. 그리고 문제에 대한 해법을 대략적인 감으로 짐작하지 말고 정확하게 이해해야 합니다. 그래야만 본인 연애의 정체에 맞는 행동을 할 수 있답니다.

감성 충만하고 섬세한 30대의 이 여성은 현재 자기 일을 잘하고 있지만 혼자 일하는 편이라 관계에 서툴러요. 그러니 혼자 일하더라도 여러 사람이 있는 곳에서 일하는 편이 낫습니다. 예를 들면 커피숍처럼 사람이 많은 곳에 가서 일러스트를 그리는 것입니다. 여러 가지 도구를 늘어놓아야 하는 단계가 지난 것, 웬만큼 그린 것, 마무리할 단계에 있는 것을 들고 가서 컴퓨터로 하든 스케치북으로 하든 커피 한잔 시켜놓고 그림을 그리는 것이지요. 좋은 장소에 가서 그렇게 하고 있으면 분명 관심을 보이는 사람이 있습니다. 미술관 인근의 카페에 앉아 그림을 그리면 더욱 좋겠네요. 아마도 그림과 관련된 이야기를 나눌 사람을 자연스럽게 만날 수 있을 것입니다.

악기를 들고 다니는 사람들도 마찬가지입니다. 이 성향의 분들은 각자 자신의 필살기를 보여주는 방식을 택하는 것이 좋습니다. 사실 이들은 기본적으로 자신이 아주 잘하는 것이 아니면 남들이 보는 것을 굉장히 꺼려하고 경계합니다. 하지만 자신이 가장 좋아하고 잘하는 것을 보여주면 최고의 매력을 발산할 수 있어요.

자신의 재능을 누군가에게 보여주는 것은 심사를 받고자 함이 아닙니다. 멋진 내 모습을 그대로 보여주는 것이지요. 마치 한여름 해변에서 착하고 멋진 몸매를 당당히 드러내는 것처럼 말입니다. 그럴 때 뿌듯하고 자연스러운 만족감이 느껴지지 않던가요? 만일 이런 느낌을 가질 수 없다면 당신은 연애에서 스스로를 부각하기 힘들 겁니다. 본인의 자연스러운 어떤 모습을 그대로 보여주는 것, 주눅 들지 않고 당당한 것! 이것이야말로 가장 자연스러운 연애의 행동이 될 것입니다.

동상이몽

_결혼과 이혼의 정답 찾기

쌍둥이 같은 줄 알았는데,
왜 싸우는 걸까?

친애하는 셜록황에게 ————

저는 성격이 비슷한 남편과 결혼했습니다. 우리는 아직 신혼인데도 서로 티격태격할 때가 많습니다. 남편과 함께 성격 검사를 받기 전에는 막연히 같은 듯 다른 성격일 거라고 짐작만 했어요. 둘 다 어렸을 적에 사랑을 받지 못해 소심하다는 공통점이 있고, 다른 점은 저는 일을 대충대충 하는 편이고 남편은 꼼꼼하고 완벽하게 마무리하는 스타일이라는 것입니다.

우리는 검사를 받고 난 뒤 자신에 대한 스스로의 평가가 확연히 다르다는 걸 알게 되었습니다. 우리 부부는 서로 살뜰히 챙겨가며 잘 지내다가도 서로의 말 한마디를 계기로 크게 다투는 날이 일주일에 서너 번 됩니다. 자기주장이 강한 저는 지지 않으려고 반박하는데, 그러면 남편은 기가 죽는다고, 위신이 서지 않는다고 하더군요. 그런 말을 들을 때마다 저는 "내 입장을 이야기한 것 뿐"이라고 호소하지만, 남편은 제 고집스러운 모습을 부담스러워합니다. 싸움의 발단은 늘 같은데 서로가 변하지 않아 싸움이 반복되는 것 같습니다. 남편을 어떻게 대하는 것이 좋을까요? ———

따로 또 같이

재미있는 사연이네요. 서로를 잘 알고 또 서로가 비슷하다고 생각했는데 막상 살아 보니 성격적으로 부딪히는 부분이 있다는 얘기잖아요. 사실, 이들은 싸울 필요가 없는데 서로 다투고 있습니다. 서로를 제대로 알고 또 어떻게 대해야 할지 알면 문제가 해결될 겁니다. 그래서 아내가 이렇게 질문하는 거예요. "남편을 어떻게 대해야 하나요?"라고 말입니다.

여기에서 가장 중요한 점은 현재 아내가 남편과의 결혼생활을 어떻게 생각하고 있느냐 하는 것입니다. 먼저, 아내는 남편을 여전히 사랑하고 있을까요? 아니면, 남편 때문에 열 받아서 결혼생활을 그만두었으면 좋겠다고 생각하는 중일까요? 두 사람이 연애할 때 실제로는 어땠는지 잘 모르겠지만 아마도 성격이 비슷하니 잘 통했을 겁니다. 실제로 두 분의 성격 검사 결과를 보면 깜짝 놀랄 정도로 비슷합니다. 기본적인 패턴이 정말 비슷해요. 쉽게 말해 성격적으로 마치 쌍둥이와 같은 분들이 결혼한 셈입니다. 단지 이 쌍둥이가 '일란성'이 아니고 '이란성'이라 한 끗 차이로 약간 어긋난다는 게 문제지요.

아내는 감성적이고 섬세합니다. 남편도 비슷하지만 계획적이며 꼼꼼하고 정확한 일 처리를 중시하는 성향이 더 강해요. 좀 소심한 편이고요. 사실 아내도 비슷하게 얌전하고 소심하지만 남편 쪽에 이런 부분이 더 두드러지게 나타납니다. 특히, 일할 때는 꼼꼼함이, 인간관계에서는 소심함이 주로 드러나요. 아내 분의 경우엔 소심함이 상당히 감성적인 모습으로 나타납니다. 일할 때도 자신의 마음이 동하거나 스스로 공감할 수 있어야 관심을 보이고, 그렇지 않은 경우, 거의 무신경하거나 무관심합니다. 마음이 동하면 하나부터 열까지 꼼꼼하게 처리하지만 그렇지 않으면 아예 무시하는 편이에요. 이런 분들은 집 밖에서 일할 때 집안일은 대충 처리할 가능성이 큽니다. 집안일보다 자기가 하는 전문적인 일에 훨씬 더 마음을 빼앗기니까요. 그래서 이들 부부의 경우엔 남편이 집안일을 더 꼼꼼하게 챙기는 것입니다.

연애할 때 남편은 아내의 여성적인 감성과 섬세함에 마음이 끌렸을 게 틀림없어요. 그리고 자신들이 어린 시절에 사랑 받지 못했다는 감정을 공유하면서 공감대를 형성했을 겁니다. 서로 사랑과 아픔을 공유할 수 있다는 안정감도 느꼈을 테고요. 문제는 이런 관계의 경우 감정 공유가 잘 이뤄지면 아주 사랑스럽고 부드러운 모습으로 서로 대하지만 그것이 끊어지면서 날카로움과 냉정함만 남는다는 것입니다. 특히, 이런 분들이 서로 화를 내면 표정이 표독스럽게 변하면서 냉기가 쫙 흐르지요. 그러면 소심한 남편은 '내가 좋아한 그 여자가 이 여자 맞나?' 하면서 마음이 오그라듭니다. 늘 부드럽고 다정다감하던 아내가 돌변한 상황을 수용하지 못하는 거예요. 동시에 거기에 대해 말 한마디 못하는 자신을 억울해할지도 모릅니다.

아내의 마음은 어떨까요? 일반적으로 아내 분은 '우리 둘은 성격이 비슷한데 집안일이나 디테일한 부분에서는 남편이 나보다 나아'라고 생각합니다. 결혼 전에는 그런 부분을 매력 포인트로 받아들였겠지요. 자신이 돌봄 받는다는 것을 만끽할 수도 있었을 테고요. 하지만 이제 같이 사는데 남편이 '나보다 집안일을 더 잘하면' 약간 불편합니다. 자신에게 화도 나요. 즉, 현재 상태는 남편보다 부족해 보이는 자기 자신에게 화를 내는 상황입니다. 엉뚱하게 들리겠지만, 집에서 자신이 무엇을 어떻게 해야 할지 몰라 당황한 그런 상황에 있는 거예요. 이에 아내는 해법을 찾고 싶고, 또 스스로 변하고 싶은 생각도 있습니다. 그러면서 동시에 '남편도 변해야지 나 혼자 변하는 건 손해 아닐까, 나 혼자 변하면 별로 효과가 없지 않을까' 하고 생각합니다.

° 아내의 짜증이 남편에게 죄책감을 불러일으킨다고?

두 사람은 말 그대로 천생연분입니다. 이렇게 만나는 건 정말 쉽지 않아요. 서로 상대방의 부족한 점, 아쉬워하는 부분을 실컷 채워줄 수 있거든요. 그렇다고 해서 이 커플이 절대 깨지지 않는다는 뜻은 아닙니다. 아무리 잘 맞아도, 사람들의 관계는 언제든 금이 가고 깨질 수 있으니까요. 사연을 보낸 아내는 남편과 잘 대화하고 싶어 합니다. 남편을 어떻게 대하는 것이 좋은지 묻는 이유예요. 그러니 깨질 것을 염려하지 말고, 아내가 묻는 질문에 대한 답부터 찾아보는 게 어떨까요?

먼저, 어렸을 적에 사랑 받지 못해 둘 다 소심하다는 부분을 얘기해볼게요. 사실은 어린 시절에 사랑을 듬뿍 받아도 소심할 수 있습니다. 로맨티시스트와 에이전트 성향이 뚜렷한 남편의 경우, 어떤 사람에게 명령이나 지시를 받았을 때, 그리고 그 일을 성실히 수행해 인정받을 때 행복을 느낍니다. 그런 사람에게 신경질을 부리면 어떻게 될까요? 같이 사는 사람이 내게 짜증을 내는 것은 정확히 어떤 임무를 주는 게 아닙니다. 그래서 누군가가 짜증을 내면 이런 성향의 사람들은 오히려 열을 받습니다. 막연해 보이는 누군가의 부정적인 신호를 자신에 대한, 아니 자신이 한 일이나 역할에 대한 부정적인 신호로 받아들이기 때문입니다. '왜 나한테 짜증을 내는 거야!' 하는 마음도 있지만, 그보다 짜증을 내는 이유를 정확히 알지 못해서 열 받는 겁니다. "나

보고 어쩌라고!" 하는 마음이지요.

남편 분처럼 꼼꼼하고 계획적이며 소심한 유형은 항상 자신이 잘한다고, 열심히 한다고 생각합니다. 물론 스스로 느끼는 것과 주위 사람이 느끼는 것 사이엔 어느 정도 갭이 존재하지만, 언제든 자신에게 임무가 주어지면 최선을 다할 준비가 되어 있는 이들에게는 '짜증을 내는 것'이 도움이 안 됩니다. 구체적으로 원하는 것을 이야기해줘야 해요. 그런데 문제는, 아내 역시 로맨티시스트로서 감성적인 성향이므로 자신의 마음이나 감정을 분명하게 표현하기가 어렵다는 것인데요. 바로 이 점이 가장 큰 난관입니다.

어쨌든 아내가 남편에게 무작정 짜증을 내는 것은 가장 좋지 않은 방법이에요. 짜증내는 아내를 보면서 남편은 막연히 '내가 뭔가 잘못했나 봐'라고 생각하면서 심리적으로 위축될 뿐 아니라 자책하게 되고 죄책감마저 느낍니다. 하지만 결코 아내의 짜증이나 안 좋은 감정을 공감할 수는 없습니다. '로맨티시스트-에이전트' 성향을 가진 남편의 비극이지요. 결과적으로 아내는 의도치 않게, 남편을 견딜 수 없는 심리 상태에 놓이게 만든 것입니다. 남편은 이런 상황에서 자괴감과 불안감을 나름대로 줄여보기 위해 사고를 치게 되고요. 즉 아내에게 무조건 반항하거나, 아내가 불편하다고 불평한 행동 혹은 지적한 행동을 모른 척하고 지속하는 거죠. '배 째라' 정신으로 막 나가는 모습이라고 표현하는데요. 보통 '중 2병'에 걸린 아이들이 보이는 행동과 유사합니다.

사연에서 아내는 본인이 지지 않으려고 반박하다 보면 남편이 기가 죽는다고 했는데요. 섬세하고 감성적인 유형의 사람들이 자신을 강하게 어필하면 좀 '표독스럽게' 보입니다. 당사자는 지지 않으려고 반박한 것뿐인데 말이에요. 이 사연에서도 평소 나긋나긋하고 사랑스럽던 아내가 갑자기 반박하니까 남편이 '나 좀 알아주세요' 하는 수준으로 받아들이는 게 아니라 자신을 공격하는 맹수처럼 느끼잖아요. 따라서 감정 표현에 능한 로맨티시스트 유형은 어떤 행동에 대해 조목조목 따지고 반박하는 것보다 차라리 눈물을 뚝뚝 흘리는 편이 낫습니다. 이분의 경우에도 조용히 눈물을 뚝뚝 흘리면 남편이 어쩔 줄 몰라 할 겁니다. 그런 다음 하루 정도 지난 뒤 전날 말하지 못한 것을 글로 적어 건네보세요. 천금 같은 힘을 발휘할 겁니다.

˚ 따질 게 너무 많아

아내는 당위성과 도덕적 의무감이 굉장히 강한 사람이에요. 평소에 감정을 많이 억누르고 생활하는 타입입니다. 여기서 감정을 자제하는 것이 아니라 어디까지나 억누르고 있다는 점이 중요합니다. 어떤 감정적 공유를 막연히 기대할 뿐 일상적인 생활에서는 그것을 자연스럽게 드러내는 데 어려움을 느껴요. 한마디로 감성적인 유형인데도 자신의 감정 표현에는 둔한 스타일입니다. 이것을 당위성이 높은 감성형, 즉 '로맨티시스트-매뉴얼' 성향이라 합니다. 마음속에서 무언가가 꿈틀거리는데 그걸 제대로 표현하지 않고 참으면서 본인은 정작 자신이 참는다는 것조차 의식하지 못하는 겁니다. 그런데 워낙 신호가 없어서 타인은 이런 분들의 진심을 파악하기 어렵습니다. 실제로 우리가 현실에서 만나는 감성형 가운데엔 이런 모습이 많아요. 보통 '감성형' 하면 부드럽고 여성적인 모습을 연상하지만 그런 예는 생각보다 많지 않답니다. 그러다 보니 이들은 의외로 이중고를 겪게 됩니다. 기본 심성은 빼도 박도 못하는 감성형인데 남들은 이를 있는 그대로 인정해주지 않기 때문입니다.

사연을 보낸 감성형 아내에겐 남편과 어떻게든 맞춰가며 오순도순 살고 싶은 마음이 강합니다. 만일 이분이 자신의 성격을 좀 더 폭넓게 이해했다면 남편을 대하는 데 별다른 어려움이 없었을 거예요. 예를 들어 "남편이 나의 고집스러운 모습을 부담스러워한다"라고 했는데, 실제로 감성형인 분에게 당위성과 규범을 강조하는 성향이 높게 나타나면 주변 사람들은 이를 '고집스럽다'고 느낍니다. 이런 사람들은 흔히 어린 시절에 사랑을 충분히 받지 못했다고 생각할 가능성이 커요. 실제로 못 받은 게 아니라 본인이 그렇게 생각하는 것뿐입니다. 자기 정서를 부모, 특히 어머니가 충분히 공감하고 인정해주지 않아 무언가 억눌렸다고 여기는 것이지요.

감성형이 아닌 다른 성향을 가진 사람들에게 당위성이 높게 나타나면 어떤 모습일까요? 흥미롭게도 사연을 보낸 분의 남편은 계획적이며 과제 지향적인 '로맨티시스트-에이전트'의 두 가지 성향을 가지고 있으면서 WPI의 타인 평가로 확인했을 때 '매뉴얼'이 높습니다. 이런 유형은 사람을 대하거나 자기 정서를 표현하는 것보다 자신이 하는 일에서 당위성을 찾는데요. 이는 곧 기존에 본인이 하던 일을 반복적으로 계속한다는 뜻입니다. 그러다 보니 자신이 하던 방식을 잘 바꾸려고 하지 않아요. 사연 속에서 남편이 "아내와 갈등이 있을 때 아내가 고집이 세서 자신이 위축된다"라고 했지만, 사실 남편은 아내를 어떻게 대해야 할지 몰라 자기 방식을 고집할 뿐입니다. 그래서 사건의 발단이 아무리 다양해도 싸우는 방식은 늘 비슷한 거예요. 사연 속의 남편에게 다른 누군가가 "이렇게 반응해보세요", "저런 식으로 해보세요"라고 말해도 소용없습니다. 아마 받아들이지 않을 겁니다. 하지만 같은 이야기를 아내가 하면 남편은 받아들입니다. 물론 이때 아내는 짜증을 내거나 화를 내면 안 됩니다. 생글생글 웃으면서 이러저러하게 해달라고 원하는 바를 상냥하게 말하는 게 좋습니다. 그러면 남편은 받아들여요. 하지만 안타깝게도 사연 속의 아내는 감성형인데 당위성이 높아서 상냥하고 나긋나긋하게 말하는 법을 잘 모릅니다.

　이런 유형의 분들이 매력을 보다 확실하게 드러내려면 "이래야 해, 저래야 해" 하는 원칙들을 세울 때 수위를 낮추거나 종류를 줄이는 편이 좋습니다. 원칙이 많은 감성형은 자기 혼자서 상상을 많이 하는데 이때 그 무한 상상을 통해, 자기가 정립한 세계 안에서, 나름대로 감정적 공유를 충족하기 때문입니다. 무슨 말이냐고요? 쉬운 말로 "북 치고 장구 치고, 혼자 다한다"는 뜻입니다. 그렇게 해놓고는 막상 남편을 대할 때 자신이 상상했던 것을 남편에게 이미 다 표현하고 말했다고 착각하는 거예요. 상상 속에서만 이루어진 내용, 즉 하지도 않은 이야기를 두고 '당연히 알고 있겠지'라고 생각하면서 "당신이 내 마음을 모르면 누가 알아?"와 같은 식으로 행동합니다. 상대방에겐 펄쩍 뛸 노릇이지요. 듣지도 보지도 못했던 내용인데 "그것도 모른다"면서 질책을 받아야 하니까요.

마음이 문제 접근 방식을 결정한다

사람의 마음을 읽고 이해하는 법을 교육하다 보면 사연 속 남편처럼 계획적이고 과제 지향적인 '에이전트(과제형)' 유형과 대세를 좇는 데 민감한 '리얼리스트(현실형)' 유형의 마음을 가진 사람들은 '마음 읽기' 교육에 잘 참여하지 않는 걸 알 수 있어요. 저는 농담처럼 에이전트는 현재 수행해야 할 임무가 있다 보니, 아직 '마음 읽기'가 자기 과제가 되지 않았을 거라고 이야기합니다. 그리고 리얼리스트 유형의 경우에는 '마음 읽기'가 한국 사회에서 누구나 알아야 하는 '대세'가 아니기에 좋지 않는 것이라고 말합니다. 그러면서 저는 한편으로 '마음 읽기'가 이 시대와 사회에 사는 사람들의 대세가 되어 이런 성향의 분들이 한꺼번에 몰려올 것 같다고 걱정합니다. 그래서 요즘엔 저를 대신해 이것을 가르쳐줄 수 있는 분들이 많이 생겨나기를 소망하고 있지요.

무엇보다 이 두 유형은 사람의 마음을 안다는 것에 대한 생각이 상당히 다릅니다. 특히, 리얼리스트 유형의 마음은 사람의 마음과 관련된 문제에 거부감과 막연한 부담감을 느껴요. 대개의 사람들은 '사람의 마음을 아는 방법을 배워 다른 사람을 더 잘 이해해야지'라고 생각하는데 이들은 '혹시, 내 마음을 들키면 어쩌지? 그럼 큰일인데'라고 걱정합니다. '결코 내 마음을 들키지 않겠어'라는 자세로 지내려 하지요. 그러면서 끊임없이 전전긍긍합니다. 아니, '저 사람의 마음은 뭐지?' 하면서요. 이를 테면 회사에서 '저 사람이 나를 미워하는 게 아닐까?', '나를 자르려고 그러는 게 아닐까?' 하고 눈치를 보는 것처럼 말입니다. 그러다 보니, 항상 뾰족하게 마음의 날을 세운 상태로 타인을 대합니다.

리얼리스트 성향의 사람들은 자기 마음을 보여주는 것은 꺼리면서 남의 마음이 어떤지 알고 싶어 합니다. 제가 수행하는 '마음 읽기 교육(WPI 워크숍)'에서는 "다른 사람의 마음을 알기 전에 네 마음을 알아야 하고, 네 마음을 알기만 하면 다른 사람의 마음을 아는 것은 자연스럽게 이루어진다"라고 강조합니다. 이런 말을 듣는 순간 이 유형의 사람들은 보통 "그래요? 그렇다면 다른 사람의 마음을 알고 싶어도 그만둘래요"라고 말합니다. 내 마음을 알아야 하고, 또 그것을 보여주어야 한다는 것이 부담스럽기 때문이에요. 하지만, 내 마음을 보여주지 않고 다른 사람의 마음만 알기란 불가능합니다. 자기 마음을 아는 것이나 다른 사람의 마음을 아는 기본적인 능력은 동일하니까요.

우리는 소위 '피드백을 받는다'는 말을 많이 씁니다. 피드백이란 자신이 한 일에 대한 평가를 받는다는 의미도 있지만, 다른 사람을 통해 자신이 상대방의 마음을 제대로 읽었는지 아닌지 확인하고 판단하는 단서를 얻는다는 의미이기도 합니다. 제가 상담하는 과정에서도 내담자가 자신을 설명한 부분에서 "맞아요! 제가 바로 그래요"라고 말하는 사람도 있지만, "아닌데요. 잘 모르시는 것 같네요"라고 말하는 분들도 많습니다. 특히 "나는 그렇지 않아요"라고 말하는 분들 중에 유난히 리얼리스트 유형이 많아요. 자기 마음을 노출하고 싶지 않아 부정하는 것이지요. 맞아도 일단 아니라고 부정합니다. 대개 맞는데 이를 인정하기 싫어서 "아닌데요"라고 이야기하지요.

리얼리스트 유형 중에는 때로 자신의 마음이 어떤지 알고 싶어서 진짜 맞는지 맞지 않는지 다른 사람에게 피드백을 받으려 하는 분들이 많은데요. 이 경우, 타인의 피드백 또는 인정을 통해 확신을 얻고 싶어 합니다. 그래서 주위 사람들이 나에 대해 어떻게 생각하는지 끊임없이 관심을 기울여요. 우리가 보통 '평판을 확인한다'고 하는 일들인데, 리얼리스트 유형은 이렇듯 어떤 사람에 대한 막연한 평가에 매달리는 마음으로 살아갑니다. 이는 좋고 나쁨의 잣대로 판단할 수 없는 일종의 특성이지만, 리얼리스트 유형이 진심으로 자기 문제를 이해하고 싶다면 다른 사람의 마음이 아니라 자신의 마음을 먼저 알아야 합니다. 그래야 다른 사람들과의 관계에서 발생하는 막연한 고민에 대한 답을 찾을 수 있어요. 그때 비로소 마음도 자유로워질 거고요.

과제 지향적인 에이전트의 마음은 어떨까요? 이들은 자기 자신을 아는 데도 구체적인 이유가 있어야 합니다. 어떤 목적이 확실하게 보여야 안심하는 유형이거든요. 사연 속의 남편은 아내를 알고자 하는 간절한 소망이 있어야 움직이는 유형인데 지금 이분에겐 아내가 무섭고 싸우는 게 힘들게만 느껴져요. 아내의 마음을 알면 싸우지 않을 수 있다는 걸 아직 이해하지 못한 상황입니다. 그런데 남편이 아닌 아내가 사연을 보냈잖아요? 이것은 남편에겐 아직 아내와 싸울 만한 기력이 남아 있다는 뜻이랍니다.

셜록황의 마음 처방

사연 속의 아내 분께는 일단 남편을 잘 대하는 방법을 알려드릴게요. 무엇보다 일단 남편에게 절대 부정적인 감정을 드러내지 말아야 합니다. 당신의 힘은 부드러움과 달콤한 표현력에 있다는 것을 꼭 알아야 해요. 특히, 강하게 자기주장을 펴는 것은 남편의 마음을 송곳으로 찌르는 것과 다르지 않습니다. 또 고집을 피우는 듯한 태도와 행동은 아내 분의 치부를 드러내는 일일 뿐이고요. 왜냐고요? 로맨티시스트 성향의 사람들이 부리는 고집이란 놀랍게도 누구도 이해하기 힘든 수수께끼와 같은 퍼즐로 보이기 때문입니다. 한마디로 '무엇을 원하는 건지 도무지 알 수 없다'는 것인데요. 이런 퍼즐은 그저 자신에게 주는 것으로 만족해야 합니다. 이것만 실행해도 남편은 아내 분이 원하는 대로 행동하게 될 겁니다.

두 번째, 아내 분은 무엇보다도 남편의 성향을 바꾸려고 하지 말아야 합니다. 아내는 남편과 자신이 비슷하다는 것을 이미 알고 있어요. 하지만, 정작 비슷한 줄 알았던 부분이 전혀 비슷하지 않다는 것이 이 두 사람이 겪는 어려움입니다. 예를 들어 아내 분의 경우, 자신의 마음을 남편에게 이미 말했다고 생각하지만 실제로는 그렇게 하지 않았습니다. 생각만 그런 거죠. 본인 스스로 치밀한 사람이라 생각하니까요. 마음속으로 자신의 감정을 분명하게 느끼는 탓에 상대방에게도 이미 그 마음을 전달했다고 믿는 순간 비극이 발생합니다. 남편의 입장에서는 그야말로 환장할 노릇이고요. 아내가 뭘 바라는지 분명히 말해주지 않아서 아무런 감이 없는데 거기다 대고 갑자기 "당신은 왜 아무 것도 안 해?"라면서 화를 내면 얼마나 황당하겠습니까? 무얼 잘못했는지 모르니까 두 번 열을 받는 겁니다.

아내 분은 앞서 이야기한 것처럼, 남편에게 얘기할 때 구체적으로 뭔가를 자꾸 설명하려 들지 말고 그냥 감정이 솟구쳐서 말하기 힘들다고 이야기하세요. 눈물을 흘리면서 자신의 그런 모습을 있는 그대로 받아달라고만 요청하세요. 그러고 나서 하고 싶은 말은 편지에 써서 전달하면 됩니다. 절대 어렵지 않습니다.

우리의 문제는 자기 문제를 막연히 규정하는 데엔 에너지를 많이 쓰지만,
정작 자기 문제를 정확히 아는 데엔 에너지를 거의 쓰지 않는 데 있습니다.

커리어 땜에 이혼하면
나쁜 여자 소리 듣겠죠?

친애하는 셜록황에게 ————

4년 전에 결혼했습니다. 제 딴에는 일과 결혼생활을 열심히 병행한다고 했지만, 지금 너무 지쳤습니다. 결혼 후 2년 반 정도 지났을 때 시어머님이 불치병에 걸렸습니다. 나름대로 열심히 모셨는데도 서운한 말씀을 많이 했어요. 직장에서 바쁜 남편도 건강이 좋지 않고 제게 무심해서 외롭고 힘듭니다. 지금 저는 다시 학교로 돌아가 학위를 따느라 바쁘고 고단한 시간을 보내고 있습니다.

현재 저는 이혼을 결심하고 따로 나와서 살고 있습니다. 물론 남편을 여전히 사랑하지만 시부모님은 다시는 보고 싶지 않을 정도로 마음이 돌아선 상태입니다. 늘 불평불만을 쏟아내고 쉽게 화를 내는 성격이라 도무지 적응하기가 어려워요. 남편만 보면 어떻게든 살겠는데 시부모님을 생각하면 도저히 같이하기가 싫습니다. 결혼생활을 하면서 무척 외롭다는 생각을 많이 했는데 늘 제가 다 챙기고 돌보고 이끌어가느라 그랬던 것 같습니다.

남편은 제가 하자는 대로 따르는 사람이라 언제나 제가 계획을 세워야 하고 제가 시키는 일만 하니 부담이 상당히 컸습니다. 가족과의 일도 제가 나서서 이끌지 않으면 늘 지지부진하거나 진행되지 않아 제가 지치도록 매달렸던 것 같습니다. 그래서 더욱더 힘겨웠던 모양입니다. 정작 남편은 나 몰라라 하는 바람에 내가 이 집의 집사인가 하녀인가 자괴감이 들 정도였습니다. 아이도 없고 부부관계도 소원해서 더욱 그런 생각이 드나 봅니다. 부부관계가 일방적이고 자기 욕구만 채우려는 느낌이 들어서 제가 거부한 지 1년 가까이 됩니다. 남편과 저는 모두 의사인데 저는 제 일에 대해 자부심이 있고 또 좋아해서 열심히 하고 있습니다. 좀 더 커리어도 쌓고 연구도 제대로 하고 싶어서 다른 의사들이 전혀 하지 않는 실험도 열심히 했지요. 그러다 보니 힘들기도 했지만 남편이 늘 투덜거리는 것이 더 힘들었습니다.

"왜 당신만 그렇게 바쁜 거야? 교수님에게 얘기해서 좀 빠지면 안 돼?"

현재 가기로 예정된 대학 실험실도 관리해야 하고 학위도 마무리해야 해서 일은 일대로 힘들고, 가정은 가정대로 갈라진 상황입니다. 제가 이 위기 상황을 잘 해결하고 감정적으로도 덜 지치려면 어떻게 해야 할까요? ———

이혼으로 가는 두 개의 다른 마음

정말 놀랍네요. 보통 "삶에 지쳐서 이혼하고 싶습니다"라는 사연이 오면 생활고에 시달리는 사람의 얘기일 거라고 짐작하는데, 이분은 부부가 의사인 경우입니다. 남들이 부러워할 정도로 물질적으로는 풍족할 텐데 삶에 지쳐 이혼을 결심했다고 합니다. 지금 남편을 여전히 사랑하지만 이혼을 결심하고 따로 나와 있다는데요. 마음이 정말 복잡하다는 것을 잘 보여줍니다. 사실, 인간의 심리는 이중, 삼중, 사중 심지어 다중으로 나타나게 마련입니다. 흔히, '마음이 이중, 삼중이면 나쁜 것이다'라고 생각하는데 절대 그렇지 않습니다. 밥솥도 이중, 삼중, 사중, 멀티 코팅으로 감싸면 더 좋잖아요? 우리의 삶에서 보이는 마음도 마찬가지입니다. 중요한 것은 현재 나의 마음이 얼마나 잘 코팅되어 있는가를 아는 것이지요. 어떤 경우에는 몇 겹으로 코팅되었나가 중요할 수 있고, 어떤 경우에는 단 한 번이라도 제대로 코팅되었는지가 쟁점이 될 수 있어요. 그러니 혹시라도 "난 다중이야, 나쁜 건가?" 하고 걱정하며 의심하지 마세요.

복잡한 이분의 마음이 어떻게 코팅되어 있는지를 아는 것이 '마음 읽기'일 텐데요. 먼저, 사연을 보낸 분의 강점이 어디에 있는지, 현재 어떤 어려움을 겪고 있는지 살펴봅시다. 이분은 남편을 사랑하지만, 시어머님과의 관계 때문에 결혼생활을 유지할 수 없다고 생각해요. 시어머님이 불치병에 걸려 있을 뿐 아니라 평소에도 시댁과의 관계가 편하지 않았어요. 그래서 이혼하겠다는 마음입니다. 그러면 이분은 남편과 결혼한 걸까요, 시댁과 결혼한 걸까요? 사실 남편과 결혼한 것인데 결혼한 뒤로 시댁과 결혼한 것처럼 남편이 만들었다고 믿고 있어요. 자신의 믿음이 배신당했다는 마음이에요. 구체적으로는 남편이 자신의 아픔에 대해 무심할뿐더러 현재 어려움에 처한 자신을 구해주려고 노력하지 않으니 더 이상 믿을 수 없는 사람이라 단정해버렸습니다. 다행히, '일은 일대로 힘들고, 가정은 가정대로 갈라진 상황'을 문제로 인식하고, 이를 잘 해결하고 감정적으로도 덜 지치려면 어떻게 해야 할까 고민 중입니다.

이분의 남편이 어떤 성향인지 알면 훨씬 더 정확한 해결책을 제시할 수 있을 텐데 좀 아쉽네요. 사실, 이혼 문제는 남편이 어떻게 반응하느냐에 달려 있습니다. 지금 이분은 별거 중이고, 남편을 사랑하지만 이혼하고 싶다고 합니다. 정말로 이런 심리상태가 가능할까요? 당연히 가능합니다. 특히 요즘에는 이러한 일이 많은데요. 이는 남편과 결혼했지만 혼자 살아도 별 어려움이 없는 여성이 많아졌기 때문입니다. 아니, 남편의 존재감이 그리 크지 않은 상황이기에 이런 심리상태가 될 수 있는 거예요. 오늘날 이혼이 급증하는 이유 중 하나입니다. 혼자 살아갈 능력이 되면 굳이 지질한 남편과 함께 살고 싶지 않다고 생각하는 여성이 늘었다는 뜻입니다. 그래서 결혼제도의 붕괴 또는 상실을 많이 언급합니다. 그런데 여기서 '지질하다'는 것은 경제적인 문제에 국한된 게 아니에요. 사연을 보낸 분의 남편처럼 사회적으로 번듯해도 그가 제 역할을 다하지 못하면, 혹은 제대로 하지 않으면 '지질하다'고 봅니다.

남편이 어떤 성향인지 몰라도, 아마 보통 한국 남자의 통념적 사고를 하는 사람이라면, 어쩌면 남편은 이 사연을 보낸 분과 헤어지기를 바라고 있을지도 모릅니다. 통념적으로 어머니가 불치병에 걸렸는데 아내는 바깥일로 바쁘고, 남편을 여전히 사랑한다고 하지만 1년 가까이 부부관계가 없는 상황이라면, 남편은 그분을 아내로 여기기 쉽지 않을 듯합니다. 또 집안일을 열심히 한다고 말은 해도 어쨌든 이분은 자기 자신을 위해 시간을 가장 많이 쓰고 있어요. 이 정도면, 남편의 입장에서도 서운함을 넘어 배신감 같은 걸 느끼고 있을지 모릅니다. 한마디로 이들 부부는 한 팀으로 보이지 않아요. 사실 이분의 사연을 들여다보기 전에, 남편의 심리를 나름대로 먼저 추측해보면, 남편은 아내를 지극히 사랑하지 않는 상태입니다. 이미 다른 곳에 여자 친구를 두었을 가능성도 있어요. 물론 어디까지나 가능성입니다만, 1년 가까이 부부관계를 하지 않았고, 또 의사인 만큼 경제력도 있을 테니,

이런 부분을 고려한다면 남편 분이 자신의 감정적 욕구를 억제하면서 살고 있을 특수한 인간은 아닐 거라는 짐작입니다. 어쩌면 남편은 아내가 자신에게 이혼해달라고 말하길 기대하고 있을지도 모릅니다.

남편은 나의 마음을 정말 모를까?

사연을 보낸 분은 사정이 참 딱합니다. 자기 자신을 좀 더 잘 알았다면 사태를 해결하기 위해 훨씬 다르게 행동했을 텐데 그걸 파악하지 못하고 있어요. 이대로 가면 이혼할 가능성이 큽니다. 사실 이분에게는 학위나 며느리의 역할과 같은 두 마리 토끼 정도가 아니라 세 마리, 아니 열 마리 토끼를 잡을 능력도 있어요. 하지만, 자신이 잡아야 하는 열 마리 토끼가 무엇인지 알아야만 다 잡을 수 있답니다. 이분은 지금 자기가 한 마리 토끼를 쫓고 있는지, 두 마리 토끼를 쫓고 있는지, 세 마리 토끼를 쫓고 있는지 잘 모릅니다. 여기에다, 자신이 먼저 잡아야 하는 것이 토끼인지 여우인지 문어인지 오리인지조차 구분하지 못하고 있습니다.

이분은 아무것도 모르면서 그저 열심히 뛰고 있습니다. 성향이 에이전트라서 그렇습니다. 이 유형은 자신에게 주어진 과제를 열심히 하는 사람인데, 문제는 현재 이분의 자의식(셀프)이 과도하게 높게 표현된 상황이라는 점입니다. 자신이 하는 것이 옳고 자신을 위해 열심히 일하면서 사는 게 바른 생활이라고 믿고 있기에 본인에게 주어진 과제가 어떤 의미인지 정확히 인식하지 못하면 토끼도 쫓고 여우도 쫓고 늑대도 쫓는 식으로 중구난방 일을 벌이게 될 겁니다. 그러다 어느 순간 '내가 지금 뭐 하고 있나' 하면서 회의를 느끼고, 힘들어 죽겠는데 도와주는 사람 하나 없다면서 허탈해 하지요. 현재 이분이 남편에 대해 느끼는 불만은 이렇게 발생한 것입니다.

'남편은 내 편인 줄 알았는데 남의 편이구나'라고 생각하게 되고, '너랑 같이 사느니 혼자 사는 게 낫다. 내가 너희 집 집사냐?' 같은 생각도 합니다. 그런데 에이전트 유형 가운데엔 스스로 능력을 갖추지 못해서 그냥 좀비 모드를 보이는 자포자기 유형도 있습니다. "그래, 하녀로 살지 뭐. 공주인 줄 알았는데 바리 공주였나 봐. 그냥 이렇게 살지 뭐"하면서요. 하지만 이분은 자의식이 상당히 높고 능력이 뛰어나서 현실적으로 혼자 생활하는 데 아무런 어려움이 없습니다. 그러니까 두 마리, 세 마리 토끼를 쫓느라 고생할 필요도 없고 누구 집 집사나 하녀로 살고 싶지도 않다고 생각하는 거예요. 물론 남편을 사랑하지만 자기 주관도 없이 행동하는 터라 '뭐 하러 남편 대접을 해'라고 생각합니다.

이분에겐 결혼생활을 유지할 절실한 이유가 없어 보여요. 게다가 이분은 사람의 감정과 관련된 문제인 사랑을 무슨 수학 공식처럼 간주하면서 '감정적으로 덜 지칠' 방법을 찾고 있습니다. 물론 방법이 없는 건 아니에요. 게다가 이분의 문제를 푸는 방법은 아주 간단합니다. 먼저 남편과 이혼할 것이냐 아니냐는 자신이 어떤 삶을 더 중요시하느냐를 잣대로 판단하면 됩니다. 이분은 그냥 의사로 지내는 것이 아니라 의대 교수가 되고 싶어 해요. 사회적으로 좀 더 성공하고 인정받고 싶어 합니다. 그럴 때 남편이라는 존재는 도움이 될까요, 안 될까요? 대학 교수를 뽑을 때 이혼한 사람은 뽑지 않는다는 이야기를 들어봤나요? 능력 있는 싱글 여성을 대학 교수로 뽑는 게 나을까요, 아니면 결혼해서 연구 활동을 제대로 못하고 애나 남편, 시댁을 챙기느라 바쁜 교수를 뽑는 게 더 경쟁력이 있을까요?

현실적으로 보면 남편은 거치적거리는 존재입니다. 지금 이분에게 남편은 도움은 되지 않고 오히려 거치적거리는 존재라는 생각이 더 강해요. 그게 싫어서 집까지 나온 마당이니, 이혼까지 가지 않으려면 남편의 존재감에 대해 확실히 정리해야 합니다. "너, 앞으로도 계속 거치적거릴 거니 아니면 나를 도와줄 거니?" 하고 남편에게 선택을 요청하세요. 본인의 선택이 아닌 남편의 선택이 중요합니다. 물론 이분은 그 선택이 본인이 원하는 방향으로 이루어지기를 원하고 있습니다. 하지만 자신이 원하는 대로 상황이 바뀔 가능성이 그리 높아 보이지 않아서 더 큰 위기의식을 느끼는 겁니다. 어떻게 해야 할까요?

먼저, 이혼이냐 아니면 남편의 적극적인 이해와 협조냐 하는 선택을 본인이 아니라 남편이 하도록 유도하세요. 남편은 이분과 결혼생활을 유지하고 싶어 할까요? 이걸 제가 남편에게 물어볼 수 있으면 좋을 텐데, 사연의 내용만 보면, 남편은 이분과의 선택에서 아내의 일에 대한 욕구를 적극적으로 이해하고 협조할 생각이 그리 높지 않아 보입니다. 이혼이냐, 협조냐의 두 갈래 길에서 남편은 자신이 결정권을 가지고 있다는 생각조차 하지 않거나 또는 포기한 듯합니다. 그 결과, 현재 이분이 별거하고 있는 것입니다.

당신이 생각하는 대로 행동하지 못하는 이유

이분은 현재 이혼을 결심하고 있는데, 남편과 관계없이 "이 위기 상황을 해결하고 감정적으로 덜 지치려면 어떻게 해야 할까요?"라고 물었습니다. 이미 집을 나왔으니 남편에 대해서는 더 이상 생각하지 마세요. 그래야 덜 지칩니다. 시댁은 없다고 생각하고요. 마치 결혼한 적이 없는 것처럼 말입니다. 그러면 감정적으로 지칠 이유가 없어요. 이때 "아니, 그래도 결혼했는데 결혼하지 않은 사람처럼 시댁을 깡그리 무시하고 살 수는 없잖아요?"라고 한다면 저는 이렇게 묻겠습니다. "그렇게 생각하는 기혼자가 혼자 나와서 살고 있나요?"

무슨 의미인지 아시겠지요? 이분의 문제는 자신의 생활과 생각을 일치시키지 않는 데서 발생합니다. 즉 행동과 사고를 따로따로 하기 때문에 감정적으로 지치고 힘든 거예요. 자기 스스로 힘든 상황을 만들어놓고 '덜 지치려면 어떻게 해야 하는지' 그 방법을 찾는다는 건 아이러니합니다. 시댁과 완전히 결별하고, 결혼했다는 사실 자체를 무효화하면, 즉 행동과 사고가 일치하면 거기에서 한 단계 더 나아가는 선택을 할 때 고민할 필요가 없습니다. 현재 이분은 사실상 관계를 끊고 홀로 살겠다고 선택했습니다. 만일 이분이 "이 상태를 유지해야 하는지, 변화를 추구해야 하는지" 묻는 거라면 대답도 달라지겠지요. "당신이 좋아하는 일을 계속하되 외로움을 덜고 싶다면 남자 친구를 사귀세요" 하는 방향으로 말입니다.

그런데 걸리는 게 하나 있어요. 이분이 남편을 여전히 사랑한다는 대목입니다. 이제 그 '사랑'에 대해 생각해봅시다. 사랑은 주는 걸까요, 받는 걸까요? 사랑은 주는 것입니다. 그런데 이분은 사랑하는 남편을 위해 무얼 주고 있습니까? 이분은 말로는 사랑한다고 했지 남편에게 주는 것이 없습니다. 초반에는 주었을지 몰라도 지금은 사랑한다고 말하지만 사랑하는 행동을 보이지 않습니다. 무슨 의미일까요? 이분은 지금 자신의 과제를 사랑하지 남편을 사랑하지 않는데, 남편을 사랑해야 죄책감이 덜 드니까 지금 자신을 합리화하고 있는 겁니다.

사실이 아닌 것을 사실이라고 믿을 때 그것을 '기만'이라고 합니다. 사람들은 대부분 자기기만에 능숙하고 특히 한국 사회에서 머리가 좋거나 잘살거나 기득권을 가진 사람은 자기기만에서 뛰어난 신공을 발휘합니다. 대개 언론에 나와 이야기하는 분들은 자기기만술에서 거의 최고의 경지에 올라 있어요. 자기 자신을 속여야 남도 속일 수 있으니 자기도 잘 믿지 않는 얘기를 우아하게 표현하고, 그것이 계속되면서 그들은 자기 말을 진짜라고 믿습니다.

° 무엇이 중한디?

이분은 에이전트의 마음을 가진 사람답게 스스로 계획을 세웠는데, 남편은 자신이 시키는 일만 하는 사람이라 지내기가 힘들었다고 합니다. 남편이 이런 위기 상황을 잘 파악하고 알아서 해결해주기를 바랐다는 뜻일 텐데, 여기 덧붙여 본인은 시댁이나 가정, 학교 일까지 굉장히 열심히 했는데 제대로 평가를 받지 못했다며 불만을 표합니다. 자신이 무시당했다고 느끼는 거예요. 어쩌면, 시어머니가 이 유능한 며느리에 대해 긍정적인 피드백을 주지 않고 "넌 왜 네 일밖에 모르니? 아범이랑 집안일 좀 챙겨라" 하는 식으로 부정적인 반응을 많이 했을지 모릅니다. 사실 이분은 나름대로 최선을 다했을 겁니다. 에이전트 유형의 분들은 자신이 누구보다 일을 잘한다고 믿습니다. 따라서 자신이 한 것에 대해 부정적인 피드백이 돌아오면 자기 존재를 부정당한 듯한 심리 상태에 빠져요. 특히 가족에게 그런 피드백을 들으면 심리적 타격이 아주 큽니다. 시부모를 두 번 다시 보고 싶지 않아 할 만큼 마음이 돌아선 것도 그런 배경이죠. 설상가상으로 이때 남편이 "당신이 좀 이해해줘"라고 따뜻한 말 한마디 던진 것도 아닌 만큼 남편도 보기 싫은 것입니다.

또한 이분은 시부모에게도 잘했을 겁니다. 하지만 불치병인 시어머니는 분명 며느리에게 이런 기대를 했을 테지요. "넌 의사잖니? 며느리가 시어머니 병도 못 고치니?" 이것은 부모가 자식에게 '나를 닮아 머리는 좋을 테니 조금만 노력하면 반에서 1등 정도는 우습게 할 수 있을 것'이라고 기대하는 바와 다르지 않아요. 하지만 이런 태도는 과제지향형 며느리에겐 독이 될 뿐이지요.

이분은 '일은 일대로 힘들고 가정은 가정대로 갈라진 상황'이라고 하는데요. 일에 치이는 것은 스스로 선택한 과제고 이분은 이걸 잘하고 싶어 합니다. 말 그대로 잘하면 그만입니다. 문제는 지금 이분에게 가정은 중요한 과제가 아니라는 데 있어요. 한마디로, 자신의 선택을 결혼생활 즉 가정에 두느냐, 아니면 자신의 일에 두느냐의 선택의 상황입니다. 그런데, 여기에서 가정은 뒤로 제친 상황입니다. 따라서 이분이 심리적으로 안정을 찾으려면 본인에게 가장 중요하게 여겨지는 것을 먼저 해야 해요. 지금 상황에서 이분에게 가장 중요한 것은 남편이 아니라 '지금 하고 있는 일'입니다. 이것을 명확히 인식하면 마음도 편안해질 테지요.

이분의 WPI 타인 평가 결과를 보니 셀프 성향이 매우 높게 나옵니다. 자신에 대한 인식 또는 스스로를 분명하게 드러내고 싶은 마음이 아주 강하다는 뜻이에요. 따라서 이분은 무엇보다 자기 일을 열심히 하고, 자신을 좀 더 합리화하면서 자존감을 높여야 합니다. 지금 혼란스러운 이유는 '나는 일도 잘하고 남편과 가족도 잘 챙기는 괜찮은 여자여야 해. 그런데 남편을 저렇게 팽개쳐버렸어. 그럼 나는 어떻게 되는 거지?'라고 생각하기 때문입니다. 거치적거리는 남편을 어떻게 정리해야 할지 고민스러운 거예요.

그런데요, 정리하고 말고 할 것도 없습니다. 그냥 이 상태로 1년 정도 지나면 남편이 먼저 정리하자고 요구할 테니까요. 그 사이 시어머님이 세상을 떠날지도 모릅니다. 물론 그렇다고 해서 문제가 사라지는 건 아니에요. 시어머니가 돌아가시면 며느리는 사회적으로 혹은 자기

사람들은 보통 자신이 의식하고 인정하는 것만 자기 심리라고 생각해요.
의식하기 싫고 기분이 나빠지는 마음은 자기 게 아니라고 여깁니다.
진짜 문제는 여기서 발생하지요.

스스로 '나쁜 며느리'의 위치에 설 텐데 지금 이분은 그걸 평생 안고 살 각오가 되어 있지 않습니다. 하지만 이분의 문제와 가장 깊이 관련된 이슈는 시어머니가 아닙니다. 자신이 과거에 시부모에게 얼마나 잘했는지, 그들이 자신에게 얼마나 부정적인 피드백을 주었는지도 아닙니다. 현재 이분의 가장 큰 이슈는 "내 일에 가치를 둘 것인가, 아니면 남편과의 관계에 가치를 둘 것인가?" 하는 점입니다. 아주 명확한 문제를 빙빙 꼬아서 어렵게 생각하고 있을 뿐이에요.

셜록황의 마음 처방

"일이냐, 가족이냐?"

이렇게 물으면 선택이 어렵습니다. 하지만 형용사를 하나씩 붙여 다시 물으면 이분의 경우 대답이 한결 쉬워집니다. "성취감을 주는 일이냐, 마음이 안 가는 가족이냐?" 하는 식으로 말입니다.

이분에겐 그 선택이 어렵지 않을 겁니다. 1년 동안 부부관계도 없었고 이기적으로 자기 하고 싶은 대로 하고 사는 남편이니까요. 이런 남편은 대개 좀비에 가깝습니다. 다른 사람과 결혼해서 살 자신은 없고 앞날이 불안정할 경우 그 상황을 바꾸기가 힘드니까 그냥 참고 사는 겁니다. 안타까운 점은 이 상황에서 만약 시어머니께서 돌아가시면 남편이 아내를 거의 원수로 취급할 거라는 점입니다. 아마 이렇게 말할 테지요. "너 때문에 돌아가셨다."

물론 이분은 예전에 내가 얼마나 잘해줬는데 그런 말을 하느냐고 강변하겠지만 남편의 입장에서는 부모님을 잃은 게 더 큽니다. 이분이 일과 사랑이라는 두 마리 토끼를 다 잡으려면 동지를 만들어야 합니다. 로맨티시스트 유형의 아내에겐 아기가 동지가 될 수 있지만 에이전트 성향의 이분에게는 남편이나 남자 친구가 동지나 최소한 하인 위치에서 같이 일해주어야 합니다. 하지만 이분은 남편을 동지로 만들고자 했는데 실패했어요. 집안일과 자기 일을 다 열심히 하면 남편이 내 편이 될 줄 알았는데 그렇지 않았습니다.

문제가 뭐냐고요? 자신이 모든 것을 주도해서 계획을 세우며 추진한 까닭에 남편이 동지가 아니라 미숙한 추종자, 아니 더 정확하게 말하면 방관자의 역할을 하는 데 그쳤기 때문입니다. 사연을 보낸 분처럼 능력 있는 여성이 "내가 이 집 집사야? 하녀야? 내가 이 집 딸도 아닌데 왜 이래야 해?" 하면서 불만을 쌓아가고, 더 나아가 자존감에 상처를 입는 상황이 되어버렸으니 탈이 날 법도 합니다.

그렇다고 남편에게 주도권을 넘겨주고 알아서 해보라고 할 수도 없습니다. 이것은 호랑이더러 토끼가 되어보라고 말하거나 토끼더러 호랑이가 되어보라고 말하는 것과 같습니다. 에이전트 유형은 꼼짝하지 않고 시체처럼 누워 있는 것을 하지 못합니다. 더구나 이분은 자의식까지 아주 높습니다. 이분에게는 기본적으로 자신에게 주어진 과제를 얼마나 잘 수행하느냐가 삶의 핵심이므로 그것이 개인과 관련된 과제냐, 아니면 가족과 관련된 과제냐, 내 감성을 충족시키는 것이냐, 그것도 아니면 내 이성을 합리화하는 것이냐를 분명히 구분하는 것이 우선되었어야 합니다. 그렇게 했다면 일을 수행하는 데 별다른 어려움을 느끼지 못했을 겁니다. 그런 구별을 못하는 판국에 자기감정과 일에서 혼란을 겪으니까 일단 일에 치중하겠다고 선택한 뒤 이 사연을 보낸 것이지요.

이혼은 시간이 지나면 남편이 자연스럽게 요구할 문제니 지금 상황에서는 자신이 원하는 대로 하는 것이 정답입니다. 그리고 남편이 이혼을 요구하면 아무런 죄책감이나 부담감을 느끼지 말고 받아들이면 됩니다. 만일 이분이 지금 이혼하자고 하면 남편에게 두 번 죽일 사람이 됩니다. 어차피 남편과 특별한 관계도 없는데 괜히 나서서 화살을 맞을 필요는 없습니다. 자신에게 우선순위인 과제에 초점을 두고 다른 것에는 그냥 신경을 끄라는 것이 제가 드리는 솔루션입니다.

이혼 후 사람이
달라졌어요

친애하는 셜록황에게 ────

3년 전 이혼하고 현재 고시촌 좀비처럼 살고 있는 서른여섯 살 여자입니다. 원래 저는 사람 만나는 것을 좋아했는데 1년에 걸쳐 이혼 소송을 하면서 주변 친구들에게 낱낱이 소문이 돌았고 그 탓에 사람을 꺼리게 되었습니다. 이혼하는 것도 힘든데 뒷담화까지 감당하느라 그야말로 멘탈이 부서지는 시기를 겪었습니다. 사람에 대한 깊은 회의감이 찾아오더라고요.

제게 상처를 주는 사람들이 싫어서 모든 인간관계와 SNS를 끊고 집과 직장만 오가며 살고 있습니다. 불특정다수를 원망한 적도 있지요. 사람을 만나고 싶지만 제 신상정보를 알려주고 싶지 않고 이혼에 대한 편견때문에 불쾌한 경험을 자꾸 하면서 아예 회피하고 있습니다.

이혼을 숨기는 것이 능사가 아니라는 생각에 작정하고 이혼 사실을 밝히기도 해봤지만, 제 앞에서나 따뜻한 위로를 해줄 뿐이지 결국 돌아오는 건 뒷담화와 흠집 내기, 지레 짐작, 확대 해석 같은 것뿐이더라고요.

심지어 제가 자기들보다 더 좋은 남자를 만나 재혼할까 봐 전전긍긍하는 동료도 있습니다. 이런 사람들을 보면 화가 나기도 하고 제 처지가 슬퍼지기도 하네요.

제 성격에 이렇게 사는 것이 너무 힘이 듭니다. 저는 하는 일도 만족스럽고 외모도 그럭저럭 나쁘지 않아서 이성을 만나는 것에는 자신이 있습니다. 그런데 지금은 무언가가 저를 가로막고 있고 사방팔방이 꽉 막혀 있는 듯한 기분입니다. 그냥 다 망가졌다는 느낌뿐이지요.

예전에는 친구의 친구들과도 어울리길 좋아하고 누굴 만나도 스스럼없었는데 왜 이렇게 움츠러들기만 하는지 모르겠어요. 더 큰 문제는 혼자서 제 자신을 추스르는 방법을 모른다는 것입니다. 어차피 이혼녀라는 사실은 바꿀 수 없고 타인의 시선 또한 마찬가지니 그냥 독야청청 혼자서라도 잘 살 수 있었으면 좋겠습니다. 남들에게 의지하지 않고 숨지도 않은 채 지금의 상황을 잘 받아들이고 싶어요. 제가 어떻게 해야 하나요?

현재 제가 가장 가치 있게 생각하는 것은 가정의 화목입니다. 집에만 콕 박혀 있는 제가 유일하게 소통하는 존재가 가족이기에 더 그런 것 같습니다. 가족이 모두 외출하고 집에 혼자 남아 있으면 가족이 들어오기만 기다립니다. 제게는 가족이 다치거나 사라지는 것이 세상에서 가장 큰 불행입니다. 의연하고 담담해지고 싶어요. 도와주세요. ──

고시촌 좀비는 아무나 되나?

이분의 WPI 프로파일을 보면 전형적인 휴머니스트입니다. 휴머니스트가 최고치이고 아이디얼리스트와 리얼리스트가 거의 일치하는 것으로 보아 이분은 지금 직장에서 일도 잘하고 있습니다. 하지만, 최근 이혼을 경험한 만큼 이분이 굉장히 우울한 상태에 있는 것은 자연스러운 일입니다. 이런 모습을 보통 '고시촌 좀비'라고 하지요. 외향적이며 관계 지향적인 휴머니스트 성향의 사람들이 자신이 지켜야 한다고 여기는 원칙들이 사라졌을 때 겪게 되는 일종의 심리적 멘붕 상태입니다. 기본적으로 휴머니스트 성향의 분들은 대부분 사람 만나는 것을 좋아하고 또 사람들과 잘 지내며 오지랖이 넓습니다. 그런데, 현재 무력감에 빠져서 사람들 만나는 것이 싫다며 숨고 있어요. 이처럼 관계 지향적 사람들이 사회관계를 어느 정도 단절한 상태로 지낼 때 이를 "고시촌 좀비 모드에 돌입했다"라고 이야기합니다.

휴머니스트 성향의 사람들이 인간관계를 단절하고 숨어 지내는 듯한 '도피'의 길을 택했을 때 이를 '고시촌 좀비'로 표현하는 것은 이들이 'NG(No Good)' 상황에 있다는 뜻인데, 역시 제가 만든 용어입니다. 고시촌에서 마치 대단한 시험을 치르는 것처럼 숨어 살지만 실제 생활은 거의 좀비처럼 지내는 상태라는 뜻입니다. 사교적이고 적극적인 사회관계를 즐기는 일반적인 휴머니스트 성향이 극단적으로 이렇게 바뀔 수 있다는 게 참 흥미롭지요? 다행히 이분은 고시촌 좀비 상태에 그리 오래 머물지 않을 겁니다. 이 성향은 아무리 엇나간다 해도 기껏해야 6개월이나 1년 정도면 다시 원래 상태로 돌아가거든요.

사연을 주신 분은 3년 전에 이혼했다고 합니다. 1년에 걸쳐 이혼 소송을 진행하느라 사람들에게 온갖 소문이 났고, 급기야 지금은 대부분의 관계를 단절한 상황입니다. 사람들에게 받은 상처 때문에 주변을 정리하다 보니 이제 자신이 더 괴로운 거고요. 외향적이고 관계 지향적 성향을 가진 분들은 자신이 사회적 평판 혹은 규범에서 조금 벗어난 경험이나 행동을 하게 될 때 스스로를 굉장히 자책하는 경향이 있습니다. 그러니 이분이 이혼을 단순히 힘든 일 정도가 아니라 인생의 실패처럼 받아들이는 겁니다.

물론 이혼의 경험은 즐겁지 않아요. 힘들 겁니다. 그런데 이혼이라는 같은 상황도 어떤 마음을 가졌느냐에 따라 조금씩 다른 의미로 다가온답니다. 예를 들면, 로맨티시스트 성향인 분은 이혼 후 '내가 어떤 남자를 만나야 두 번 다시 실수하지 않을까? 분명 그런 남자가 내게 다가올 거야'라고 생각합니다. 그리고 이혼 후에도 상황에 따라 결혼의 가능성을 기대하면서 남자를 적극적으로 만나려고 합니다. 자신에 대한 전문성과 독립성을 중시하는 아이디얼 성향의 사람들은 '혼자 사나 같이 사나 마찬가지야. 이혼은 멍청하니까 당연히 한 거고'처럼 남 이야기 하듯 심드렁하게 받아들입니다. 에이전트는 결혼이라는 과제를 자신이 실패한 것처럼 받아들여요. 그래서 항상 배우자 탓을 하는 경향이 높습니다. 이처럼 사람마다 이혼 상황을 받아들이는 태도와 마음, 그리고 상처damage가 다르게 마련입니다.

사연을 보낸 분은 '다른 사람들이 나에 대해 얼마나 나쁘게 얘기할까' 하는 문제로 고민하면서 소위 사회적 평판에 굉장히 신경을 씁니다. 자신의 존재 이유가 이혼으로 인해 부정당했다는 느낌을 받으면서 이를 인생의 실패처럼 받아들이고 있어요. 그러니 뒷담화 때문에 얼마나 힘들었을지 짐작하고도 남습니다. 가령 이분은 '내가 말하지 않으면 사람들이 쟤는 이혼한 것을 숨기는 나쁜 사람이야'라고 할까 봐 굳이 이야기할 필요도 없는 것을 털어놓았습니다. 그런데 솔직하게 털어놓자마자 사람들이 뒷담화를 합니다. 돌아서서 자기들끼리 "이혼한 게 자랑이니? 쟤 좀 이상한 것 아냐" 하는 얘기를 주고받는 거예요. "분명 다른 남자가 있을 거야"라는 소리까지 들으면 사람들이 정말 싫어집니다.

사연에 나오다시피 이분은 외모가 뛰어나고 능력도 갖추었습니다. 주변에서 자기보다 더 좋은 남자와 재혼할까 봐 시기할 정도라고 하잖아요. 그런데 이분은 남자를 지긋지긋해 하고 심지어 남자를 지질한 존재로 여깁니다. 아마 남편이 엄청나게 지질한 남자였을 것입니다. 남편이 답답하고 지질해서 '차라리 내가 애를 키웠으면 키웠지 이 남자와는 도저히 더는 못 살겠다' 싶어서 이혼한 거죠.

아마 이분은 매우 신중하면서도 섬세하고 다정한 남편의 모습에 끌려 결혼했을 겁니다. 역설적으로 또 바로 그런 특성 때문에 이혼했고요. 막상 결혼하고 보니 섬세하고 다정한 남편이 쫀쫀하기가 이루 말할 수 없었을 겁니다. 이런 남자는 대개 우유부단합니다. 왕자병에 마마병까지 있어서 자기 스스로 결정을 잘 못 내려요. 어떤 남자인지 대충 느낌이 오죠? 그래서 '내가 이 남자랑 계속 살아야 하나, 말아야하나' 고민하는데 여기에 '시' 자 붙은 사람들이 기름을 붓습니다.

어쩌면 이분은 이혼 결정을 인생에서 가장 잘한 일이라고 훗날 판단하게 될지도 몰라요. 그러므로 지금은 잠깐의 침체기라 생각하고 이혼에 대한 본인의 혼란스러움이나 주위의 평판 같은 것은 담담히 받아들이세요. 진짜 문제는 자신에게 일어난 이혼이라는 사건을 자연스럽게 받아들이지 못하기 때문에 발생하는 거니까요. 이런 상황에서 어떤 충고나 격려는 마치 공부를 못하는 아이에게 "공부를 열심히 해봐. 그러면 너도 잘할 수 있어!"라고 말하는 것과 마찬가지입니다. 별효과가 없다는 뜻이에요. 하나마나 한 말을 건네는 것입니다. 누군가 "너는 원래 오지랖이 넓잖아. 그러니까 그냥 나가서 남자들을 마구 사귀어 봐" 같은 조언도 할 수 있겠지요. 설령 이분이 어느 정도 오지랖이 넓다 하더라도 지금 상황에서는 선뜻 그렇게 행동하지 않습니다.

이분은 "예전에는 친구의 친구들과도 어울리길 좋아하고 누굴 만나도 스스럼없이 지냈다는데 지금은 움츠러든다"라고 고백했습니다. 로맨티시스트 유형일 경우 이혼하고 나서 뒷담화를 들으면 움츠러드는 게 당연하지만 이분 같은 유형은 그런 생각을 잘 하지 않습니다. 문제는 이분이 스스로 자기 삶을 질곡에 빠뜨리기에, 아니, 스스로를 고시촌 좀비로 만들었기에 발생한 겁니다. 아무리 오지라퍼 유형의 사람이라 해도 이런 충격을 받으면 6개월 혹은 1년 정도 고시촌 좀비 상태에 빠지기 쉽습니다. 자기가 속한 공간에서 그런 모습을 보이거나 다른 공간으로 이동하여 완전히 다른 사람이 된 것처럼 살기도 합니다. 예를 들면, 장기간 여행을 떠나 문제가 되는 상황을 다 잊은 것처럼 행동하기도 해요. 그런데 이분은 그걸 못합니다. 공간과 시간을 바꾸어보면 도움이 될 텐데 현재 이분이 시도할 수 있을지 알 수 없습니다. 직장이나 하고 있는 일에 대해선 그다지 불만이 없어 보이니까요. 이분은 현재의 직장보다 더 괜찮은 직장 혹은 이동할 기회가 생기면 재빨리 옮기는 것이 좋습니다. 그러면 시기, 질투, 뒷담화가 줄어들고 기가 다시 살아날 거예요.

○ 하마터면 휘둘릴 뻔했어

남편과 이혼한 이분은 남편을 다시 만난다거나 그에 대한 미련, 혹은 기대 같은 것을 가지고 있지 않아요. 아주 쿨합니다. 사실 이분은 다른 사람들과 관계도 좋은 편입니다. 문제는 관계를 잘 맺고 싶다는 마음이 지나치게 강하다는 데 있어요. 또한 이분의 패착은 가족에게 초점을 뒀다는 점입니다. 사연에서 "현재 가장 가치 있게 여기는 것이 가정의 화목"이라고 말했지만 사실 이분은 결혼하기 전에는 가족에게 별로 신경을 쓰지 않았을 겁니다. 이혼하고 나니 자신을 품어주는 가족이 그저 고맙고 애틋하게 느껴져서 순간 이렇게 생각하는 것뿐이에요. 아마 연애할 때는 늘 바깥에서 시간을 다 보냈을걸요? 인간은 본래 이런 존재입니다. 자기가 필요할 때는 거기에 푹 빠지지만 그게 중요치 않거나 필요 없으면 신경도 쓰지 않습니다. 말이 고시촌 좀비이지 실제 이분은 진짜 고시촌 대신 돈을 내지 않는 친가에서 시간을 보내고 있는 상황입니다. 그러니 가족이 중요하게 여겨지는 것도 당연하죠. 만약 이분이 실제로 고시촌에 살고 있다면 그 상황에서도 가족이 중요하다고 말했을까요?

문제의 핵심은 이분이 집에서 거주한다는 것입니다. 이분은 한층 더 활발하게 사람들을 만나고 회사에 가서도 더 열심히 일하는 것이 좋습니다. 사람이 좋아서 사람을 만나기도 하지만 일을 통해 사람을 만나는 것을 더 좋아하기 때문입니다. 따라서 자꾸만 밖으로 나가 사람을 만나야 관계도 발전하고 일도 잘됩니다. 주변의 시기심은 신경 쓸 필요가 없어요. 어차피 이분은 주변의 비슷한 연배나 어린 여성들에게 시기의 대상일 수밖에 없습니다. 일도 잘하고 예쁘기까지 하니 이분이 좋은 남자와 재혼이라도 하게 되면 당연히 시기의 말들이 쏟아질 테지요. "○○는 복도 많지. 나는 한 번도 못한 결혼을 두 번이나 하다니, 그것도 정말 괜찮은 남자랑! 신은 왜 이리 불공평하실까?" 하고 말입니다.

이런 말도 안 되는 불평을 들을까 봐 걱정할 필요는 없습니다. 주변의 시기와 질투는 '모두 나를 부러워해서 그런 거구나'라고 생각하면 그만이에요. 하지만 안타깝게도 이분은 그러지 못합니다. 스스로 이혼을 커다란 흠이라고 생각하기 때문인데요. 마치 자신이 무슨 큰 죄라도 지은 양 생각하는 겁니다. 이혼은 절대 흠이 아니에요. 이혼했다고 해서 인생에 실패한 것도 아닙니다. 설령 실패라고 생각할 수는 있겠지만 그렇다고 해서 죄를 지은 건 아니지요. 게다가 내 실패를 널리 알리지 않았다고 해서 내가 잘못하는 것이라고 볼 수도 없습니다. 인간은 원래 자신의 멋진 모습만 보여주고 싶어 하는 존재잖아요? '못난 모습까지 다 보여주는 것이 있는 그대로 나를 나타내는 것'이라고 말한다면 그건 가식입니다. 이것은 신의 영역이지 인간의 자연스러운 행동이 아니지요.

이분은 이혼을 실패, 커다란 죄, 잘못 등의 단어와 연결해서 스스로를 좀비로 만들고 있다는 것이 가장 큰 문제입니다. 이혼은 이미 이분과 아무런 관련이 없습니다. 단지 스스로 인식하지 못하고 있을 뿐이지요. 이혼은 이분의 삶에서 이미 흘러가버린 강물입니다. 물은 거꾸로 흐를 수 없습니다. 굳이 다시 불러올 필요도 없어요. 더 맑은 강물을 새로 받아 채우면 그만입니다. 과거의 삶을 굳이 현재와 연결하여 심리적으로 고통 받을 필요는 없다는 뜻이지요.

과거에 이혼한 것을 두고 주위 사람들이 계속 가십거리로 삼고 있다고 해서 힘들어 할 필요가 있을까요? 그 사람들의 심리를 한번 생각해봅시다. 그들은 이분을 새로운 경쟁자로 여깁니다. 능력 있고 예쁘기까지 한 이분으로 인해 자신들의 위치에 변동이 생기지 않을까 걱정하는 것뿐이에요. 그들이 지질하게 전전긍긍하는 것을 왜 신경 써야 합니까? 주변 사람들이 이분의 이혼을 두고 왈가왈부하는 것도 사실상 시기와 질투의 표현이지 이분과는 아무런 관련이 없습니다. 실제로 그들이 시기, 질투하는 것은 이분이 상당히 괜찮은 분이기 때문입니다.

이분은 이제 삶의 가치를 먼저 생각해야 합니다. 삶에서 가장 중요한 것은 무엇인지, 무엇을 위해 살 것인지 깊이 고민해야 해요. 예전에는 남자를 만나 결혼하는 것이 이분에게 중요한 가치였을 겁니다. 이분처럼 휴머니스트 성향인 분들은 남이 하는 것은 다 해보고 싶어 하고, 남들에게 번듯하게 보이길 원합니다. 소위 '가오'를 따지고 '폼생폼사'를 외치죠. 이분도 상당히 괜찮아 보이는 남자와 결혼했을 겁니다. 남들도 시집을 잘 갔다고 생각하고 스스로도 부족함이 없다고 여겼을 테죠. 그런데 막상 살아보니 번듯한 것은 그 남자의 부모이지 그 남자가 아니었던 겁니다. 아마, 이분이 이혼했다는 말을 들으면서 속으로 쾌재를 불렀을 사람이 꽤나 있었을걸요? 시기의 대상한테서 흠을 찾아낸 셈이니까요. 이런 데 신경을 쓸수록 이분은 더욱 괴로워집니다. 물론 신경 쓰지 말란다고 해서 아예 신경을 끌 수는 없겠지만 어차피 주위의 평은 달라지지 않을 테니 그저 무시하세요.

주위 사람들에게 좋은 평판을 얻는 것이 이분에게는 상당히 중요한 에너지원입니다. 그러면 어떻게 스스로 에너지를 끌어 모아야 할까요? 현재 이분을 지속적으로 격려하고 조금이라도 지지하는 존재는 가족입니다. 이분이 현재 가정의 화목을 가장 가치 있게 여기는 이유죠. 사실 가정의 화목, 건강, 행복 등을 가장 중요한 가치로 얘기하는 분들은 따로 있습니다. 성공과 안정감을 추구하면서 대세를 좇는 리얼리스트 유형의 사람들입니다. 물론 위에 언급한 가치들은 대다수 사람들이 원하는 가치이기도 합니다만, 이분의 매력은 여기에 있지 않아요. 집에 혼자 있을 때 가족이 돌아오기만 기다리는 것은 이분의 진정한 모습이 아닙니다.

이분이 따로 삶의 가치를 적어놓은 자료를 보면 가정의 화목과 건

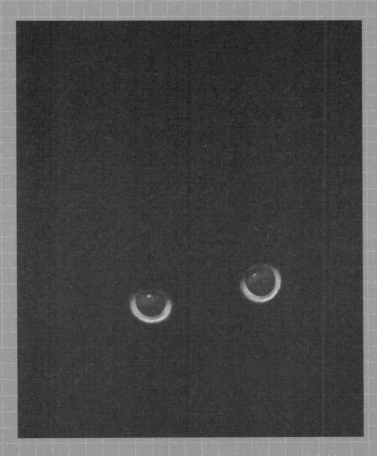

자신이 정말 원하는 것을 하고, 힘든 문제를 해결하고 싶다면,
자신의 진짜 문제가 무엇인지 분명히 인식해야 합니다.

강도 지적했지만 즐거운 삶, 부유함, 직업적 성취도 있습니다. 이것은 재규어를 몰고 다니거나 벤츠를 모는 프로페셔널하고 잘나가는 여성 CEO를 연상시킵니다. 즉 이분은 능동적으로 살아야 더욱더 매력적으로 보이는 유형입니다. "저는 일과 결혼했어요!" 이 말이 이분에게 딱 어울립니다. 이것을 스스로 인정하지 않으니까 고시촌 좀비가 된 겁니다. 스스로 즐거운 삶, 부유함, 직업적 성취를 향해 도전하려면 일단 가족의 품에서 벗어나야 합니다.

가족의 품에서 벗어난 다음에는 바깥에서 사람들을 만나세요. 이분은 실제로 사람을 만날 때 빛나는 유형입니다. 지금 많이 위축되어 있는 것 같지만 의외로 이런 분은 자신이 무얼 원하는지 분명히 깨달으면 그것을 위해 물불을 가리지 않고 나아갑니다. 그것이 번듯하고 멋있으면 더욱더 에너지를 얻을 수 있고요. 이분은 즐거운 삶, 부유함, 직업적 성취를 원하지만 그렇게 하면 "이혼한 여자가 저렇게 살아도 되나? 쟤는 양심도 없나" 하면서 욕할까 봐 스스로 그런 것을 추구하면 안 된다고 생각합니다. 하지만 놀랍게도 이것을 추구하고 뚜렷한 성과가 나타날수록 이혼은 더 이상 흠이 아니라 그것을 이루기 위해 지불해야 할 대가쯤으로 여겨질 겁니다. 한마디로 이혼이 훈장으로 변모하는 놀라운 기적이 일어나는 거죠.

다른 사람들의 뒷담화는 어떻게 하냐고요? 그들에게 더욱더 위협적인 존재가 되어보세요. 초기에는 위협 때문에 뒷담화가 나오지만 더 예뻐지고 더 멋있어지면 어느 순간부터 더 이상 뒷담화를 하지 못합니다. 잘나가는 사람을 두고 뒷담화를 하면 할수록 자기들이 더 지질해진다는 걸 깨닫게 될 테니까요. 그러니 당장 오늘부터라도 미모와 실력을 갈고 닦아 당당한 자신을 보여주세요. 이혼은 퍼포먼스나 능력과 전혀 관계가 없는 조건입니다. 게다가 지금 대한민국에서는 결혼한 세 커플 중 한 커플이 이혼하고 있습니다. 이혼은 더 이상 우리 사회의 별다른 이슈가 아닙니다. 그러니 이제부터라도 자신의 잠재력과 시장 가치에 눈을 뜨고 기회를 만드세요. 직장생활을 최소한 7년에서 10년 정도 했을 이분에게 지금 이 시기는 연봉의 상한선을 치고 올라갈 수 있는 최적의 시기입니다. 선택은 이제 본인의 몫입니다.

나는 왜 일보다
사람이 더 힘들까?

_인간관계

일은 잘하는데
인간관계가 어려워요

친애하는 셜록황에게 ————

어딜 가든 무엇을 배우든 지각이나 결석을 하지 않고 성실히 임하는 30대 중반의 여성입니다. 가끔은 완벽주의자라는 말도 듣는데요. 그건 제 책임감 때문이지 제가 본래 완벽주의적 성향을 보이는 것은 아닙니다. 집에서의 생활은 무질서하기 짝이 없습니다. 방도 치우지 않고 식사도 불규칙하게 하며 하루 종일 미드만 볼 때도 있습니다.

그동안 창의력이 필요한 일을 해왔는데 어떤 부분에서는 재능이 있다는 평가를 받았지만, 객관적으로 확실하게 좋은 결과를 낸 적은 없습니다. 직장에서도 일 자체는 잘했지만 매일 반복되는 일에 지루함을 견디지 못했고 무엇보다 직장 내 인간관계에 서툴렀습니다. 그래서 상상하지 못할 만큼 극심한 우울감도 느껴보았습니다.

약간 분야를 바꿔 프리랜서로 일하는 지금 아직 초반이고 배우는 단계지만 소질이 있다고 평가 받는 부분이 있습니다. 저도 뭔지 모르게 속이 풀리는 듯한 느낌이고 저와 잘 맞는 것 같아 기대하고 있습니다. 요즘 같으면 이 일을 오래오래 하고 싶은 생각뿐입니다. 전보다 인간관계에 신경을 덜 써도 되는 일이라 좋긴 한데 사람이 살아가자면 인간관계를 완전히 무시할 수는 없잖아요. 그 부분에서 여전히 어려움을 느끼고 있습니다. 그래도 저와 성향이 잘 맞는 부드러운 유형과는 잘 지내지만 쉽게 짜증을 내거나 화가 난다고 무슨 말이든 마음껏 퍼붓는 사람을 만나면 그 스트레스가 너무 심해 집에 돌아와서도 마음이 가라앉지 않습니다. 그런 사람은 그냥 멀리하면 된다고 생각하면서도 그 사람이 다른 사람과 잘 지내는 것을 보면 '내게만 그러는 것인가?', '다들 문제가 없는데 나만 맞지 않는 건가?' 하는 생각이 듭니다.

인간관계에서 제가 느끼는 문제는 여러 가지인데요. 어떤 부분에서 지나치게 솔직하다는 점, 그냥 넘어갈 수 있는 순간에도 다른 사람의 의견에 반대 의견을 내서 분위기를 어색하게 만든다는 점이 특히 문제입니다. 예를 들면 누군가가 하소연할 때 별로 그렇다고 생각하지 않아도 "그래, 그래" 하면서 달래줄 수 있는데, 저는 그 사람의 잘못을 분석해주거나 상대방을 옹호해 그 사람을 불쾌하게 만듭니다. 여기에다 제가 심리적으로 밑바닥까지 떨어지면 그것을 혼자 해결하지 못하고 누군가에게 심하게 하소연하거나 끝없이 일기를 쓰는 등 이런저런 방식으로 풀지 않으면 견디지 못합니다.

이런 제 상태가 너무 심각한 것이 아닌가 싶어서 이렇게 상담을 요청하는 것입니다. 또한 저는 줏대 없이 휩쓸리거나 절대 거절을 못하는 성격은 아니지만 상대방의 의견에 지나치게 신경을 씁니다. 저는 안 되는 것은 안 된다고 거절합니다. 그러면서 상대방의 생각을 끊임없이 궁금해합니다. 제가 좋은 인간관계를 맺으려면 어떻게 행동해야 할까요? ──

"좋은 인간관계를 맺으려면 어떻게 행동해야 할까요?"라고 묻긴 했지만 정작 이분은 인간관계 문제로 고민하는 것이 아닙니다. 자신이 어떤 사람인지를 묻고 있습니다. 사연의 시작 부분에서 이분은 자신을 '평범하게 살아가지만 평범하지 않은 특성을 많이 지니고 있는' 모습으로 그렸습니다. 어딜 가든 무엇을 배우든 지각이나 결석을 하지 않고 성실히 임한다고 한 것은 열심히 살려고 노력했음을 의미합니다. 또한 주변에서 완벽주의자라고 말하지만 자신은 그렇게 생각하지 않고, 심지어 개인 생활은 무질서하고 제멋대로라고 말합니다. 이분의 문제는 자신의 진짜 문제가 무엇인지 그것이 어디에서 어떻게 드러나는지 몰라 혼란스럽다는 것입니다.

이분을 정해진 계획에 따라 무언가를 진행하는 완벽주의적 성향의 사람이라고 할 수는 없습니다. 재미있는 것은, 이분은 자신이 창의력이 필요한 일을 할 때 재능이 있다는 평가를 받았지만 정작 결과는 좋지 않았다고 합니다. 좋은 결과가 나올 때까지 지속적으로 진행하지 못했다는 뜻입니다. 이는 *끝까지 밀고 나갈 힘이 약해서*라고 표현할 수도 있지만, 실제 상황은 새로운 것을 조금 하다가 그것에 익숙해지면 그만두는 행동을 보였다는 뜻입니다. 아니나 다를까, 직장에서도 일 자체는 잘했지만 매일 반복되는 지루함을 견디지 못했다고 고백하셨군요.

자신의 여러 특성을 언급하면서 그중 인간관계가 가장 힘들다고 하는 이유는 무엇일까요? 네, 이분에게는 인간관계가 마치 반복해서 해야 되는 일처럼 다가오는 탓입니다. 지루함을 느끼지만, 억지로 해야 하는 일과 같은 거예요. 이분은 매일 만나는 사람들이 지루하고 재미없다고 생각합니다. 왜 그런 생각을 하는지 따져봅시다. 사실 인간은 그 자체로 복잡한 동물이라 관점에 따라 혹은 상황에 따라 같은 사람이 다르게 느껴질 수 있습니다. 항상 다른 점을 볼 수 있다는 게 인간의 특성이기도 하고요. 똑같은 사람이라도 상황에 따라 좋아졌다가 싫어지기도 하는 이유입니다. 그런데 유독 이분은 주위 사람들을 지루하고 힘들게 느낍니다.

사람은 생명체라 매번 만날 때 다르게 느끼게 되는 것이 당연합니다. 자신이 생각하기에 저 사람은 '이걸 좋아할 것' 같은데 막상 그는 "오늘은 저쪽에 더 마음이 가네"라고 말하는 경우도 많습니다. 그런데 이분은 이런 특성을 염두에 두지 않아요. 대신 자신에 대한 걱정과 관심으로만 마음을 가득 채우고 있습니다. 어쩌면 대부분의 사람들이 자신과 비슷하게 생각하고 행동할 것이라고 믿을 수도 있고요. 이분에게 필요한 것은 자신과 다른 '누군가'를 알려고 하는 마음입니다. 따라서 누군가를 만나면 호기심을 가지고 그를 알려고 노력해보면 좋겠습니다. 이런 연습을 통해 점점 사람들을 편하게 대면하게 될 테니까요.

자신이 남들에게 별나게 보일 거라고 믿는 사람일수록 타인에게도 나름대로 뚜렷한 특성이 있을 거라고 기대합니다. 아이디얼리스트 성향의 사람들이 대개 품고 있는 마음입니다. 그래서일까요? 이들은 특색 있고 뚜렷한 색깔을 가지지 못한 사람을 지루하게 여기거나 심지어 알 필요가 없는 사람이라고까지 생각합니다.

솔직해서 외로워요

이분의 WPI 프로파일을 보니, 전형적인 아이디얼리스트이군요. 아이디얼리스트는 "좀 엉뚱하다"라는 말을 많이 듣는 편입니다. 스스로도 남다른 것을 하는 데 재미를 느끼고 또 그렇게 보이게 행동합니다. 호기심이 많아서 창의적인 일에는 별로 부담감을 느끼지 않지요. 반면, 반복적인 일은 지루해 하고 싫어합니다. 인간관계에서도 마찬가지 특성이 나타나요.

인간관계라는 것은 오랜 기간을 두고 상대방을 조금씩 더 알아가거나 처음 알고 있던 내용들을 어느 정도 유지하는 가운데 지속됩니다. 따라서 만남이 이루어지는 동안엔 간혹 거슬리는 행동이 보이더라도 "뭐, 그럴 수도 있지" 하고 넘어가는 경우가 많습니다. 하지만 아이디얼리스트 성향이 높은 사람들의 경우엔 이렇게 하기가 어려워요. '그것이 무엇'인지, '어떻게 된 일인지' 반드시 확인하고 정리하려 듭니다. 인간관계에서도 그때그때 자신의 느낌이나 생각을 솔직하게 표현해야 한다고 여깁니다. 그래서 "빨간 것은 빨갛다", "까만 것은 까맣다"라고 말하는데, 많은 사람들은 이런 행동을 '아무 생각 없는' 혹은 '눈치 없는' 것으로 받아들입니다. 본인들 입장에서는 있는 그대로 말했는데 상대방은 이를 적잖이 당황하면서 "쟤, 왜 저렇게 눈치 없어?"라고 힐난합니다. 그런데요, 아이디얼리스트에겐 어떤 일을 '아무렇지도 않은 듯' 넘어가는 것이 참으로 어렵답니다. 이들은 느끼는 것 그대로 즉 '곧이곧대로' 말해야 한다고 믿기 때문입니다.

사실 이것은 매우 솔직 담백한 모습입니다. 하지만 더불어 살아가야 한다고 믿는 사람들이 공유하는 생각은 아니죠. 우리의 기본 생존 모드란 것이 '겉 다르고, 속 다르게' 또는 '그때그때 달라요'인 탓입니다. 많은 이들은 이렇게 하는 것이 주위를 더 배려하고, 또 눈치 있게 살아가는 방식이라 생각합니다. 아이디얼리스트의 말이나 행동을 '눈치 없는' 것으로 받아들이고 이런 사람을 '막말을 일삼는 죽일 놈' 정도로 간주하는 배경이랍니다. 겉과 속이 다른 대다수 사람들에겐 이들의 노골적인 사고 및 행동방식이 매우 불편하게 느껴지니까요.

이분은 스스로를 진단해 자신이 인간관계에서 어려움을 겪는다고 했으나 진짜 문제는 인간관계가 아닙니다. 주위 사람들이 보기에 튀는 듯한 또는 눈치껏 하지 않은 '있는 그대로', '보는 대로' 이야기하는 본인의 특성이 불편함을 야기하는 것일 뿐입니다. 아이디얼리스트가 자신이 대인관계에 서툴다고 생각하거나 인간관계에 어려움을 호소하는 경우란 대개 이런 사정이 숨어 있게 마련입니다.

왜 이런 일이 벌어질까요? 원래부터 그렇게 생겨먹었다고 이야기하는 것은 너무 가혹합니다. 심리적으로 볼 때 아이디얼리스트 성향이 높은 사람들은 다른 사람에 대해 관심이 별로 없습니다. 이것을 가장 분명한 이유로 언급할 수 있어요. 이들은 보통 자신이 정말로 호기심을 갖는 사람 외에는 별 관심을 기울이지 않습니다. 특히, 의례적으로 만나는 사람, 어쩔 수 없이 만나야 하는 권위자, 공감대가 없거나 말이 잘 통하지 않는 사람들에겐 본인도 모르게 '소 닭 보듯' 무심하게 대합니다. 상대가 누구인지 고려하는 마음이 약하니, 그 사람한테 맞춘 행동이나 발언이 나오기 힘든 것도 당연지사입니다.

○ 자충수를 두는 사람

사연을 주신 이분은 뭐든 잘하고 싶어 합니다. 남들이 하지 못하는 것도 충분히 인정받을 만큼 잘하고 싶어 하지만, 원하는 수준에 이르지 못한다는 것이 문제입니다. 그런데 흥미로운 점이 있어요. 이들은 나름대로 열심히 한다고 말하지만 꼭 그런 게 아니거든요.

이분의 WPI 프로파일을 보면, 즉 일상에서 본인이 추구하는 삶의 방식을 보면, 매뉴얼이 엄청나게 높습니다. 이런 경우의 매뉴얼 성향이란 각 사람들이 가진 나름의 사회적 규범이나 당위적인 생각, 또는 이렇게 저렇게 해야 하고 되어야 한다는 믿음을 의미합니다. 이 매뉴얼 성향은 보통 그 사람의 생활방식으로 표현되는데요. 스스로 믿고 있는 어떤 '마땅히' 또는 '당연한' 행동방식이나 가치들을 자신의 행동 프레임이나 기준으로 설정하고 그것을 굳게 믿고 따르려 합니다. 그런데 아이디얼리스트 성향이 나름대로 당위성을 갖춘 기준이라 여기는 것들은 실제로 다른 사람들에겐 당연한 것으로 받아들여지기 어렵습니다. 그렇기에 기준이 다른 사람들과 말이 통하지 않는다고 여기고, 더 나아가 심리적으로 불편하다고 느끼며, 불통을 경험하게 되는 것입니다.

본인은 이런 상황이나 경험을 인간관계에서의 갈등이라 표현하고, 자신의 특성에 따라 자기만의 세계를 꿈꾸고 또 그것을 만들려고 노력하는데요. 이들은 종종 다음과 같이 하소연합니다. "저는 나름대로 성실하게 살고 있어요. 그런데 왜 자꾸만 다른 사람들과 함께 살기가 힘들어지는지 모르겠어요. 남들은 잘 사는 것 같은데 왜 나는 어렵게 지내는 건가요? 그렇다고 제가 나쁜 짓을 한 것도 아니고 게으른 것도 아닌데요. 물론 간혹, 해야 할 것을 잊을 때도 있지만, 그렇다고 그것으로 남에게 피해를 끼친 것도 아니잖아요" 하고 말입니다.

아무튼 이분은 자신의 장점이 무엇인지 제대로 파악한 듯하면서 파악하지 못한 상태입니다. 아이디얼리스트는 타인이나 대상에 대한 파악 능력이 비교적 뛰어난 반면 자기 자신에 대한 냉철한 인식은 좀 어려워해요. 한마디로 뛰어난 분석가이지만, 그 분석의 능력을 자신에게는 잘 적용하지 않는다는 뜻입니다. '분석 당하는 것을 싫어하는 분석가'라고 할 수 있겠네요. 사연은 이분이 겪고 있는 이 같은 어려움을 그대로 보여줍니다.

그러니, 이분의 문제는 결국 자신에게 있는 것입니다. 자신과 잘 맞고 자신을 잘 이해하는 사람을 만난다고 하더라도, 문제가 쉽게 해결되지는 않을 거예요. 처음에는 자신과 비슷한 종족이라 상당히 반갑겠지만, 시간이 조금 지나면 서로 부담을 느낄 겁니다. '차이점이 뭘까' 고민하다가 결국 마음에 안 드는 부분을 눈에 보이는 대로 솔직하게 표현할 테고, 그러면 분명 상대방은 기분 나빠할 겁니다. 분석 당하는 걸 좋아하는 사람은 없으니까요.

내 문제의 문제를 찾아줘

이분은 현재 자신이 일하는 분야를 약간 바꿔 프리랜서로 일하며 배우고 있습니다. 현재 하는 일에 소질이 있다는 평가도 받습니다. 본인도 이유를 잘 모르지만, 현재는 속이 풀리고 일이 자기와 잘 맞는 것 같다며 내심 기대도 큽니다. 어떻게 이런 변화가 생겼을까요? 네, 현재 하는 일이 이전의 것에 비해 새롭기 때문입니다. 그렇지만 3개월, 6개월 지나면 또다시 지겨워질 테지요. 사람들의 평가도 처음에는 "너, 소질 있다"에서 "소질이 있긴 한데…"로 넘어갈 겁니다. 조금 잘하긴 해도 그것이 사람들을 감동시킬 수준은 아니라서 그렇습니다. 남들에게 감동을 안겨줄 정도가 되려면 적어도 2~3년은 거기에 푹 빠져 완전히 몰입해야 합니다. 소위 '미쳐야' 합니다. 그런데 사람들은 보통 6개월이나 1년쯤 한 뒤에 잘한다는 소리를 듣고 싶어 합니다.

다행히도 이분은 "요즘 같으면 이 일을 오래오래 하고 싶다"고 합니다. 그렇다면, 정말 본인이 던져야 하는 질문은 "좋은 인간관계를 위해 어떻게 행동해야 할까?"가 아니라 "어떡하면 이 일을 오래할 수 있을까" 아닐까요? 자신에게 정말로 필요한 질문이 무엇인지 모른다는 것은 곧 문제를 정확히 인식하지 못한다는 뜻입니다.

자, 사연을 다시 읽어보세요. 처음엔 일 이야기를 하다가 갑자기 인간관계로 이슈가 넘어가잖아요? 물론 이유는 있습니다. 이분은 일을 오래오래 하고 싶다고 했고, 지금 하는 일이 예전 것보다 인간관계에서 오는 갈등이 적다고 말합니다. 즉 이분이 현재 일을 좋아하고 오래 하고 싶어 하는 이유는 인간관계에서 오는 스트레스가 적기 때문입니다. 동시에 사연자는 나름대로 '사람이 살아가는 데 인간관계가 전혀 없을 수 없다'는 나름의 규정을 자신에게 적용합니다. 이렇게 하여 자신의 핵심 문제를 현재 자신이 하는 일이 아니라 인간관계라고 규정해 버렸는데요. 일에서 생기는 어려움을 엉뚱하게 인간관계로 돌린 경우라 할 수 있어요. 이분은 앞으로도 자신이 하는 일이 잘못될 때마다 '대인관계에 서툴러서'라고 자책할 것입니다. 사연에서, 나름대로 잘 살아보려 했지만, 지난 10년간 인간관계 문제로 우울증에 시달릴 수밖에 없었다고, 스스로 무기력하게 시간을 보냈다고 한탄했듯이 말입니다.

아이디얼리스트 성향을 고려한다면, 이분은 반복되는 일 자체를 지겨워합니다. 따라서 단기간에 끝나고 조금씩 일의 수준이 향상되는 이벤트 관련 일이 맞을 겁니다. 계속적인 변화와 변동성 자체가 호기심이나 자극을 주니까요. 하지만, 이런 일을 힘들지 않게 지속적으로 잘 하려면, 순간순간 임기응변을 잘 하는 순발력도 필요합니다. 한데 이분처럼 휴머니스트가 바닥이면서 매뉴얼이 무작정 높으면 순발력을 기대하기 어렵습니다. 일에 대한 호기심과 본인 스스로 일을 변화시킬 수 있다는 자신감이나 능력이 있다면 어느 정도 견디겠지만, 그것마저 여의치 않으면 우울감과 무기력을 느끼는 상황에 빠질 테니까요. 이런 분들은 인내와 끈기를 발휘하여 꾸준히 자신의 능력을 향상하도록 노력해야 합니다. 이럴 때 나름 인정도 얻고 마음의 안정도 얻을 수 있답니다. 학교에서 '공부 잘한다'는 소리를 들으려면 어떻게 해야 하는지 떠올려보세요. 그러면 이해하기 쉬울 겁니다.

보통 "공부를 잘하려면 머리가 좋아야 한다"고 믿지만, 정말 잘해야 하는 것은 '책상에 오래 앉아 있기'입니다. 혹시, 여러분 가운데 학창시절 '책상에 오래 앉아 있기'를 잘하려고 노력해본 사람이 있나요? 이런 것을 굳이 왜 배워야 하느냐고 물을 수 있지만, 정말 공부를 잘하는 학생들에게 가장 뚜렷하게 나타나는 대표적인 행동이 바로 '오래 앉아 있기'랍니다. 적어도 한 번에 두세 시간 이상 앉아 있는 버릇만 들여도 공부 잘한다는 소리를 들을 수 있어요. 호기심이 많고, 부산한 아이디얼리스트에겐 특히 자신을 수련할 수 있는 대표적인 노력입니다. 그러나 안타깝게도 사연을 주신 분은 이런 습관을 형성하지 못한 듯합니다.

아이디얼리스트 성향을 가진 분들은 종종 어린 시절에 '주의력 결핍과 과잉행동장애ADHD'라는 소아정신과적인 진단을 받곤 합니다. 무엇에 집중하다가 금방 신경이 다른 데로 쏠리기 때문입니다. 이때 다소 엉뚱해 보여도 큰 사고를 치지 않는 상황이라면, 그냥 넘기는 편이 낫습니다. 하지만, 아이에 대한 관심이 지대하거나 또는 규율이나 단체 행동 등에 대한 압력이 높은 상황이라면, 주위 사람들은 이런 행동을 그냥 넘길 수 없다고 봅니다. 이상한 행동이라거나 문제 행동이라고 여기지요.

이분의 심리 프로파일에 매뉴얼이 비교적 높게 나타난 걸 보니 아마도 어린 시절에 주위로부터 그런 지적이나 나름의 규율 준수 같은 압력을 강하게 받은 것 같습니다. 이분도 겉으로는 자신이 하는 일에서 비교적 성실하고 꾸준한 모습을 보여주려 노력했을 테고요. 또한 '쓸데없이 연애하면 안 된다'거나 '남들에게 필요하지 않은 관심을 보이거

존재의 목적은 존재 그 자체에 있습니다. 신이 아닌 이상 우리가
내 존재의 이유나 목적을 확실하게 알기란 어려운 일입니다

나 뒷담화를 즐기면 안 된다' 등의 행동 준칙도 가지고 있었을 겁니다.

이런 사람들은 비교적 과묵하며 자신의 일에 몰두하는 편입니다. 그렇지만 어떤 일 하나를 끈기 있게 밀고 나가는 뚝심은 없어요. 관심 자체가 자꾸 바뀌기 때문이지요. 따라서 이 지점에서 문제 해결의 의지를 보여야 할 텐데, 정작 본인들은 다른 엉뚱한 데서 문제를 봅니다. 이분의 경우엔 인간관계에 문제의 발단이 있다고 믿는 거고요.

° 셜록황의 마음 처방

이분은 불연속적으로 성실하다 보니, 좋은 결과를 내기 어렵습니다. 먼저 이런 습관적 행동부터 파악해야 합니다. 이것이 바로 "어떻게 하면 성실하게 일해서 좋은 결과를 낼 수 있겠습니까?"라는 질문의 답을 구하는 첫 단계입니다. 그리고 정말 진실하게 그 답을 구한다면 '앞으로 4~5년간 남이 뭐라든 신경 쓰지 않겠다', '내가 이 일에서 남보다 차별성이 있고 잘한다는 소리를 듣는 데만 초점을 두겠다'는 마음을 가져야 합니다. 한마디로 목표를 '생활의 달인'이 되는 데 두어야 합니다.

생활의 달인이 된다는 것이 무슨 뜻일까요? 자기 분야에서 인정받는 장인의 길을 간다는 뜻입니다. 하는 일이 뚜렷하고 분명할 경우, 그는 주위 사람들의 말에 일희일비하지 않습니다. 자신이 분명히 잘한다고 느낀다면, 주변 사람들 평가에 크게 신경을 쓰지 않아도 되지요. 특히 한국 사회에서는 자기 분야에서 어느 정도 위치를 차지할 때 주위 사람들에 의해 흔들리지 않을 수 있습니다. 주위의 피드백 때문에 스스로 무기력해지는 느낌을 방어할 수 있고요. 남들이 가지 않은 길을 가려고 한다면, 아니 그렇게 가야 한다면, 설령 그 길이 힘들더라도 꿋꿋하게 가보세요.

이분의 경우, 대다수 주위 사람들이 보이는 평범한 리얼리스트의 생활방식이나 행동을 쉽게 따라 하기 힘듭니다. 다른 사람의 비위를 맞추면서 그때그때 자신의 행동을 유연하게 바꾸면서 살기 어렵습니다. 타고난 성격이 그렇답니다. 그러니 무엇보다 이 성향의 사람들은 자기 장점을 살리는 데 집중해야 합니다.

일단, 막연하게 믿고 있는 '인간관계 때문'이라는 문제가 정말 사람들과 좋은 관계를 맺고 유지하는 데서 오는 문제인지, 아니면 스스로 자신이 하는 일에 대한 마음이 분명하지 않은 데서 오는 문제를 치환한 건 아닌지 분명히 밝혀보세요. 그리고 자신의 마음이 쏠리고 또 나름 잘한다고 생각하는 일에 집중하여 그것을 스스로 잘한다고 느끼는 정도까지 끌어올리세요. 또한 사람들과의 관계에서 안 되는 것은 안 된다고 거절하는 것을 불편해 하거나 두려워하지 마세요. 도리어 이것을 생활과 인간관계의 기본 원칙으로 삼아 일에서도 그 원칙을 잘 유지하도록 하는 것이 좋습니다. 남들이 좋다고 하는 것을 무작정 좇지 말고, 심지어 남들이 뭔가 좋지 않은 소리를 해도, 흔들림 없이 자기 길을 찾아가야 합니다.

노잼인 성격에 일만 하는 나, 문제인가요?

친애하는 셜록황에게 ────

서른 살의 직장 여성으로 퇴사를 한 달 앞둔 예비 실직자입니다. 미리 결론을 내리고 고민을 얘기하는 상황이 되어버렸지만 제 고민은 조직 내의 여성들과 일할 때마다 갈등이 빚어진다는 점입니다. 직업이 제가 늘 꿈꾸던 청소년 관련 상담직이라 제게는 고민이 제법 심각합니다. 꼭 여성들과의 관계라고 단정할 수는 없으나 나이를 먹을수록 대인관계에서 재미없는 사람으로 전락하고 수다를 떨며 섞이기가 어렵습니다. 저도 좀 개방적이라 개인적인 이야기도 많이 하고 TV, 영화, 남자 등을 소재로 수다도 떠는데 시간이 지날수록 무리에서 소외되고 있다는 느낌이 들더군요. 굳이 수다를 떨고 싶진 않지만 그렇다고 왕따처럼 지내는 것도 싫어서 끼어보려고 노력하지만 딱히 할 말이 없습니다.

실은 같은 직급 여성 네 명이 함께 일하는 공간에서 가장 연차가 높은 선생님과 제가 언쟁한 이후 퇴사를 결정했습니다. 모두가 그 선생님을 싫어했지만 겉으로는 말도 잘 걸고 아무렇지 않게 대했지요. 쓸데없이 감정적으로 대응한 저만 못난 사람이 되어버렸습니다. 연초에 그 선생님이 왕따 분위기를 조성해 저를 따돌렸고 거기에 두 선생님이 동조했습니다. 몹시 힘들었지만 독립한 제게는 직장이 꼭 필요했기에 이를 악물고 버텼습니다.

속으로는 싫어도 겉으로는 아닌 척하며 지내던 차에 업무적으로 갈등이 생겼는데, 그것을 계기로 그 선생님이 제 말투와 태도가 도전적이고 자신의 경력을 처음부터 무시했다며 이 사람 저 사람에게 성질을 부리더라고요. 같이 일하는 두 선생님은 잘 참고 견뎠는데 제가 폭발하면서 모든 폭탄을 껴안은 꼴이 되었다고 할까요?

WPI 프로파일을 통해 제가 업무 중심적이고 타인에게 인기가 없는 성향임을 알고 나니 이런 상황이 조금은 이해됩니다. 제 입장에서는 배려하고 이해하려던 행동이 다른 사람이 보기에는 오해를 살 만한 행동이었던 모양입니다. 이번 일로 신경쇠약에 걸린 듯 너무 힘이 들고 몸무게도 많이 빠졌습니다. 사람들과 잘 어울리고 튀기보다 함께 잘 지내려한 제 행동이 도리어 왜 미움을 받았는지 속상하기만 합니다. 제가 '노잼'에다 감정적인 성격인데 앞으로 조직 내에서 대인관계 문제를 어떻게 헤쳐가야 할까요? ─────

난 재미없는 사람이야

이분이 사연 속에서 '인기 없는 성향'이라고 했는데, 그게 대체 뭘까요? 사실 사람을 좋아하고 싫어하는 데는 딱히 이유가 없습니다. 누군가는 나를 이유 없이 좋아하고, 또 누군가는 이유 없이 싫어할 뿐이지요. 하지만, 사람들은 자신을 합리화하기 위해, 아니 자신의 인간관계의 문제를 더 잘 알아야 한다는 이유로 나름의 이유를 찾고 또 만들어냅니다. 여기에서 핵심은 남들이 자신을 인기 있는 사람으로 대하든 그렇지 않든 '내가 나를 어떻게 생각하느냐'가 더 중요하다는 점입니다.

이분은 '내가 재미없는 사람이라 잘 어울리지 못하는 건가'라며 고민하던 차에 WPI 프로파일을 보고 상황을 조금 더 이해하게 되었다고 합니다. 아마 자신이 사람을 업무 중심적으로 대한다는 것을 심리검사를 통해 확인하게 된 듯합니다. 이분은 보통 WPI 프로파일에서 '에이전트'라고 말하는 성격 유형인데요. 이들은 스스로를 '재미가 없다'고 생각합니다. 그래서 개중에는 재미있는 사람이 되고자 유머를 외우는 등 열심히 노력하는 분도 있습니다.

우리는 대개 인간관계에서 일에 초점을 두면, 관계가 딱딱하고 건조해진다고 믿습니다. 그런 마음으로 누군가와 갈등을 경험하게 되면, 자신의 문제가 무엇인지 찾아보게 되는데요. 이분의 경우, 주위 선생님이 이분의 말투나 태도에 대해 '기분 나쁘다'라고 한 것에 대해, 문제라고 생각하는 것 같습니다. 자신이 업무에 치중하면서 인간관계를 등한시했기에 문제가 발생한 거라고 받아들여요. 보통, 어떤 사람이 업무와 관련하여 싫고 좋은 반응을 분명하게 보이면, "저 사람은 일을 잘하려고 저러는구나"라고 말하기보다 "상당히 감정적이군" 하고 해석하기 쉽습니다. 사연을 보낸 분도 이런 상황에 놓였기에 선뜻 '상대방이 나를 싫어한다'라고 생각하는 겁니다. 그런데 핵심은 다릅니다. 이분이 자신에게 감정적인 반응을 보인 사람에게 인간적인 관심을 보이지 않았고, 또 그와 이야기를 잘 섞지 않았다는 점을 본인이 전혀 고려하지 않은 게 진짜 핵심입니다. 이처럼 핵심을 잘못 짚은 줄도 모르고 그저 '내가 재미없는 사람이라서 인간관계에 어려움이 생기나 봐'

하고 믿는 겁니다. 인식을 바꾸지 않는 한 본인이 겪는 갈등이나 문제는 해결되기 어렵습니다.

사실, 지나치게 업무 중심적인 사람들은 갑자기 좀 더 인간적으로 보이는 행동을 하려 들거나 또 그렇게 굴어도 효과가 잘 나타나지 않습니다. 뭔가 영양가 없는 관계만 계속 만들어가다가, 어느 순간 자신도 못 느낀 사이, 감정이 쌓일 대로 쌓인 상황에서 문제를 직면하게 됩니다. 이 경우, 정작 자신이 문제를 야기했다는 것을 잊고 오히려 주위 동료와의 관계에서 자신이 피해를 입었다고 생각합니다. 그런데요, 이때, 자신이 느끼는 작은 감정에 초점을 두고 그 관계에서 무엇이 잘못되었는지, 누가 잘했는지 잘못했는지 따지게 되면 문제 상황이나 문제 자체를 파악하기 힘들어집니다. 보통 조직 내의 갈등 상황을 불편한 인간관계 때문이라고 나름대로 진단할 경우, 답은 이미 정해져 있습니다. 누구에게 동조자가 더 많은가로 판정되는 것이지요. 갈등의 내용이 무엇인지 확인하려 하기보다 대개 그 집단에서 인기 있는 사람인지 아닌지로 결정되는 겁니다.

사연을 주신 분처럼 자신을 재미없고 일에 치중하는 성격이라고 스스로 인식한다면, 이런 상황에서 문제는 자신에게 있다고 자책할 수밖에 없습니다. '재미없는 사람'은 자신의 인간성에 대한 지적이자 비판입니다. 현재 겪고 있는 갈등 상황의 원인이자 자신의 큰 결점인 것처럼 해석되고요. 이런 해석은 또 다시 문제가 무엇인지 파악하지 못한 채 '재미있는 인간되기'와 같은 피상적인 과제를 설정하게 됩니다.

일 잘하는 것도 매력 아닌가요?

이분에게 "일에만 초점을 두어 사람들과 친해지려 한 것이 결과적으로 일도 제대로 풀리지 않으면서 인간관계가 악화되는 상황을 초래했다"라고 말해드리면 소위 멘붕에 빠지겠지요? 나름대로 문제를 해결하려고 노력했는데 이게 오히려 상황을 더 어렵게 만들었다는 뜻이 될 테니 더욱더 부정할 겁니다. 하지만 걱정하지 마세요. 해결책은 의외로 단순하답니다. 자신이 겪고 있는 문제를 정확히 이해하면 됩니다.

이분의 WPI 프로파일을 볼까요? 에이전트도 높고 리얼리스트 성향도 높습니다. 에이전트는 대개 인간관계보다 자신이 수행하는 과제에 더 큰 의미를 둡니다. 여기서 과제란 스스로 찾아낸 것이 아니라 주어진 과제를 완수한다는 의미인데요. 과제를 완성해갈 때 이분은 계획을 세우고 추진하는 것을 아주 잘합니다. 하지만 일이란 진행 중에 바뀌기도 하고 예상치 않던 상황이 발생하기도 합니다. 그럴 경우 이분은 한 번 정한 것을 바꿀 수 없다는 자세를 보여 융통성이 없다는 말을 들어요. 문제는 이분이 리얼리스트 성향이 높아서 자신에게 영향력을 행사하는 사람이나 자신이 편하게 생각하는 사람이 하는 말에는 솔깃해서 태도를 곧잘 바꾼다는 데 있습니다. 꽉 막힌 것처럼 굴다가 사람에 따라 맞춰주기도 하는 거예요. 사연을 보낸 분은 릴레이션도 높기에 상대방에 맞추려는 노력을 상당히 열심히 한다고 할 수 있습니다. 남에게 잘 맞춰주고 또 그런 관계를 유지하는 것을 중요한 과제로 인식하기 때문입니다.

이분은 그러한 상황을 상당히 괴롭게 받아들입니다. 남이 보기엔 이분 스스로 엄청 눈치를 보거나 다른 사람의 관심을 갈구하는 것 같을 테고요. 그런데 다른 사람이 자신에게 끊임없이 관심을 보여주길 원하면서 본인은 로봇처럼 주어진 일만 한다면, 어떤 일이 벌어질까요? 이분의 경우, 동료들이 모여서 수다를 떨고 있을 때, 자신은 거기에 끼어들면 안 된다고 믿습니다. 일과 중에 수다를 떠는 건 자기 일을 열심히 하는 게 아니거든요. 그래서 보통은 누군가가 같이 이야기하자며 잡아 끌어도 "급하게 끝내야 할 일이 있다"라는 등 핑계를 대고 가지 않습니다. 동시에 이분은 또 자신이 하는 일을 통해 다른 사람의 관심을 끌고 인정받고 싶어 합니다. 이럴 때 본인은 어떻게 행동하는 것이 옳다고 혹은 자연스럽다고 생각할까요? 이런 곤란한 상황이야말로 이분이 조직에서 부딪히는 문제입니다.

에이전트 성향이 높은 사람들의 경우에는 여성이 많은 곳에서 일하는 게 힘들다는 하소연을 곧잘 합니다. 조직에서 잡담을 하거나 다양한 수다를 떠는 것에 대한 부정적인 인식을 그대로 나타내는 표현이죠. 따라서 사연 주신 분은 몸 담은 조직이나 집단 내 동료들에게 재미없는, 또는 혼자만 일을 잘하려고 하는 그런 사람처럼 부각될 가능성이 높습니다. 여기에는 질투심도 있지만 그보다 공감대 형성 문제가 더 큽니다. 모여 앉아 수다를 떨 때, 대개는 업무에서 벗어난 말랑말랑한 일상적 이야기들이 소재가 되는데요. 여기서 '일만 열심히 하는 여성'은 함께 떠들고 웃고 울고 하는 데 별로 공감하지 못하는 사람, 여성성이나 인간미 떨어지는 사람으로 여겨질 뿐입니다.

사실, 일할 때는 확실히 일하고 일이 끝난 다음에는 여성성을 충분히 공유하는 식으로 구분하면 에이전트 성향이 있는 사람들도 상당히 편안합니다. 그런데 이분은 조직 내의 일하는 여성의 특성을 잘 이해하지 못했습니다. 고민을 덜어내려면 여성들이 모여 있을 때 거기에 끼어 대화하는 것을 일종의 '일'이라 생각해야 합니다. 무슨 내용인지 잘 모르거나 공감이 되지 않아도 그냥 맞장구치고 웃어주세요. 이 역시 중요한 과제를 수행하는 셈이니까요. 대화 소재가 마음에 들지 않을 경우 자기만의 상상을 하면서 그저 자리를 지켜보세요. 에이전트는 인간관계도 '일'로 생각하는 편이 훨씬 수월합니다.

마찬가지로 에이전트는 일한 만큼 받고 제대로 대접해주지 않으면 그만두는 식으로 살아가는 게 좋습니다. 그러면 인생살이가 어렵지 않아요. 리얼리스트 성향을 갖춘, 로봇과 같은 인간이라기보다 '재미없는 사람'이라고 자신의 문제를 포장하는 편이 확실히 문제를 회피하는 길이 된답니다.

잘못된 설정, 잘못된 만남

'내가 재미가 없어서 대화가 안 된다'라는 생각은 단단히 잘못 짚은 겁니다. 이분의 가장 큰 어려움은 자기 문제를 제대로 진단하지 못하는 데서 비롯됩니다. 인간관계를 잘 맺기 위해 존재하는 사람은 없습니다. 존재의 목적은 사실 존재 그 자체에 있잖아요. 신이 아닌 이상 우리가 내 존재의 이유나 목적을 확실하게 알기란 어려운 일입니다. 이분도 마찬가지예요.

이분은 자신의 일이 잘되면 삶에서 에너지를 얻는 타입입니다. 인간관계에 매달리다 보면 일도 잘 안 되고 에너지를 소진하게 될 확률도 높아요. 그러니 이분이 상담하는 일을 업으로 택한 것은 어찌 보면 비극입니다. 보나마나 상당히 건조하게 상담을 진행할 겁니다. 상담 중에 발생하는 서로 간의 다이내믹한 감정적 변화를 알아채기가 몹시 힘들기 때문인데요. 그런 면에서 보자면, 이분은 조직 속에서 자신에게 주어지는 상담을 하면서 내부의 인간관계를 걱정하기보다는 직접 상담소를 운영하는 편이 낫습니다. 상담소를 위한 이벤트, 프로모션, 마케팅 등을 하면 밤낮으로 열심히 잘할 것입니다. "지난 달에는 10명을 상담했고 이번 달에는 30명을 했으니 다음 달에는 50명을 하자"라고 목표를 정해 일을 추진하면 잘할 수 있는 분입니다. 그런데 자신이 무엇을 잘하는지 설정하는 데서 오류를 범한 겁니다. 더구나 청소년을 상담하는 데엔 룰이 필요 없어요. 아이의 상황에 맞춰 이런저런 얘기를 거의 천방지축으로 늘어놓을 수 있어야 합니다. 그래야만 아이들이 상담에 만족하지 로봇처럼 딱딱하게 이야기하면 아이들은 금세 질려버립니다. 이런 대화를 생각해봅시다.

"그래, 아침에 몇 시에 일어났어요?"
"일곱 시요."
"정확한 시간은 몇 시죠?"
"일곱 시 십 분이요."
"몇 시에 아침을 먹었어요?"
"일곱 시 삼십 분이요."
"학교에 도착하는 데 얼마나 걸려요?"
"이십 분이요."
"학교에 도착하면 몇 시죠?"

이분은 자기도 모르는 사이 동료들과도 이런 식으로 이야기했을 가능성이 큽니다. 거의 터미네이터 수준 아닌가요? 자기 나름대로 TV, 영화, 남자 등을 소재로 대화한다고 생각하지만 이런 대화에서는 이분의 장점이 잘 발휘되지 않습니다. SF 영화에 나오는 로봇은 인간의 행동을 보면서 "왜 저러는 거야", "이상하다"라는 반응을 보이는데요. 이분 역시 다른 사람을 이해하기가 힘드니까 거의 자폭하는 수준의 마지막 행동을 한 것입니다.

또한 이분은 본인 스스로 '노잼'에다 감정적인 성격이라고 판단하고 있는데요. 절대 그렇지 않습니다. 이분의 가장 큰 문제는 스스로 답이

나 프레임을 정해놓고 그 프레임이 실제 자기 경험 혹은 사실과 맞지 않을 때도 그것에서 벗어나지 못한다는 점입니다. 한마디로 플랜 B를 만들 필요를 느끼지 못하는 거죠. 플랜 B를 만드는 것 자체가 자신의 능력 부족을 드러내고 또 처음 만든 플랜 A를 부정해야 하므로 괴로워서라도 그것을 인정하지 않으려고 하는데, 이분은 상담소에서 그런 식의 관계를 유지하려 노력했습니다. 그러다 보니 일이 재미없고 힘들기만 한 상황에 놓인 것입니다. 주위 사람들에게는 자신의 고집만 내세우는 듯한 느낌을 주면서 왕따를 당하는 이유입니다.

° 일터에도 사람끼리 궁합이 있다고?

에이전트와 함께 사는 배우자나 주위 사람들은 에이전트에게 정서적 공감을 바라면 안 됩니다. 이건 에이전트에게 매우 어려운 일, 잘하지 못하는 일이기 때문입니다. 이런 성향의 사람에게는 그저 할 일을 정해주고 그 결과를 인정함으로써 보상하는 것으로 충분합니다. 그 이상을 기대하면 실망합니다. 많은 분들이 일 열심히 하는 에이전트 상사를 만나면 거의 최악의 인간관계나 조직생활을 경험하게 되는데, 그이유는 상사의 성격 특성을 제대로 이해하지 못한 채 잘못된 기대를 계속하기 때문입니다. 그러고는 대개 거기서 발생하는 무기력을 경험하면서 신세를 한탄하지요.

　각기 다른 WPI 성향으로 각기 다른 인간관계의 정도를 구분해보면 일정한 법칙이 생겨납니다. 예를 들면, 로맨티시스트가 가장 힘들어하는 상사가 휴머니스트입니다. 아이디얼리스트가 가장 힘들어 하는 상사도 휴머니스트입니다. 만일, 어떤 사람이 자신이 해야 할 일이 무엇인지 잘 안다면, 그 사람이 가장 편하게 생각할 수 있는 상사는 아이디얼리스트 성향이 높은 사람입니다. 왜냐하면, 보통 아이디얼리스트 상사는 별로 개입하지 않고 그냥 내버려두거든요. 자신이 해야 할 일이 무엇인지 잘 모르는 로맨티시스트의 경우, 알아서 하라고 내버려두는 아이디얼리스트 상사는 가장 힘든 사람이 될 수 있습니다. 관계의 문제는 그래서 복잡합니다. 내가 어떤 사람이고, 나와 관계를 맺는 그 사람이 어떤 사람이냐에 따라 서로 잘 맞기도 하고 맞지 않기도 하니까요.

일하는 방법이나 시간 사용 면에 있어서도 성향에 따른 차이가 있습니다. 예를 들면, 로맨티시스트의 경우엔 새로운 것을 할 때 준비하는 시간, 직접 실행하는 시간, 또는 할 수 있는 예상 시간 등 다양한 종류의 시간이 필요합니다. 반면 아이디얼리스트 성향의 사람에게 중요한 것은 맡은 일에 대한 자율권이나 주도권입니다. 이들은 경우에 따라 마음이 동하면 후딱 해치우지만, 누군가 지시한 상황이라고 인식하거나 자신의 마음이 동하지 않으면 사보타지에 가까운 방식으로 시간을 끕니다.

가장 안타까운 것은 아이디얼리스트 성향의 상사가 로맨티시스트 부하에게 '알아서 하라'고 내버려두는 상황입니다. 로맨티시스트의 경우, 그 시간 동안 자신이 무엇을 어떻게 해야 하는지 몰라 불안에 시달리게 되는데요. 나중에 상사에게 제대로 하지 못했다고 핀잔까지 듣게 되면, 자책하고 비하하는 방식으로 스스로를 괴롭힙니다. 아름다운 마음의 로맨티시스트가 조직에서 비극의 주인공으로 변신하는 상황이 되는 거죠.

"너는 머리를 장식품으로 달고 다니니? 머리는 쓰라고 있는 거야!"

이런 멘트를 잘 날리는 상사가 있다면 꼭 WPI 검사를 받아보게 하세요. 자신이 어떤 사람인지 인식하게 만들어야 합니다. 상사가 아이

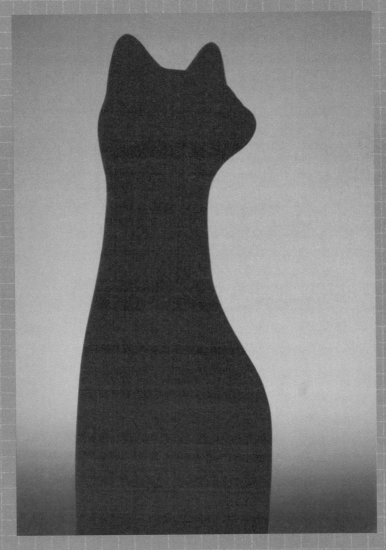

내 주변의 사람들을 어색하고 낯설게만 느끼지 말고 때로는
한없이 가엾게 느끼면서 이해해야 할 존재라고 생각하면 좋겠습니다.
그것이 바로 사람을 조금씩 이해하게 되는 수련의 기본 과정이니까요.

디얼리스트라면 이런 멘트를 부하 직원에 대한 관심의 표현이라 생각할 수 있겠지만, 이 말을 듣는 당사자가 로맨티시스트 성향인 경우 비수로 가슴이 찔리는 듯한 고통을 경험하게 될 겁니다.

셜록황의 마음 처방

사연을 보낸 분은 좀 안됐네요. 퇴사를 한 달 앞두고 있다고 했는데 그 한 달 동안 이분은 아마 완벽하게 좀비 모드로 바뀌어 생활하기 쉽습니다. 좀비는 좀비인데 '한량 좀비'라 혼자 딴 짓, 딴 생각을 합니다. 물론 퇴사 한 달 전 태도로 볼 때엔 그리 생경하거나 나쁜 게 아닙니다. 군대에서는 이런 분들을 보통 '제대 말년 상병'이라고 하잖아요? 그러나 에이전트의 성향이 높은 사람이 이런 상황에 처하면, 대개 남아 있는 사람에게 보복하기 위해 조직의 비리를 제보하거나 좋지 않은 얘기를 하고 돌아다닐 가능성이 큽니다. 뒤끝 작렬 유형이 바로 스스로 자신의 조직을 부정하고 떠나는 에이전트 성향의 사람들이 쉽게 보이는 행동이거든요.

에이전트를 제대로 대우하지 않으면 앙심을 품은 에이전트는 속 좁은 짓거리를 합니다. 자신이 사용하는 컴퓨터를 포맷해서 남아 있는 자료를 싹 정리하는 경우도 있습니다. 아주 편리한 인수인계 방법이지요. 이것은 개인에 대한 공격이 아니라 자기가 하는 일, 가령 후임자가 일에 대해 알지 못하도록 하는 형태의 보복입니다. 물론 업무상의 보복도 성격에 따라 다른데요. 휴머니스트나 로맨티시스트는 소위 투서를 보냅니다. 아이디얼리스트는 '그쪽 동네를 향해 오줌도 누지 않는다'는 식으로 완전히 잊으려고 하고요. 리얼리스트는 계속 구시렁거리며 과거 자신이 있었던 쪽에 대해 불평을 늘어놓습니다.

사실, 우리가 쉽게 생각하는 과거의 조직이나 조직원에 대한 보복은 억울한 상황을 많이 겪는 이 나라 조직 구성원들의 일반적인 마음일지도 모릅니다. 하지만 아무리 좋지 않은 관계로 헤어지더라도 그들에게 할 수 있는 최대의 복수는, 남은 사람들에게 '그 사람 정말 필요한 사람이었구나'라는 인상을 남기는 것입니다. 이것이 진짜 보복입니다. 오히려 뒷마무리를 더 잘해놓고 나와야 나중에 이분이 없는 것에 대한 아쉬움을 더 크게 느끼지 않겠어요? 특히 연차가 높은 선생이 '내가 잘못했구나. 이 친구가 나가니까 우리가 일하는 것이 이렇게 힘들구나'라는 것을 느끼도록 자신이 해온 일을 깔끔하게 정리하는 것이 좋습니다.

　상담소에서의 활동은 보통 두서가 없습니다. 상담소 활동의 핵심은 조직 내부 구성원이 아니라 내담자에 따라 달라지니까요. 일반 행정과는 다릅니다. 끊임없이 새로운 사람들을 받고 만나고 또 사람마다 인간관계를 중요시해야 하죠. 일 자체가 어떤 형식을 갖추거나 절차를 따르는 게 핵심이 아닙니다. 이런 것을 이분이 깔끔하게 정리하면 상담 과정이 비교적 안정적으로 이루어질 수 있을 것입니다. 내담자에게 자신이 가진 혼란한 심리나 생활과 달리 분명한 절차와 형식에 따라 자신의 문제가 파악되고 해결된다는 느낌을 준다면, 그것은 자신이 속한 상담 조직에 큰 기여를 하는 것입니다. 그렇지 않으면 자기 존재감이나 존재의 이유조차 확인하지 못하고 조직을 떠나게 됩니다. 리얼리스트가 높은 에이전트에게 가장 중요한 것은 그 사람이 어떤 흔적을 남겼고, 그가 다른 곳에서 어떤 역할을 하리라는 것을 남아 있는 사람들이 뚜렷이 인식하게 만드는 일이랍니다.

아직도 아버지 말 한마디에 엉엉 우는 내가 싫어요

친애하는 셜록황에게 ————

서른을 한 달 앞둔 여자 공시생입니다. 올해 7월까지 무역회사에서 2년 정도 일하다가 그만두고 8월부터 공무원 시험 공부를 시작했습니다. 회사에서는 일을 잘한다고 인정받았지만 매일 열 시까지 반복되는 야근에다 제가 의지하던 선배들이 자진 혹은 권고사직으로 회사를 떠나는 것을 보며 눈앞이 캄캄해졌습니다. 지금 생각해보면 1년 동안 선배들이 남기고 간 일을 처리하다가 열심히 해봤자 결국 쫓겨날 거라는 생각에 제가 먼저 회사를 박차고 나온 것 같네요.

회사를 그만두기 전에 부모님은 네 나이가 몇인데 이제 와서 공무원 시험을 준비하냐며 그냥 회사에 잘 다니다가 좋은 사람 만나 시집을 가라고 했습니다. 그리고 회사를 그만두기 몇 달 전부터 당시에 만나고 있던 남자 친구와 헤어지라고 종용했습니다. 대학을 나온 아버지는 사무직인 제가 전문대를 졸업한 블루칼라 남자 친구와 만나는 것을 이해하지 못했습니다. 물론 어머니도 탐탁지 않게 여겼지만 그래도 어떤 사람

283

인지 알아보자며 남자 친구를 만나보았습니다. 아버지는 이미 서류에서 탈락이라며 아예 만나볼 생각도 하지 않았고요.

그 이외에도 많은 대화가 오갔는데 평소 아버지 말투가 그렇다는 걸 알면서도 아버지의 말에 많은 상처를 받았습니다. 남자 친구도 그런 상황을 다 알았고 반대가 심하면 부모님의 허락 없이 그냥 결혼하자는 제안도 했습니다. 저는 도저히 그렇게 할 수가 없더라고요. 동생들도 모두 반대했는데 그걸 또 설득하지 못하는 제 자신이 바보처럼 느껴졌습니다. 남자 친구는 차츰 지쳐갔고 저도 공부를 시작했기에 만남도, 통화도 줄어들면서 결국 남자 친구가 이별을 통보했습니다. 어쩌면 제 의지가 약해서 남자 친구를 버린 것인지도 모릅니다.

제 친구들은 그런 상황에서 공부가 되느냐고 물었지만 저는 이상하게 공부만 했습니다. 밖에 나가지도 않고 그냥 방에 처박혀 공부하는 저를 보고 어머니는 우울증에 걸릴까 봐 걱정된다고 하셨지요. 남들은 헤어지면 밥도 못 먹고 술만 마신다는데 저는 감정이 메마른 걸까요, 아니면 그냥 이 상황에 지친 걸까요?

남자 친구와 헤어진 다음 오히려 공부 시간을 더 늘리고 강박적으로 스톱워치까지 써가며 공부했습니다. 누가 시킨 것도 아니고 압박을 주는 것도 아닌데 말이지요. 문제는 그 이후 아버지와 나누는 몇 마디 대화에도 제가 큰 상처를 받는다는 것입니다.

저는 작은 사업체를 운영하는 아버지의 뜻에 따라 대학을 선택했다가 제 스스로 그만두었습니다. 고등학교 때까지만 해도 저는 아버지의 말이 곧 선이라고 생각했는데요. 아버지는 늘 노마드가 되라고 했습니다. 아버지는 자신이 하고 싶은 말을 참지 못하는 성격에다 굉장히 직설적입니다. 또 스스로를 엘리트라고 생각하기에 가족을 통제하려는 경향이 강합니다. 저는 아버지의 일에 그다지 관심이 없어요. 그리고 강압적이었다가 또 어떤 때는 살갑게 대해주는 아버지가 무심코 내뱉은 한마디에 온갖 생각이 다 들면서 제 감정을 통제하기가 힘듭니다. 나이가 서른이 다 되었는데 아직도 아버지와의 관계를 제대로 정립하지 못한 것이 너무 한심하게 느껴집니다. 어떻게 하면 아버지의 말 한마디에 엉엉 우는 어린아이 같은 상태에서 벗어날 수 있을까요? ———

아버지에게 휘둘리는 나, 비정상인가요?

이분은 대체 뭐가 고민일까요? 공무원 시험은 자신이 어떻게 준비하느냐에 달린 문제고, 남자 친구와의 이별은 일단 본인이 공무원이 되면 다시 괜찮은 남자들이 줄을 설 테니, 걱정할 일은 아닙니다. 그렇다면, 정말 아버지와의 관계가 좋지 않은 것이 문제일까요? 사실, 아버지 이야기는 뭐라 하든 그냥 한 귀로 듣고, 한 귀로 흘리면 그만입니다. 그게 어렵다면, 지금 조금 참았다가, 공무원이 되면 아버지와 좀 더 떳떳하게 얘기할 수 있다는 희망을 가지면 되잖아요? 그때 가서 당당하게 집을 나와도 됩니다.

아버지의 프로파일이 없어서 정확히 말하긴 어렵지만 모든 것을 스스로 통제하고 남자 친구의 학력만으로 이미 다 판단했다고 하는 걸로 봐서 휴머니스트 성향이 높은 듯합니다. 아버지가 주위 사람들을 무시하는 성격처럼 느껴진다면, 휴머니스트와 아이디얼리스트 성향이 동시에 높을 것 같습니다. 리얼리스트 성향이 높을 경우에도 이런 성향을 나타내지만, 노골적으로 표현하지는 않아요. 특히, 이분의 아버님처럼 주위 사람들이 자신의 존재감을 인정해주는 경우에는 노골적으로 무시하는 행동을 잘 하지 않습니다. 현재 사업을 하시는 상황이니, 혹시 사연을 주신 분의 아버님이 비즈니스 관계로 큰 회사나 거래처 대표를 만났을 때 어떻게 하는지 잘 살펴보는 것도 필요한 일입니다. 완전히 '을'의 모드로 절절 매는 모습을 보이거나, 반면 상황이 다른 사람과 함께 있을 때 상대방을 정말 '을'로 취급하는 행동을 한다면, 리얼리스트와 휴머니스트의 원단을 보여주는 분이라 할 수 있습니다. 이런 성향이나 행동 특성이 딸과의 관계에서도 그대로 나타나는 것입니다. 하지만, 일단 딸이 공무원이 되면, 즉 어디에 가서든 "내 딸 어디서 일해!"라고 말할 수 있게 되면, 딸을 대하는 태도 역시 급변할 겁니다.

사연을 보낸 분은 기본적으로 에이전트에 로맨티시스트의 성향을 가졌고요, 트러스트가 아주 높습니다. 이런 성향은 자신이 마음먹고 '이거 아니면 다른 길이 없다'라는 자세로 임할 경우 할 일을 아주 잘 해냅니다. 한데 이분은 지금 그런 생각을 부정할 뿐 아니라 뭔가 틀어진 상황을 아버지와의 관계 탓으로 돌리고 있습니다. 또한 이분은 시험을 보기만 하면 바로 합격할 수 있을 거라는 생각으로 준비하고 있을 겁니다. 약간 교만하다고 생각할 수 있겠지만, 그만 한 능력이 있는 분입니다. 심리적인 특성으로 그렇다는 말이지요. 물론 이분이 엄청나게 공부를 잘하고, 대단하다는 말을 들어왔던 것은 아닐 겁니다. 하지만 자신이 원하는 길로 나아가는 데 스스로 한계를 정할 필요는 없는 분이네요.

아버지의 이름으로

사연자의 아버지는 사람을 평가할 때 사회적으로 번듯한 기준과 간판을 중요시하는 사람이고 또 그것을 기준으로 살아가는 것이 맞는다고 믿습니다. 따라서 사연자가 일단 공무원이 되면 아버지와의 관계는 좋아질 겁니다. 이분의 아버지처럼 리얼리스트, 휴머니스트, 아이디얼리스트 성향이 거의 비슷한 사람은 자신이 가정적이고 사람을 차별하지 않는다고 생각합니다. 하지만, 결혼은 자신이 생각하는 '제대로 된 인간'과 해야 한다고 믿어요. 사실 대한민국의 평범한 아버지들이 대개 그렇게 생각합니다. 그런데 결혼은 부모가 하는 것이 아니라, 당사자인 딸이 하기에 이런 제대로 된 인간을 어디에서 어떻게 찾느냐의 문제가 부각되는 거죠. 네, 어렵기만 합니다.

사연자는 아버지의 뜻에 따라 들어간 대학을 스스로 그만두는 바람에 아버지와의 사이가 더 나빠졌다고 말합니다. 자기 삶에서의 중요한 결정을 아버지 탓으로 일단 돌리는 주인공의 마음을 짐작하실 수 있겠지요? 사실, 처음 들어간 그곳을 졸업했다면 지금 아버지가 원하는 일을 하고 있을 거라는 생각은 이분의 착각이기 쉽습니다. 그렇지만 그 생각은 바로 아버지가 딸에게 가지는 믿음, 즉 '어디에 내놔도 자기 몫은 하는 애'라는 자부심을 그대로 받아들였다는 뜻입니다.

아버지가 노마드가 되라고 한 것은 당당하게 세계를 누비는 상사맨이 되라는 의미입니다. 그런데 고등학교 때까지만 해도 아버지의 말을 곧 선이라고 믿은 이분은 그 뜻을 받들어 대학에 들어갔다가 아니다 싶어 그만두고 말았습니다. 아버지는 마음속으로 딸이 졸업하면 자신의 사업을 도와주거나 거들 것이라고 기대했을 겁니다. 어떤 아버지든 —스스로 의식하지 못하지만— 대개 자녀들 중에서 첫째 아이와 자신이 하는 일을 어느 정도 연관시키게 마련입니다. 예전에는 그 대상이 주로 아들이었지만 요즘에는 성별을 가리지 않습니다. 그래서 보통 첫째 아이를 양치기가 양을 몰 듯 모는데요, 이 사연의 경우 양이 양치기의 뜻을 거부하고 다른 데로 튀어버린 셈입니다. 양치기는 차마 그 양을 죽일 수도 없고, 양꼬치를 해 먹을 수도 없으니 개만 보면 화가 나는 상황이지요.

에이전트와 로맨티시스트 성향을 가진 사연자는 안타깝게도 정말 전투에 참여한 소녀의 마음으로 상황을 힘들고 어렵다고 느낍니다. 누구의 뜻이든 자신에게 주어진 임무를 충실히 하려 들지만, 너무나 걱정되고 불안한 마음에 편하게 할 수가 없어요. 아버지의 뜻에 따른 자신에게 느닷없이 거부감을 발동하여 학교를 그만둔 것도 나름의 회피 방안이자 살기 위한 노력이었습니다. 사실 아버지가 조금만 현명했다면 보다 쉽게 딸의 공감을 이끌어냈을 텐데 참 아쉽습니다.

"네가 뭘 해도 상관없다. 네가 하고 싶은 것을 해라."

아버지는 여기까지만 했어야 합니다. 대학에서 뭘 배우든 얼마든지 아버지의 일을 도울 수 있거든요. 전공이 무엇인지 상관없이 말입니다. 이게 바로 대한민국 대학교육의 정체랍니다. 아버지의 일을 배우거나 돕는 것은 직접 현장에서 일하면서 알게 되는 것이지, 대학의 전공이 그것을 더 잘 알려주어 준비하게 하지 않습니다. 대학은 평범한 교양인을 양성하는 곳이지 직업훈련소가 아니잖아요?

사실, 아버지가 딸의 성향이나 삶에 관심과 이해가 있었다면, 딸이 무엇을 전공하든 현실에 부딪히면서 자신의 길을 찾아가도록 독려했어야 합니다. 그렇게 하지 못한 것이 현대화된 '아빠 딸의 관계'에서 발생하는 비극인데요. 설상가상으로 이분은 아버지에 대한 반감이나 불만의 반영인 듯, 아버지의 일에 그다지 관심이 없습니다. 이것 또한 아버지에게 실망감을 안겨주었을 겁니다.

착한 공주 콤플렉스

강압적인 태도를 보이던 아버지가 갑자기 살가워질 때 이분은 혼란을 느낍니다. 자신이 어떻게 아버지를 대해야 할지 감을 잡기 어렵기 때문이죠. 아버지가 강압적인 행동을 보이는 것은 주로 딸이 '자기가 진짜로 원하는 것인지 아닌지 모르면서 어떤 일을 할 때'입니다. 즉 아버지가 원하는 어떤 것을 막연히 할 때입니다. 그렇기에 그때 느껴지는 아버지는 마치, "내가 말하는 것이 곧 법이다"라는 식으로 행동하는 권위주의적인 모습의 어른일 뿐입니다. 자신이 어떻게 하지 못하지만, 일단 따라야 하는 삶을 살아가는 주인일 뿐이에요. 이 경우, 사연자가 꼭 알아야 할 것은 본인은 아버지의 삶이 아닌 자신의 삶을 살아야 한다는 것입니다. 굳이 아버지의 장단에 맞춰 춤을 출 필요가 없어요. 본인은 아버지와 감정적인 튜닝(공감)이 필요하다고 믿고 있는데, 아버지에게는 이것이 전혀 중요하지 않습니다. 이런 안타까운 상황과 문제를 해결하려면 무엇보다 사연을 보내신 분이 자신의 성향을 정확하게 알아야 합니다.

사연자 본인은 상황이나 관계에 맞추어 자기감정을 잘 바꿀 수 없는 사람입니다. 만에 하나 그렇게 하고 싶다면 본인이 원하는 바를 분명히 인지해야 해요. 이분의 문제는 자신의 성향과 자신이 원하는 것이 무엇인지 확실히 모른다는 데 있는데, 만일 이분이 자신의 원하는 바를 분명히 인식한다면 아버지도 설득할 수 있을 겁니다. 본인이 원하는 것과 아버지가 원하는 것이 꼭 일치하지 않아도 됩니다. 예를 들어 남자 친구의 경우를 봅시다. 그는 4년제 대학을 나오지 않은 블루칼라입니다. 일단 아버지의 성에 차지 않습니다. 이때 딸이 목숨이라도 걸 듯한 자세로 들이대면 아버지 태도는 달라질 거예요. "아빠! 이 남자와 결혼하는 거 허락하지 않으면 내일 아침 아빠가 저를 다시는 못 볼 수도 있어요. 이 남자를 만나볼 거예요, 만나지 않을 거예요?" 하고 강하게 나가보세요. 그러면 아버지는 분명 "알았다. 아빠는 네가 이 세상에 살아 있는 것만으로도 충분하다. 너 마음대로 해라!" 하고 대답할 것입니다.

앞서 말했듯 사연자의 아버지는 강한 사람에게 약합니다. 그런 분에게 오히려 맞춰주려고 했으니 질질 끌려 다닐 수밖에요. 상황을 여기까지 끌고 왔다면 이제 공무원 시험에 합격하여 당당하게 말하면 됩니다. "아빠가 하시는 일이 뭔지는 모르겠지만 제가 공무원이 되었으니 아빠가 하는 일과 관련된 부분을 더 배워볼게요. 나중에 혹시 제가 아빠의 일과 관련해 공적인 측면에서 도움을 줄 수도 있고 아니면 제가 아빠의 일을 맡아서 할 수도 있지요." 그러면 아버지는 "네가 그런 생각까지 하고 있는 줄 몰랐구나!" 하면서 놀랄 겁니다. 나중에 아버지의 일을 정말로 물려받느냐 아니냐는 중요하지 않아요. 이것이 아버지에게 적절히 대응하는 방식입니다. 그러면 딸이 제대로 가고 있다고 생각해서 경제적인 지원도 아낌없이 해주실 테지요.

그것은 사랑이었을까?

남자 친구는 사연자를 사랑하긴 했어도 자신이 끝까지 지켜줄 수 있을지 확신이 없었던 것 같습니다. 한편으로는 남자 친구가 사연자를 자기에게 과분한 여자라고 생각했을지도 모릅니다. 그래서 스스로 포기한 것입니다. 흥미롭게도 이분은 자신이 의지가 약하고 마음이 나빠서 남자 친구를 버렸다고 생각합니다. 사랑은 끝까지 결론을 봐야 한다고 생각하는 에이전트 성향과 로맨티시스트 성향이 결합하면 이별을 통보 받고도, 오히려 자신이 그 사람을 거부했다고 믿는 놀라운 왜곡 심리를 보입니다.

"남들은 헤어지면 밥도 못 먹고 술만 마신다는데 저는 감정이 메마른 걸까요, 아니면 그냥 이 상황에 지친 걸까요?"라고 물었는데 둘

상대방의 좋은 점만 보려고 노력한다고 해서 인간관계가 좋아지는 것은 아닙니다.

좋은 점이 내 눈에 들어오려면 상대방을 좋아해야 합니다.

다 아닙니다. 만약 헤어지고 나서 할 일이 없었다면 밥도 못 먹고 술만 마셨을 겁니다. 다행히 이분에게는 할 일이 있었고 목표도 있었습니다. 사실 이분은 남자 친구가 좋기도 했지만 그를 무슨 숙제 하듯이 만났어요. 이런 여자 친구와 데이트를 하는 남자는 얼마나 열이 받을까요? 문제는 그 이후에 있습니다.

아버지와 나눈 몇 마디 대화에 큰 상처를 받은 데엔 다 이유가 있어요. 아버지는 부모로서 딸아이가 마음에 드는 남자와 결혼하기를 기대했을 겁니다. 그런데 딸이 마음에 들지 않는 남자와 결혼하겠답니다. 설령 그럴지라도 부모라면 자식이 좋아하는 사람을 만나주는 것이 도리인데 그냥 단칼에 잘라버렸습니다. 동시에 아버지의 마음 한구석에는 쿨하고 멋진 아버지가 되고 싶은 마음도 있었을 겁니다. 차마 겉으로 표현하지 못하는 갈등과 드러내는 갈등이 뒤섞인 상태입니다. 그러다 보니 딸을 보면 마음이 울적합니다. 불쌍해 보여서요.

아버지의 입장에서는 딸이 자기가 좋아하는 남자와 결혼하지 못하는 상황에 놓인 것, 공무원 시험을 준비하느라 꾀죄죄하게 처박혀 있는 것 등이 다 마음에 걸립니다. 그런데 이때 마음과 달리 잔소리를 늘어놓거나 윽박지르게 되지요. 불쌍하고 안됐다고 생각하면서도 윽박지르는 것은 사랑하는 딸이 번듯하고 근사하고 가장 예쁘게 빛날 나이에 그렇지 못하니 속상해서 그런 것입니다. '혹시 나 때문에 그런 것은 아닐까' 하는 마음에 불편하기도 하고요. 이런 감정이 짜증과 분노로 표출된 겁니다.

° **설록황의 마음 처방**

에이전트에 로맨티시스트인 딸은 이러한 아버지의 마음을 상상도 하지 못합니다. 특히, 릴레이션이 조금 떨어지다 보니 이런 식의 관계에서 발생하는 다이내믹한 상황을 제대로 의식하고 파악하기 힘듭니다. 아니, 못합니다. 상황 파악도 못하고, 자신과 아버지를 이해하지도 못하는데, 인간관계와 관련된 자신의 감정을 통제한다는 것은 얼마나 어려울까요?

저는 사람들과 이런 대화를 많이 나눕니다.

"박사님, 저를 좀 더 조절하고 싶습니다."
"혹시 당신이 어떤 사람인지 알고 계세요?"
"아니요. 그건 잘 모르겠습니다."

대개 이런 식이지요. 자신이 어떤 사람인지도 모른 채 자신의 감정을 잘 조절하면서 살고 싶다는 분들의 고민은 바로 자신이 어떤 사람인지를 아는 것에서 시작되어야 합니다. 그래야 관계로 고민하는 그 사람들이 자신과 어떻게 비슷하고 다른지 알 수 있으니까요.

사연을 보내주신 분은 나이 서른이 다 되었습니다. 그런데 갑자기 착한 딸 모드로 돌아가 아직도 아버지와의 관계를 정립하지 못한 자신이 한심하게 느껴진답니다. 이것이 정말 문제일까요? 자신을 학대하고 비하하려는 행동이기에 정말 문제입니다. 이분의 문제는, 본인이 경험하는 아버지와 딸의 관계를 이해할 때 비로소 해결책을 찾을 수 있는데요. 그렇다면 이 관계는 언제 성립된 것이고, 또 언제가 되어야 잘 이해할 수 있을까요?

사실, 딸인 아이가 태어나는 순간, 아버지와 딸의 관계는 성립됩니다. 의사가 "딸입니다"라고 했을 때 관계가 이미 성립되었음에도 불구하고, 사연자는 30년이 흘렀음에도 여전히 자신은 아버지에게 어떤 사람인지 모르겠다고 이야기합니다. 그렇기에 자신은 항상 이런 말을 듣는 마음으로 산다고 생각해요.

"너나 잘해라. 네가 한 게 뭐가 있다고! 아빠가 가라는 데는 도중에 그만두고, 회사에 들어가서는 일이 힘들다고 나오고. 대체 어떻게 살려고 그러냐? 그 정도로 참을성이 없니!"

딸이 아버지로부터 이런 이야기를 듣는 것은 마치 자신의 존재를 부정당하는 것 같은 경험입니다. 딸이 아닌 인간으로서의 존재를 말이에요. 이런 상황을 딸은 '아버지니까 저렇게 말을 막하는 거야'라고 믿습니다. 사실, 아버지는 딸이 남의 회사에서 고생하면서 일하는 것이 불편합니다. 능력 있는 딸이 남의 회사에서 역량을 발휘하기는커녕 루저처럼 취급되는 것이 매우 억울합니다. 마치 자신이 그런 대접을 받는 것처럼요. 아버지가 딸에게 가급적 자신이 원하는 일을 해주었으면 하고 바란 배경입니다. 바로, 휴머니스트 아버지가 원하는 딸로서 관리하고 감독하면서 키우려는 마음이지요. "우리 부모는 나를 흙수저로 만들었어"라거나 "우리 부모는 개천에서 나를 키웠어"라고 자조하고 한탄하는 다른 누군가에게는 너무도 부러운 아버지일지 모릅니다. 하지만 이분에겐 자신의 삶을 지배하는 독재자일 뿐이에요.

딸은 아버지의 회사를 외면하고 다른 회사에 들어갔습니다. 아버지는 자신이 더 이상 강요하면 더 큰 비극이 생길지도 모른다고 판단해서 지켜보았겠지요. 하지만, 마음속에는 불이 활활 타올랐을 겁니다. 그나마 똘똘한 사위라도 맞을 수 있으면 좋으련만 그것도 아니니, 이 상태를 참고 견뎌야 하는 힘든 사람은 정작 아버지입니다. 나이가 서른이 된 딸이 데려온 남자친구는 성에 차지 않고, 딸은 공무원 시험을 준비하겠다고 합니다. 아버지의 마음을 조금도 이해 못하는 딸에 대해 속이 탈 것입니다. 이런 비슷한 사연을 듣고 상담하다 보면, 요즘 저는 아들이나 딸의 마음보다 부모님의 마음에 더 잘 공감되고 빙의가 됩니다. 그래서 이 경우도 딸이 보낸 상담 사연이지만, 제 마음은 도리어 부모 마음을 이해하는 방향으로 돌아가 있는 듯하네요.

저의 부모님은 두 분 다 돌아가셨어요. 저도 부모님 살아생전에 제대로 얘기를 들어드리고 그분들의 마음을 생각해본 적이 거의 없는 것 같습니다. 기껏해야 만날 때마다 단 십 분 정도 이야기를 들어드렸을까요? 그게 자식이라고, 자식으로서의 특권이자 특혜라고 생각했던 것 같습니다. 그래서인지 어느 집 따님의 사연에 대해 마치 제가 아버지의 마음에 빙의한 듯 상담하게 되었네요.

아버지는 사연자가 생각하는 것처럼 특이하거나 괴팍한 사람이 아닙니다. 그냥 평범한 아버지입니다. 단지, 휴머니스트 성향이 뚜렷하기에, 자신과 잘 공감할 수 없는 딸에 대해 화만 낼 수밖에 없는 안타까운 아버지일 뿐입니다. 만일, 아버지가 자신의 성향을 파악한다면, 딸과의 관계가 달라질 수 있을까요? 아쉽지만 그럴 가능성은 그리 높지 않아요. 무엇보다 휴머니스트 성향의 분들이 다른 사람과의 관계에서 어려움이 있을 때, 그것을 자신의 특성 때문이라 인정하기 어렵기 때문입니다. 이 사연에서도 아버지는 딸이 문제라고 생각할 뿐 아버지 본인에게 문제가 있을 수 있다는 가능성을 조금도 열어놓지 않을 겁니다. 제가 이런 이야기를 드려도 아버지는 수용하지 않을 테지요. 딸이 그런 이야기를 직접 하면 반항한다고 생각하거나 게으름을 피우는 거라 생각할 테고요.

관계가 이렇다 보니 많은 딸들이 자기 아버지를 이해하기 어려운 사람으로 받아들입니다. 이상하거나 특이한 사람으로 믿고 싶어 해요. 어쩌면, "당신들에게 자식으로서 이해를 받는 건 너무도 힘듭니다"라고 직접 말하는 편이 훨씬 더 편한 상담이 될지도 모릅니다.

딸들은 자신의 아버지를 어색하고 낯설게만 느끼지 말고 때로는 한없이 가엾게 느끼면서 이해해야 할 존재라고 생각하면 좋겠습니다. 사실, 그것이 남편과 같은 어떤 남자를 나중에 사랑하는 것을 넘어서, 사람을 조금씩 이해하게 되는 수련의 기본 과정이기 때문입니다.

슬기로운
사회생활

_문제 인식과 해법 찾기

늑대 같은 사장
vs. 곰 같은 나

친애하는 셜록황에게 ─────

저는 30대 중반의 직장 여성입니다. 조직에 유난히 적응하지 못해 경력
이 단절된 적이 있고, 다양하면서도 짧은 경력은 제법 많습니다. 1년 전
쯤 돈은 좀 적게 벌어도 가치를 추구하며 여유롭게 살고자 작은 회사
로 옮겼는데, 예상과 달리 사장님이 치열하게 일할 것을 요구하네요. 그
러다 보니 사장님과 자주 부딪치는 편입니다.

지금도 불쑥불쑥 그만두고 싶은 마음이 들지만 이제는 더 이상 물러서
면 안 된다는 생각에 적응하려고 노력 중입니다. 3개월 전쯤에는 제 스스
로 회사의 근간이 되는 팀이면서도 사장님이 가장 불만이 쌓여 있던 팀
에 지원했습니다. 그 팀은 투입 대비 매출이 별로라서 제대로 투자를 받
거나 인정받지 못하는 상황에서 팀장 자리가 비어 있었습니다. 지금 제가
그 팀의 팀장은 아니지만 사실상 팀장의 역할을 하고 있는 상황입니다.

사장님은 고마워하면서 연봉도 10퍼센트 이상 올려주었는데 회사의 매
출 다각화 전략으로 생전 듣도 보도 못한 일이 저한테 떨어지기 시작했

습니다. 사장님은 그 일을 당장 해내라고 다그쳤고 저는 2개월 정도 매달리다 완전히 퍼져버렸습니다. 기어이 사장님에게 저는 더 이상 못하겠으니 아예 팀장을 뽑아달라고 했지요.

이 문제를 곰곰이 생각해봤는데 무엇보다 제가 의사소통이나 일하는 방식에서 사장님과 커다란 갭이 있는 듯합니다. 사장님은 모든 것을 바로바로 보고해주길 바라고 성격이 굉장히 급합니다. 화도 잘 내는 스타일이고 사장님이라기보다 팀장처럼 모든 것을 챙기는 유형입니다. 저는 웬만하면 일을 무던하게 해내려 하고 중간에 일일이 보고하기보다 어느 정도 마무리한 상태로 보고하는 편입니다. 그런데 사장님은 "그걸 네가 다 해결할 수도 없고 다 해내라는 것도 아니니 빨리 보고해서 조치를 취하게 하라"고 합니다. 나중에 폭탄을 터트리지 말고 사장님이 미리 판단하도록 중간보고를 하라는 얘기지요. 문제는 제가 그 중간 지점이 어디인지 파악하기가 곤란하다는 점입니다. 일에 푹 빠져 있다 보면 중간 어디쯤에서 보고해야 하는지 알 수가 없거든요.

사장님은 시각도 독특하고 전문성도 있어서 배우고 싶은 마음에 참으려고 하는데 무언가 제 안의 분노를 사장님도 느끼나 봐요. 회사를 그만두어야 하는지 고민스럽습니다. 만약 그만두면 당장은 시간적으로 여유롭겠지만 이미 여러 번 회사를 옮겨서 그런지 옳은 처사라는 확신이 들지 않습니다.

제 문제는 한마디로 저에게 요령이 없다는 것입니다. 사장님은 저에게 매니징을 바라지만 저는 그걸 제대로 해내지 못하는 상황입니다. 사장님이 신뢰하는 다른 팀장들이 있는데 그들은 실질적으로 그리 많은 일을 하지는 않습니다. 그렇지만 보고를 잘하고 사장님이 원하는 대답을 해줘서 그런지 인정을 받아요. 도무지 어떤 자세가 올바른 처신인지 가늠하기가 힘듭니다. ———

이분의 문제가 무엇일까요? 사장님이 바라는 '관리', 특히 팀장 수준에서 업무를 추진하는 과정에서 그때그때 보고를 잘 해주기를 바라는데, 정작 자신은 그걸 못 한다는 것입니다. "해야 하는 일에 푹 빠져 있다 보면, 보고해야 할 중간 지점이 어디인지 파악하기가 힘들다"라고 하소연하고 있거든요. 사연을 보니, '이 회사에서 내가 사장과 일을 계속해야 하나' 고민하는 마음이 이해됩니다. 그렇다고 해서 회사를 그만두면 지금보다 더 못한 일을 찾게 될 것 같아 걱정이라고 합니다. 어떻게 하면 좋을까요? 그냥 그때그때 사장에게 보고만 잘 하면 될 것 같은데 회사를 그만둘 생각을 하다니, 하면서 이상하게 느낄 수도 있을 겁니다. 그런데 이런 말은 사연을 주신 분에겐 아무런 도움이 되지 않아요. 도리어 "내가 힘들어 하는 게 바로 그 이유라고요!" 하고 화를 낼 겁니다. 이분은 "나는 요령이 없어요. 일만 열심히 하는 사람이에요. 그게 왜 나쁜가요?"에 대한 답을 찾고 싶어서 사연을 보낸 것 같습니다. 문제는 이분이 가진 '진짜 문제'는 그게 아니라는 것을 알지 못하는 것입니다.

이분의 WPI 프로파일을 보면, 아이디얼리스트 성향이 뚜렷하게 나옵니다. 주로 자기 생각에 잘 빠져 있고, 다른 사람에게는 관심이 별로 없어요. 아이디얼리스트 성향이 높은 사람은 대개 일반적인 관리 업무처럼 소위 회사에서 이야기하는 '매니징'을 별로 좋아하지 않습니다. 귀찮아하는 편이지요. 아예 눈에 들어오지 않는 경우도 많고요. 일반적으로 매니징이란 팀원을 챙기고, 스케줄에 맞게 일을 꾸리고, 일이 잘못되지 않도록 조절하고, 상황이 어떻게 돌아가는지 사장에게 일일이 보고하는 일을 말합니다. 아이디얼리스트는 이런 업무를 자신이 해야 할 일이라고 생각하지 않아요. 쓸데없거나 중요하지 않은 의미 없는 업무라고 받아들입니다. 사장의 입장에서는 팀장 역할을 하는 사람이 이렇게 받아들이면 시쳇말로 '꼭지'가 돌지요.

대다수 사장은 직원들이 사장의 마음으로 일해주기를 원합니다. 이게 말이 되는 일인가요? 상황도 바람도 그 자체로 모순입니다. 그럼 어떡해야 할까요? 사실, 이분은 팀장의 역할을 하고 있으니까 팀장으로서 자신이 어떤 역할을 해야 하는지 고민하는 게 맞습니다. 다만 아이디얼리스트 성향의 이분에게는 그 역할에 대한 그림이 전혀 그려지지 않는다는 게 문제입니다. 아이디얼리스트 성향이 높은 사람들은 조직에서 일할 때, 자기 밑에 있는 직원에게 재량권을 준 다음 알아서 하기를 기대합니다. 쪼아대는 것을 가장 싫어합니다. 그런데 나사를 구멍에 박아 넣고 가만히 있으면 나사가 스스로 돌아가서 조여지나요? 절대 그렇지 않습니다. 조직에서 인간은 스스로 알아서 움직이는 나사가 아닙니다. 모든 팀원은 팀원으로서의 역할을 할 뿐이지요. 팀장이 사장의 기대와 달리 그 역할을 잘 하지 않듯이, 팀원도 알아서 잘 하는 존재가 아닙니다. 돌려야 하는 '나사'와 같아요. 그러니 이럴 때 팀장은 나사 돌리는 사람 역할을 해야 하는 겁니다. 이 역할을 하면서 살 것인가, 아니면 자신이 믿고 있는 일만 하면서 살 것인가 하는 점이 이분이 조직에서 느끼는 문제점입니다.

우리는 살아가면서 여러 문제에 부딪힙니다. 이때 어디까지가 내가 해야 할 일인지, 무엇이 내가 할 수 없는 것인지만 잘 구분해도 해결의 실마리에 보다 쉽게 다가설 수 있습니다. 특히 조직에서는 이 부분이 거의 절대적인 과제예요. 이분은 사장과의 문제도 있고 또 부하 직원들과도 어려움을 겪고 있습니다. 실제로 조직의 중간 간부들은 늘 이런 고민을 안고 살아갑니다. 이분 혼자서만 겪는 일이 아닙니다. 하지만 그렇다고 해서 문제의 정체가 무엇인지, 해법이 무엇인지 명확해진 건 아닙니다. 이분은 과거에도 비슷한 상황에 처한 적이 있어요. 그래서 회사를 그만뒀습니다. 그다음 다른 회사에 갔는데 또 똑같은 문제를 경험하고 있습니다. 이제 또 다시 다른 회사로 가야 하는 걸까요? 아마 소용 없을 겁니다. 거기서도 같은 문제를 경험할 테니까요.

일단 사장과의 의사소통 문제를 생각해봅시다. 작은 회사에서는 사장과 직접 의사소통을 해야 합니다. 또 사장이 요구하는 일을 수행해야 합니다. 사장이 상당히 의욕적이라 새로운 무언가를 적극 추진하는 것이 이분에게 또 고민입니다. 사장의 입장에서 나름대로 능력이 있다고 생각하는 직원인데, 그런 취급을 받는 것이 전혀 반갑지 않은 상황이죠. 사장이나 상사라는 사람들은 아무 생각 없이 아래 직원에게 일을 주는 경우도 있지만 대개 능력이 있다고 판단하여 그런 행동을 하는 경우가 더 많습니다. 업무 부과가 능력에 대한 인정의 표시인 셈입니다. 그런데 사연자는 이것을 자신에 대한 거부 또는 부정적인 대우로 받아들이고 있습니다.

무엇보다 이분은 사장이 '듣도 보도 못한 일'을 주었다고 생각합니다. 사실 아이디얼리스트 성향의 사람에게는 이런 일들이 본인 특성을 마음껏 발휘해볼 수 있는 기회이지만, 이분은 지금 무작정 사장에게 반감부터 보이고 있습니다. 이것은 지금 이분이 심리적인 자해 상태에 처했기 때문입니다. 그래서 자신에게 주어진 발전의 기회를 자신에 대한 학대와 처벌의 상황인 양 받아들이는 거예요. 이때 사연자는 과연 "사장님, 지금 저한테 주신 일은 제가 듣도 보도 못한 것인데 이런 일을 저한테 맡기는 이유가 뭡니까?"라고 물어봤을까요? 아마 묻지 않았을 겁니다. 그러니 이분에게 사장은 고압적이고 권위적으로 지시하는 윗사람일 뿐입니다. 아이디얼리스트 성향의 사람에게 마냥 불편하고 거부감을 느끼게 만드는 그런 사람이 되는 거죠. 이 경우, '폭

포처럼 쏟아지는 소나기를 그대로 맞을 것이냐' 아니면 '이 자리를 떠날 것인가' 하고 자신의 상황을 재고 구분하게 됩니다. 이분도 그렇습니다.

˚ 긍휼히 여기는 자에게 복이 있나니

자신의 성향이 어떤 것이든, 삶에서 자신에게 문제가 있다고 느낄 때, 아니 자신이 처한 상황이 불편하다고 느껴 그것을 벗어나고 싶을 때, 우리가 알아야 할 것은 '내 문제의 정체'입니다. 아이디얼리스트 성향은 조직에서 문제의식을 느낄 때 그게 무엇이든 일단 피하려고 합니다. 만일 윗사람이 불편하다면 그냥 그 사람을 싫어하며 회피해요. 조직을 떠날 생각을 쉽게 합니다. 이들은 어떻게 해야 조직을 편하게 느끼면서 참고 지낼 수 있을까요?

일단 윗자리에 있는 사람을 우습게 보면 참고 지낼 만합니다. '무시'가 아니라 그 사람을 긍휼히 여기라는 뜻입니다. 종교에서 많이 사용하는 '긍휼히 여겨라'는 말은 인간을 불쌍히 보는 것입니다. 가령 상대방이 마구 화를 내면 '왜 저럴까, 저 사람 진짜 열 받았구나. 저렇게 스트레스를 받다니 안됐네'라고 생각하는 거예요. 그러면 "사장님, 진짜 스트레스를 많이 받겠네요. 제가 대신 그 스트레스를 다 가져갔으면 좋겠어요" 하는 말도 자연스럽게 나오게 될 겁니다.

이럴 때의 본인 모습을 상상해보세요. 왠지 모르게 여유가 생길 텐데, 이는 긍휼히 여기는 마음이 있기 때문입니다. 이러한 자세로 있으면 그 사람이 뭐라고 하든 말이 한 귀로 들어왔다가 한 귀로 나갑니다. 사실 상사도 일부러 괴롭히려고 그러는 게 아닙니다. 내재된 갈등과 욕망이 스스로 해소되지 않아 상대방에게 열을 내는 것뿐이에요.

사람을 긍휼히 여기면 과부하에 걸린 상대방을 있는 그대로 이해할 수 있습니다. 실제로 실컷 열을 낸 사장은 나중에 이쪽의 눈치를 약간 살필지도 모릅니다. 나에게 개인적으로 열을 내는 게 아니라는 뜻이지요.

사연을 보면, 이분은 사장이 일을 던져주면 두렵고 부담스러워서 당장 내일이라도 뭔가 결과를 내야 할 것 같다고 생각합니다. 하지만 사장은 스트레스 지수가 너무 올라간 나머지 마음이 급해져 일단 부하직원에게 일을 맡긴 것뿐입니다. 따라서 사연자는 '참 안됐네. 오죽 힘들었으면 나한테 이런 것을 다 요청할까?' 하는 측은지심을 가지고 상황을 받아들이는 편이 좋습니다. 아니, 그렇게 해야 합니다. 이분 스스로 '사장이 능력도 있고 배우고 싶은 점도 있다'라고 털어놓은 만큼 서로의 역할과 관계에 대한 이해 부족을 '도피'로 마무리하면 안 됩니다. 회피와 도피는 가장 어리석고 유치한 방법이잖아요.

또한 이분은 사장의 일하는 스타일이 자신과 맞지 않는다고 고민했는데요. 사장은 사장이고 직원은 직원입니다. 절대 일하는 스타일이 같을 수 없습니다. 이분의 하소연 중에 "사장님이 신뢰하는 다른 팀장들이 있는데 그들은 실질적으로 그리 많은 일을 하지는 않습니다. 그렇지만 보고를 잘하고 사장님이 원하는 대답을 해줘서 그런지 인정을 받아요" 하는 부분이 있어요. 이 대목이 바로 '일을 잘한다'는 것에 대한 사연자의 생각과 사장의 생각이 다름을 보여주는 부분입니다. 실제로 사장이 누군가 일을 잘한다고 평가할 때엔 그가 주어진 과제를 번듯하게 처리하여 성과를 낸다는 의미도 있지만, '내 말에 호응을 잘한다'거나 '내게 회사 사정이나 여러 일에 대해 잘 보고한다', '세상사와 내 불편한 심기를 잘 관리해준다' 등의 의미도 있답니다. 사장들은 대개 이런 다양한 의미를 가진 행동을 하는 것이 직원의 일이라 생각하거든요.

조직에서의 일은 '문서 작성'이나 '물건 조립이나 포장'과 같이 눈에 보이는 어떤 성과를 내는 것이 전부가 아닙니다. 상사와 동료 등 주위 사람들과의 관계 속에서 그들과 잘 지내는 것도 포함됩니다. 집에 가면 가족과 함께하듯 회사에 오면 동료들과 함께 생활해야 하잖아요? '문서 작성'이나 '물건 조립이나 포장' 같은 일만 잘하길 원한다면 굳이 사람을 고용할 필요가 없을 겁니다. 결국 사장 입장에서는 업무 처리는 기본이고 서로 인정하면서 윗사람들과도 잘 지내는 직원을 '일 잘하는' 사람으로 인정하게 되는 거죠. 즉 사장이 생각하는 아웃풋이란 단순히 주어진 일에 대한 성과뿐 아니라 전반적으로 '나와 얼마만큼 관계가 좋은지', '다른 직원들과 인간관계가 얼마나 좋은지'까지 그 폭이 아주 넓다고 보아야 합니다.

내 방식대로 배운다

회사에서도 정치를 잘하는 것이 중요합니다. 업무를 통한 성과도 중요하지만 정치를 통한 인정 역시 간과할 수 없다는 뜻인데요. 속물적으로 들릴 수도 있고, 또 어떤 사람에게는 '그렇게 하면 안 되는' 일로 보이겠지만 이것이 현실입니다. 인간 사회의 분명한 진리지요. 보통 개인의 조직 내 성과 인정은 업무가 30퍼센트, 정치가 70퍼센트 수준인 듯합니다(업무 20퍼센트 vs. 정치 80퍼센트의 법칙도 있습니다).

사장에게 일을 배우고 그의 능력을 내 것으로 만들고 싶다는 욕망을 품은 이분의 경우, 그러나 안타깝게도 다른 사람에 대한 관심이 별로 없습니다. 누군가를 통해 뭔가를 배우려 한다면 먼저 그에게 관심을 기울여야 합니다. 내가 한 일이나 보여줄 수 있는 일로 인정받고 배우려 한다는 것은 마치 시험 성적이나 발표 행동을 통해 내가 얼마나 잘 배웠는지 보여줄 수 있다고 믿는 것과 같습니다. 하지만 현실은 그렇지 않아요. 사연자의 문제는 바로 여기에 있습니다.

이분은 무엇보다 사장에게 관심이 없습니다. 사장이 자신에게 관심을 가지는 것조차 불편해합니다. 사장의 관심을 받고 싶은 마음은 있지만 머릿속으로 생각만 하는 수준입니다. 누군가의 능력을 배우려면 그가 어떤 사람인지를 먼저 알아야 합니다. 여기 멋진 '고려청자'가 있다고 합시다. 내가 그것을 만들고 싶을 때 열심히 구경만 하면 만들 수 있나요? 그렇지 않습니다. 하루 종일 관찰하는 일도 필요하지만, 무엇보다 쪼개보아야 합니다. 어떤 성분으로, 어떻게 만들었는지 알아야 합니다. 그러고 나서 그 도자기를 만든 장인처럼 만들 수 있도록 여러 차례 시도하고 또 시도해야 합니다. 능력도 마찬가지죠. 사장의 능력을 배우고 싶다면 사장이 일하는 것을 그저 구경만 할 게 아니라 어떤 일이든 사장의 마음으로 시도해야 합니다. 그의 마음이 곧 내 마음인 것처럼 일해야 합니다. 그 사람의 마음을 알고, 그 사람이 하듯이 일할 수 있게 된다면, 그때가 비로소 그의 능력을 내 것으로 만든 순간이 되는 겁니다. 그 사람의 능력을 내 방식으로 배운 거고요.

이분이 과거 사장과 겪은 일들은 현재의 문제와 해법을 잘 알려줍니다. 본인만 몰라요. 이런 경우를 상상해봅시다. 자, 어느 날 출근했더니 사장이 생전 듣도 보도 못한 일을 던져줍니다. 이분은 속으로 이렇게 생각합니다.

'아니, 이걸 나보고 어떻게 하란 말이야? 가르쳐주는 사람도 없고 해낼 능력도 없는데.'

가르쳐주는 사람이 없으면 사장에게라도 물어봐야지요. 사장은 그걸 어떻게 해야 하는지 아니까 던져주지 않았을까요? 전혀 모르면 일을 주지도 않았을 겁니다. 그런데 이분은 물어보지 않았어요. 사장과 말을 섞기도 싫은 마당이니 물어볼 이유도 없다고 여깁니다. 사장에게 능력이 있다는 것은 알지만, 자기에게 일을 던져준 것은 자기를 괴롭히기 위해, 또는 본인이 잘 알지 못한 일이라 던져준 것이라고 막연히 생각합니다. 아이디얼리스트 성향인 이분은 모호하고 어려운 문제에 직면하면 자기 나름대로 답을 찾아가는 것을 좋아합니다. 그 과정에서 무언가 이루며 희열을 느끼지요. 그런데 지금 이분은 자신이 좋아하고 희열을 느낄 어떤 것을 받았는데도 이를 통해 성취감을 느끼려 들지 않습니다.

이분이 말하길 사장이 상당히 권위적이고 성격이 급하다고 했는데, 그런 사람은 여러 사람과 파이팅 하는 것을 좋아합니다. 아랫사람에게는 보스로 군림하고 싶어 하고 오지랖 넓게 사람들에게 이것저것 제안하는 것도 좋아합니다. 이런 사람일수록 아이디얼리스트 성향을 잘 이해합니다. 정작 사연자 본인은 모르는 자신의 장점을 사장은 알고 있는 거예요. 그러니까 듣도 보도 못한 일을 던져주는 것은 사장이 보내는 인정의 신호랍니다. 뭘 모르는 이분이 그것을 부정의 신호로 오해한 거고요.

회사생활을 할 때 보면, 상사들이 부하 직원에게 지금까지 해온 일과 전혀 다른 방향의 일을 던져주는 경우가 더러 있습니다. 그러면 다들 힘들어 하면서 하지 않으려 해요. 혹자는 무작정 매달려 파김치가 되도록 일하기도 하고요. 그러면 직원들은 대개 '아, 회사가 나를 자르려고 하나 보다'라고 생각합니다. 왜 조직에 있는 많은 사람이 회사가 자신에게 발전할 계기를 마련해주면 부정적인 반응을 보일까요? 처음 입사해서 하던 일과 다른 일을 주면 그걸 불합리하다고 생각할까요? 실은 더 많은 기회를 주는 건데 말입니다.

이분의 경우도 마찬가지입니다. 백 번 양보해서 사장이 자신에게 기회를 췄다고 생각해도, 그 일 자체를 '듣도 보도 못한 일'로 규정하는 순간 그것을 잘 해내기가 어려워집니다. 본인의 아이디얼리스트 성향을 잘 발휘하여 일의 성격을 이해하기보다 '휴머니스트 사장이 나를 거부하는 뜻으로 던진 돌멩이'라고 생각하는 탓입니다. 게다가 이분은 자기 대신 누군가가 그 일을 해결해야 한다고 믿었습니다. 그래서 문제가 더 생겨난 거예요. 이분이 "팀장이 있었으면 좋겠다" 하고 고백했잖아요. 실은 본인이 문제의 성격을 파악하기 위해 사장에게 묻거나 팀원들과 낑낑대며 문제를 해결하려 애쓸 수도 있었는데 상황 인식을 제대로 하지 못해 엉뚱한 결론을 내린 겁니다.

처음 일이 주어졌을 때 사장과 함께 이야기해보았다면 상황이 어떻게 달라졌을까요? 만일 정말 '잘못 가져온 일'이었다면 사장 스스로 알아챘을 겁니다. 물론 휴머니스트 성향이 높은 사람이니 어떤 일을 주면서 반드시 내일까지 해야 한다고 말했을 텐데요. 그 역시 내일이 지나도록 일이 진척되지 않는다 해서 세상이 박살 나지 않음을 잘 알고 있답니다. 따라서 이분 경우엔 역량을 발휘해 현명한 질문을 던지는 것이 좋습니다.

"사장님, 이게 당장 해야 하는 일인 건 맞아요. 한데 우리가 어제까지 이걸 해내지 못했잖습니까? 그렇다고 지금 우리 회사에 큰 문제가 생긴 건 아니잖아요? 내일까지 꼭 해내지 못해도 별 일 없을 겁니다."

여기에서 핵심은 일을 완수하는 시간의 문제가 아니라, 이 듣도 보도 못한 일을 해내겠다는 마음을 사장과 공유하는 겁니다. 결국 중요한 것은 어떤 일을 명령한 사람이 누구냐, 그 일을 수행하는 데 시간이 얼마나 걸리느냐가 아닙니다. 그보다는 내가 어떤 성향의 사람인지, 나는 그 일을 어떻게 이해하고 있는지, 내 위치에서 어떻게 받아들일 수 있는지 성격과 역할을 정확히 설정하는 것이지요.

이분은 듣도 보도 못한 일을 받아 자기 나름대로 열심히 하다가 진이 빠졌고 그 일은 사장이 본래 잘못 가져온 것이라고 생각합니다. 그러면 사장이 이런 생각에 동의할까요? 물론 잘못 가져왔을 수도 있지만 사장이란 본래 자신이 잘 못하는 일을 직원이 대신 잘해주기를 바랍니다. 그걸 잘해내면 인재로 인정받는 것이고 해내지 못하면 그 직원을 볼 때마다 사장이 열을 받는 거죠. 그럴 때 이렇게 대응하는 것은 어떨까요?

"사장님이 아무리 제게 말도 안 되는 일을 시켜도 저는 사장님의 능력을 배우기 전까지는, 사장님의 능력을 뛰어넘기 전까지는 절대로 이 회사를 그만두지 않을 겁니다."

일이 힘들면 대개 '나, 그만둘 거야'라는 뉘앙스를 풍깁니다. 아마 이분도 그랬을 것이고 사장은 그 사실을 충분히 눈치 챘을 것입니다. 이제 이분은 몇 개월 전에 개인 면담을 해서 남들이 힘들어 하는 일을 맡았을 때처럼 똑같이 개인 면담을 신청해서 위의 말을 하는 것이 좋습니다.

언젠가 바다에서 야생 상어와 함께 수영을 하는 모델에 대한 기사를 읽었습니다. 엄청 위험할 거라고 생각하지만, 그 모델은 상어와 어릴 때부터 함께 수영하는 경험을 많이 했기에 덜 두려웠다고 이야기하더군요. 그녀에게 상어는 무작정 위험한 생물이 아니라 함께 수영하면서 지낼 수 있는 동물이었던 겁니다. 상어가 위험하지 않은 게 아니라 상어가 자신에게 위험한 행동을 하지 않게 하는 법을 알고 있었다고 보아야 하지요. 지금 이분은 사장을 상어라 생각하고, 어떻게 함께 수영하면서 시간을 보낼 것인지 고민해야 하는 상황인 것 같습니다. 사장이 어떤 행동과 생각을 하고 있는지 제대로 파악하는 데 자신의 생명이 달려 있는 셈입니다. 그걸 모르고 만일 이렇게 생각한다면 어떻게 될까요?

'상어면 어때? 내가 더 빨리 피하면 되지 뭐. 나는 웬만큼 수영도 잘 하고, 또 내가 더 큰 것처럼 잘 포장하면 상어도 나를 피해갈 거야!'

이런 생각을 계속하고 있다면, 상어와 잘 지낼 가능성은 거의 없습니다. 이런 상황을 잘 보여주는 영화의 한 장면이 떠오릅니다. 〈늑대와 함께 춤을〉이라는 영화인데요. 이 영화에 야생 늑대를 길들이는 과정이 나옵니다. 처음에는 야생 늑대가 다가오지 못하도록 돌멩이를 던져 쫓아버려요. 무서워 총을 쏘기도 하고요. 하지만 혼자서 외롭게 포스트를 지키다 보니 너무나 외로운 나머지 멀리 있는 야생 늑대에게 고기를 한 점 던져주는 일이 벌어집니다. 늑대는 당연히 이걸 맛있게 먹었지요. 그다음에도 늑대에게 고기를 던져줍니다. 조금 더 가깝게 던져주고 또 좀 더 가깝게 던져줍니다. 그렇게 해서 늑대가 점점 더 가까이 다가오게 했어요. 그러고 나서 어느 순간부터 늑대는 공격은커녕 주인공의 사냥개 역할을 합니다.

사연을 주신 분은 늑대나 상어 같은 사장을 '긍휼히 여기는 마음'으로, 그리고 그를 잘 길들이는 심정으로 파악해야 합니다. 지금까지는 늑대 앞에 서면 '저 늑대가 나를 언제 잡아먹을까' 하는 심정이었을 겁니다. 나름대로 방어하느라 약간 신경질적으로 '네가 나를 잡아먹으려고 하면 난 도망갈 거야' 하는 신호도 보냈겠지요. 늑대도 그 마음을 알았을 테고요. 사실 사장이 원하는 것은 놀라운 성과가 아닙니다. 자신을 사장으로서 인정하고 존중해주는 그런 토끼 같은 직원을 바랐을 겁니다. 그런데 이 곰 같은 부하 직원은 사장을 늑대로 생각하고 '같이 한번 싸워보자'는 마음으로 대한 거죠. 이게 바로 큰 문제였습니다.

이제 사연을 보낸 사장과의 관계에서 본인이 어떤 포지션을 취할 것인지 분명히 깨달아야 합니다. 그러면 해결책을 쉽게 찾을 수 있습니다. 그리고 사장이 원하는 것은 일의 성과보다 자신을 인정하고 존중해주는 것임을 알아야 합니다. 이런 마음을 표현하는 것은 결코 아부가 아니에요. 능력 있는 사장으로부터 더 잘 배우기 위한 노력의 하나입니다. 이분이 '일을 많이 하지 않는다'고 생각하는 다른 팀장들에게서 한 수 배워야 할 점입니다.

누구나 "내 인생은 나의 것, 내 마음대로 살련다"라고 말하지만
한편으로는 남에게 자랑하고 싶은 번듯한 삶을 살기 원합니다.
이것이 바로 인간의 마음이 작동하는 대표적인 방식이지요.

제가 아이를
망치고 있는 건가요?

친애하는 셜록황에게 ————

소프트웨어 개발 분야에서 프리랜서로 일하는 마흔두 살의 여성입니다. 대학의 같은 과에서 공부하던 남편과 결혼한 지 15년이 되었습니다. 10대 시절에는 매해 반장과 부반장을 맡았고 친구들과 어울리며 지내는 것을 좋아했습니다. 몇 해 전 그 시절에 나눈 편지를 꺼내 읽어보았는데 친구들이 지나치게 제게 의지한 듯한 내용에 '내가 많이 외로웠겠다' 싶은 생각이 들었습니다.

20대 때 저는 IT업계에서 팀장과 부서장을 맡으며 잘 지냈는데 아이를 낳은 이후 일에서 느끼던 만족감이 사라졌습니다. 엄마라는 위치는 스스로 조절 가능한 것이 아니었고 품에 안고 키울 수 없는 아이 생각에 매일 눈물바람이었습니다. 제가 충성을 다하던 그 조직에 진저리가 나서 다른 회사로 옮겼으나 일의 즐거움은 잠시였습니다. 떠나온 직장에서 육아를 병행할 수 있는 자리를 마련해준다고 해서 다시 돌아갔으나 즐거움이 아닌 짜증만 몰려와 버틸 수가 없었습니다.

결국 둘째 아이 임신을 이유로 도망치듯 그만두었지요. 첫아이 때 3개월 출산휴가 후 남의 손에 맡기고 출근했던 그 한을 되풀이하지 않으려고 둘째 아이 때는 1년 동안 육아만 하며 지냈습니다. 그렇게 쉬다 보니 그전에는 일하지 않는 저를 상상할 수 없었지만, 전업주부도 잘할 수 있겠다는 자신감이 생겼습니다. 지금은 프리랜서로 일하며 조직생활에 드는 에너지를 최소화하고 일의 즐거움을 누리면서 지내고 있습니다.

첫아이가 태어나고 20개월이 될 때부터 매일 5년간 아이를 차로 어린이집으로 데려갔다 데려오는 생활을 했습니다. 어느 정도 성장한 후에는 자연과 더불어 친구가 되고 자기 시선으로 인생을 바라보는 아이로 자라길 바라는 마음으로 대안학교를 찾아 이사도 했습니다. 그러나 대안학교가 대안이 아니라는 생각이 들어 다시 시골로 보냈습니다.

제가 미처 몰랐는데 시골은 제가 어린 시절을 보낸 그런 곳이 아니라 오히려 부모의 도움이 없으면 어디도 갈 수 없는 섬과 같은 곳이더군요. 결국 아이들은 게임에서 유일한 즐거움을 찾았고 가족과 더 많은 시간을 보내고자 했던 부모는 오히려 먹고사는 문제를 해결하느라 아이들을 방치하고 말았습니다. 그렇게 3년을 시골에서 보내고 저와 아이들만 다시 서울로 올라왔지요. 남편은 새로 시작한 농사일 때문에 남았고요. 그런데 이상하게도 큰아이가 바깥에 나가는 것을 싫어합니다. 외식을 하는 것도 싫어해서 어느 날 제가 억지로 아이를 끌고 홍대 근처의 맛집을 찾아갔습니다. 그런데 그날따라 문을 닫아서 그냥 돌아가자고 하는 아이를 붙잡고 근처의 카페에 들어가 말했습니다.

"너는 왜 바깥 세상을 보려 하지 않고 갇혀 있으려고만 하니. 네가 먹고 보고 듣고 말하고 생각하고 경험하는 모든 것이 바로 너야. 그런 것을 통해 네가 무얼 좋아하는지, 싫어하는지 알아가는 거야. 그렇게 집에

만 있을 거면 다시 시골에 내려가."

그 말에 눈물을 글썽이던 아이는 화장실에 간다고 나선 뒤 돌아오지 않았습니다. 20여 분의 시간이 흘러도 돌아오지 않자 이상히 여긴 남편이 아이를 찾아 나섰지요. 저는 둘째 아이와 기다리며 걱정과 염려를 하면서도 아이가 혼자 집에 돌아갈 배짱을 지녔다면 다행이지 싶기도 했습니다. 물론 아이는 휴대전화를 갖고 있었습니다.

저는 아이들 스스로 욕구가 생기길 기다리고 있지만 혹시 제가 아이들을 망치고 있는 게 아닐까 고민스럽습니다. 무언가를 배우다가 도중에 그만두려 하면, 혹은 힘들어 하면 그만두라고 합니다. 다른 한편으로는 힘든 이유와 하기 싫은 이유가 무엇인지 혹시 도망치는 게 아닌지 묻습니다. 그리고 그걸 넘어서야 힘이 생긴다고 조언을 하지요. 그렇지만 또 다른 한편으로는 아이가 힘에 부쳐 할 만한 것을 없애주려 하고 애초에 힘든 것을 만들지 않으려고 합니다. 저는 아이가 행복해할 생각에 제 스스로 행복해 하면서 아이들의 요구를 가급적 들어줍니다. 아이가 힘들어 하면 저도 마음이 아픕니다. 너무 품 안의 자식으로 키우나 싶다가도 가끔은 냉정해지는데 제가 이상한 건 아닌지요. ──

21세기 맹모삼천지교 孟母三遷之敎

일단 아이를 낳으면 온갖 삶의 문제와 마주치게 됩니다. 아이를 낳아 키운다는 건 한 사람의 인생을 만드는 것이나 다름없으니까요. 어머니들은 임신과 출산 이후에도 신의 또 다른 영역에서 능력을 발휘하게 됩니다. 이 과정에서 누군가의 인생을 책임진다는 두려움도 함께 커지게 마련인데, 이것이 바로 양육의 문제입니다. 하지만 생각해봅시다. 아이를 낳았다고 해서 아이 인생을 어머니가 다 책임져야 할까요? 어머니가 원하는 대로 아이를 길러야 할까요? 도대체 어떤 기준과 틀에 맞춰 아이를 키워야 '잘 키운' 거라고 할 수 있나요? 많은 부모들이 저에게 묻는 질문이기도 합니다.

부모는 농부가 땅에 씨를 뿌려 싹을 키우듯 아이를 세상으로 인도합니다. 농부가 농사를 짓는 것처럼 부모는 아이를 키웁니다. 그런데 식물은 자신이 잘 자라든 못 자라든 있는 그대로 자라지만, 아이들은 자라면서 끊임없이 반응하고 또 심지어 자신이 어떻다고 이야기합니다. 이 경우, 아이에게 환경을 제공하고, 또 이렇게 저렇게 해야 한다고 막연히 기대하거나 주장하는 부모 입장에서는 '어떻게 키워야 하는가'의 문제가 더욱더 어려운 일이 됩니다.

사연을 주신 어머니의 WPI 프로파일은 에이전트 성향에 트러스트가 아주 높을 뿐 아니라 리얼리스트 성향도 꽤 뚜렷하게 나타납니다. 에이전트는 자신이 수행해야 하는 일, 즉 과제를 가장 우선시하는 유형입니다. 항상 초점을 '일을 내 나름대로 완벽하게 잘해야 한다'는 데 두지요. 자녀 양육 문제도 이분에게는 자신이 잘 해야 하는 과제가 됩니다. 아이를 누구에게도 뒤지지 않도록 완벽하게, 이상적으로 키워야 한다고 믿습니다. 이들에게는 아이가 어떤 특성을 갖추고 있는지는 별로 중요하지 않아요. 그저 내가 생각하는 바람직하고 이상적이며 좋은 틀에 아이가 맞추어 자라나길 바랍니다. 어머니는 그것을 위해 단지 열심히 일할 뿐입니다.

대안학교에 보내고 자연을 찾아 떠나는 것은 아주 멋져 보입니다. 그런데 이것은 누구의 생각일까요? 백 퍼센트 엄마의 생각입니다. 아이들은 대안학교가 뭔지, 자연 속에서 자라는 게 뭐가 좋은지 잘 몰라요. 관심도 없고요. 게다가 이런 결정도 어머니가 내립니다. 혹시, 나중에 아이가 "엄마, 열심히 키워주셔서 감사합니다. 꼭 훌륭한 사람이 될게요"라고 할까요? 절대 그렇지 않습니다. 오히려 자라는 와중에 어머니에게 이상한 행동을 보이기 쉽습니다. 심하면 틱[4]이나 우울증, 무기력, 반항행동 같은 모습을 보이기도 합니다. 엄마는 나름대로 최선을 다해 키웠는데 마치 아이의 인생을 망친 것 같은 결과가 나오는 거예요.

맹자의 어머니처럼 훌륭한 엄마가 되고 싶었던 이분에게 대체 어떤 문제가 있었던 걸까요? 맹자 엄마처럼 행동했지만, 아이가 맹자와 달랐기 때문입니다. 사실 맹자의 어머니도 맹자가 원하는 것을 도와준 것은 아니지요. 어머니는 시대 흐름의 변화를 잘 파악하여 맹자가 거기 맞춰 잘 살아갈 수 있도록 준비를 시켰을 뿐입니다. 맹자는 어머니의 말을 잘 따랐고, 사연 주신 분의 아이는 이를 거부했다는 게 다른 점인데요. 그렇다면 어머니한테는 잘못이 없고 아이한테만 문제가 있는 걸까요? 현대판 맹모의 문제는 무엇이었을까요? 자신의 아이가 어떤 아이인지를 알기 전에 직장에서 완벽하게 일하듯 아이를 양육하려 했기에 문제가 발생한 것입니다.

아무도 잘못한 사람이 없는데 둘 다 불행해요

우리는 보통 엄마가 원하는 방식이 아이도 원하는 방식이면 모두가 행복한 방식이라고 말합니다. 그런데 지금 아이가 행복하지 않아요. 이 말은 엄마가 원하는 방식에 끌려가던 아이가 "엄마, 나는 뭐예요? 나도 인간이에요?"라고 의문을 보이는 상황이라는 얘기입니다. 그렇다

---

4 근육의 불수의 운동을 일으키는 신경병. 주로 얼굴, 목, 어깨에서 일어나며 언어 모방증, 운동 모방증 따위가 따른다.

고 엄마가 어떤 업무를 수행하듯 일정한 체계를 정해놓고 막 이끌어 간 것은 아닙니다. 다양한 경험을 하도록 애쓴 내용이 사연 속에 드러납니다.

이분은 다양한 경험을 하게 돕는 것이 아이의 삶에 필요하고 또 중요할 것이라고 굳게 믿었습니다. 그래서 계획을 세우고 여러 가지를 경험해볼 기회를 제공했어요. 그것을 충실하게 수행하다가 중간에 아이가 싫어하거나 상황에 맞지 않으면 과감하게 계획을 바꾸고 새로운 계획을 세웠습니다. 그 때문에 개인의 삶을 희생했습니다. 결과가 썩 좋지는 않지만 아무튼 이 엄마는 최선을 다했어요. 이처럼 아무도 잘못한 사람이 없는데 지금 둘 다 불행합니다. 바로 이것이 핵심입니다.

보통 리얼리스트 성향의 사람들은 가능하면 자신이 바라는 정답에 맞춰서 살고 싶어 합니다. 에이전트에다 리얼리스트 성향이 다 같이 높고, 또 트러스트 성향이 높은 사람들이 추구하는 삶의 모습은 어떨까요? 네, '자기 역할에 맞게' 혹은 '책임감 있게 잘하는 것'이 무엇보다 중요하다고 믿는 것이지요. 사연을 보낸 어머니가 원하는 삶의 방식이기도 합니다. 그렇기에 이분은 최선을 다했고 아이도 참고 따라갔습니다. 그런데 어느 순간, 아이가 "도저히 못 참겠어요"라고 하소연을 시작했어요. 상황을 다시 구성해봅시다.

"엄마, 맛집이 문을 닫았으니 그냥 집에 가서 라면 끓여 먹으면 안 돼요?"
"너는 왜 처음에 계획한 걸 제대로 수행하려고 하지 않니? 그렇게 쉽게 포기하면 안 돼."

혹시, 아이는 엄마가 선생님도 아니고 경찰도 아니고 대체 뭘 하는 사람일까 하고 의문을 품었을지 몰라요. 계획한 것을 지켜야 하는 건 맞지만, 못 지킨다고 해서 나쁜 일을 한 건 아니잖아요. 게다가 그 계획은 아이 자신이 정한 것도 아닙니다. 별로 하고 싶은 마음도 없어요. 이런 상황인데도 아이는 마치 자기가 뭘 대단히 잘못한 것처럼 엄마에게 질책을 받고 있어요. 한편 어머니는 본인이 정한 계획이기에 나름대로 성과라 할 만한 경험을 원합니다. 누구의 잘못도 아닙니다. 다만 엄마가 자신이 어떤 사람인지, 자녀가 어떤 사람인지 잘 모르는 황당한 상황만 있을 뿐이에요. 누가 잘못했다고 야단을 치거나, 또 누구를 비난할 상황은 전혀 아니라는 뜻이에요. 서로를 잘 알지 못해서 돌발적으로 발생하는 문제들은 주로 이렇게 나타납니다.

내 아이가 없는 아이 교육

사연을 주신 어머니는 이미 20대에 회사에서 팀장과 부서장을 했을 만큼 놀라운 능력자입니다. 더 놀라운 점은 첫아이가 태어났을 때 이분이 육아를 선택했다는 거예요. 일과 육아를 한꺼번에 잘할 수 있으면 좋겠지만, 에이전트는 두 가지 일을 병행하기보다 자신이 초점을 둘 일이 무엇인지 생각해보고 하나를 택합니다. 이분은 육아를 우선순위에 두었습니다. 처음에는 이런 전환이 상당히 고통스러웠지만, 나중에 다시 육아와 일을 병행하는 데 성공했고, 결국 지금은 자녀 양육과 자신의 일을 프리랜서로서 계속하는 능력을 보여주고 있습니다.

흥미로운 사실은 아이를 더 잘 키우겠다고 결심했을 때 이분에게는 이상적인 양육의 틀이 있었다는 점입니다. 아이들이 학원에 시달리지 않고 자연을 벗 삼아 다양한 경험을 할 수 있도록 배려하는 것인데요. 굉장히 의식 있는 엄마의 생각이지만, 이것이 자신의 생각인지, 아니면 멋진 말을 하는 전문가들의 생각인지는 알기 어렵습니다. 많은 엄마들이 육아서나 방송을 보고 전문가의 말에 혹해서 정말 열심히 배웁니다. 이분도 마찬가지인 듯합니다. 이런 조언을 참고로 하여 스스로 '나는 잘한다'고 생각했는데 첫째 아이와의 관계에서 어려움을 겪으며 고민이 깊어졌어요. '왜 내가 잘한다는 생각이 들지 않을까? 내가 아이를 망치는 것은 아닐까?' 하면서 말입니다.

이분의 경우, 양육이나 육아에 대한 뚜렷한 철학이나 지식, 혹은 지향하는 가치가 없어서 그런 것은 절대 아닙니다. 실제로 많은 엄마가 자신의 기대치를 정해놓고 이렇게 생각하는데요. 문제는 리얼리스트와 에이전트가 갖고 있는 이상적인 틀에 있습니다. 이를 테면 '왜 우리 아이는 내가 만든 이상적인 틀에 맞춰 크지 않는 것일까? 왜 엄친아로 크지 못하는 걸까?' 하고 고민하는 경우처럼요.

그런데 이때 어떤 일이 벌어지는지 아십니까? 거기에 우리 아이는 없고 단지 엄친아만 있는 상황이 된답니다. 게다가 내 눈에 띄는 남의 집 아이는 항상 잘 큰 것 같고 괜찮아 보입니다. 그런 애는 꼭 있게 마련이잖아요? 그 아이들을 보면서 '나는 왜 애를 저렇게 키우지 못했지? 어떻게 하면 저렇게 키울 수 있지? 나는 뭐가 잘못된 거지? 내가 나쁜 엄마인가?' 하는 생각을 꼬리에 꼬리를 물듯 하게 됩니다. 제가 '내 아이는 없다'고 말한 이유는 그 훌륭한 엄마들이 정작 자기 자녀가 어떤 아이인지 알려고 하지 않기 때문입니다. 잘 안다고 생각하지만 실제로 내 아이의 행동은 내 마음에 들지 않습니다. 나의 기대 수준에 미치지 못하니까요. 그래서 애를 몰아붙이고, 또 자신이 더 노력하면 아이가 잘될 수 있을 것 같다는 착각에 빠집니다. 조급한 마음에 씨앗을 뿌린 지 하루 만에 싹을 틔우고, 열흘 만에 크고, 한 달 만에 열매 맺기를 바라는 거예요.

엄마들은 끊임없이 옆집의 괜찮아 보이는 아이와 자기 아이를 비교합니다. 왜 그럴까요? 그런데 재미있게도 자신의 아이보다 못한 애가 있으면 모른 척하면서 '우리 애는 쟤보다 나으니 다행'이라고 위안합니다. 참 모순적이지요?

물론 엄마가 자기 생각대로 아이를 키우고 싶어 하는 것은 당연한 일입니다. 엄마 마음도 그래야 편합니다. 심지어 어떤 엄마들은 자녀를 '투입한 만큼 좋은 결과물이 나올 수 있는 물건이나 투자의 결과물'처럼 생각하기도 해요. 내가 쏟은 만큼 당연히 뭔가를 얻어야 한다는 기대를 가지고 이른바 '투자 심리'로 아이를 양육합니다. '자식농사 잘 지었다'라는 옛말이나 '아이는 부모가 하기 나름'이라는 생각도 이와 비슷해요. 정말 엄마가 투자한 만큼 아이는 성공하고 행복하게 살까요? 제가 이렇게 질문하면 다시 고민에 빠지는 엄마들이 생겨날 거예요. 그렇지 않은 경우가 더 많기 때문입니다. 아니, 이런 질문 자체가 어머니들을 문제가 무엇인지 알 수 없고 답도 알 수 없는 곤혹스러운 상황에 빠지게 만들기 때문입니다.

엄마가 간섭하지 않아 학교 다니는 동안 펑펑 놀았던 아이가 나중에 크고 나서 엄마한테 "왜 공부하라고 잔소리를 하지 않았어요"라고 할 수도 있습니다. 반대로 엄마가 열심히 간섭해서 나름대로 성공한 아이가 어머니의 간섭과 통제에 불만을 가질 수도 있고요. 자식이 성인이 된 후에 삶의 결실에 대해 부모에게 무척 감사해 하는 경우가 많다면, 부모의 간섭이나 투자 노력은 분명 성공한 경우겠지요. 그런데 요즘 그런 일은 많지 않습니다. 성공한 자녀가 없고 투자가 실패한 경우가 많아서일까요? 아니에요. 아이들이 어른이 된 후에 부모에게 감사를 표하는 일이 별로 없기 때문입니다.

흔히 엄마들은 간섭하자니 아이를 망칠 것 같고, 간섭하지 않자니 나중에 원망하고 비난할까 봐 걱정스럽다고 말합니다. 물론, 엄마는 가만히 있으면 안 됩니다. 끊임없이 물어봐야 합니다.

"엄마가 간섭해서 네가 이 일을 하는 것에 대해 어떻게 생각하니?"

"하기 싫어요."

"그럼 엄마가 간섭한다고 해서 네가 싫어하는 일을 해야 한다고 생각하니? 아니면 네가 원하는 것을 말해야 한다고 생각하니?"

이럴 때 아이는 어떻게 대답할까요? 만약 아이가 로맨티시스트라면 얼굴 표정에 답이 나옵니다.

'다 알면서 왜 물어?'

부모는 아이의 표정을 알아채고 이렇게 말해야 합니다.

"그래. 엄마, 아빠가 잘못했다. 네가 싫어하는 걸 시킨 것은 잘못이야. 그럼 네가 하고 싶은 마음이 생길 때 언제든 얘기를 해라. 지금은 네가 하고 싶은 대로 해도 괜찮아. 약간 걱정이 되어서 하는 말인데 네가 그렇게 지내다 보면 스스로 조금 창피한 느낌도 들고 막 짜증스러울 때도 있을 거야. 그럴 때도 언제든 얘기해라. 혼자서 짜증내지 말고. 네가 왜 그러는지 알려줄 수 있단다."

아이의 생각을 물어보고 아이가 혼자 생각할 수 있도록 도와주라는 뜻입니다. 많은 사람이 돈을 많이 벌면 자식에게 좋을 거라고 생각하는데 돈을 많이 번 부모의 자식들은 쓰기 바빠서 자기 앞가림을 제대로 하지 못합니다. 그다음에 부모가 빨리 죽기를 원합니다. 부모가 죽고 나면 남긴 재산을 가지고 자식들이 서로 싸우지요. 더 큰 불행은 부모가 그렇게 노력하면서 열심히 어른으로 성장한 아이가 정작 아무런 의욕이나 욕구가 없는 사람이 된다는 것입니다. 혼자 자신의 욕구를 인식할 기회를 가져보지 못했기에 스스로 자신이 뭘 하고 싶고 어떻게 살지를 모른다는 점이에요. 분명히 부모는 자녀를 어른으로 키웠지만, 어른이 된 자녀는 여전히 미숙한 수준의 아이 상태에 머물러 있어요. 아이가 원하는 것을 계속 묻지 않고, 부모가 잘 아는 곳으로 그냥 끌고 다녔기 때문입니다.

성공의 기준도 만족의 기준도 다르다

흔히 돈이 있어야 아이를 학원에 보내고 학원에 보내야 애가 명문대에 간다는 인식이 널리 퍼져 있습니다. 소위 강남 아이들이 명문대에 들어가 국가의 윗자리를 차지하고 권력을 휘두른다고 믿습니다. 특히, 자신의 삶에 불안감을 보이는 엄마들은 '나도 아이를 학원에 보내면 조금이라도 따라가지 않을까' 하고 생각합니다. 실제로 우리 사회에서 성공했다고 믿는 사람들 중 강남 출신과 그 외 지역 출신을 비교해본 적이 있나요? 둘 중 어느 쪽이 더 많을까요? 거의 다 강남 출신이 많을 거라고 생각하지만 사실은 그렇지 않습니다.

지금 503호 수인번호를 단 우리의 여성 대통령과 그 아버지 대통령 세대를 비교해보면, 현재 이 사회에서 하위 10퍼센트, 상위 10퍼센트는 계층 간의 이동이 뚜렷하게 보이지 않습니다. 이 사회의 밑바닥에 있는 사람들은 자신의 결핍된 출신 환경과 특성을 그대로 수용하려는 성향이 강합니다. 그래서 치고 올라가는 경우를 찾기 어려워요. 반대로 상위층에 있는 사람도 기득권처럼 물려받은 재산을 유지하려 하기에 웬만해서는 완전히 바닥으로 떨어지지 않는다고 합니다. 하지만 양극단 10퍼센트를 뺀 80퍼센트의 사회 계층에서는 변화할 가능성이 과거에 비해 현재가 더 높습니다. 물론 대다수는 이런 사실을 인정하려 하지 않아요. 왜 그럴까요? 현실에 맞추어 살려는 사람들이 가진 자기 삶의 합리화 심리 때문입니다. 주위에서 잘된 사람은 금수저를 물고 태어났을 거라고 믿어야 현재 자신의 삶이 지질하고 만족스럽지 않은 것을 그나마 참고 살 수 있잖아요.

현재 자기 삶이 불안하거나 만족스럽지 않은 사람일수록 자식을 몰아붙이며 '더 열심히 하면 보다 나아지지 않을까' 하고 기대합니다. 물론 자기 스스로 열심히 하는 것까지는 좋습니다. 자기 인생을 열심히 살기 위해 자식을 방치하는 것도 괜찮습니다. 자식은 자기 인생을 알아서 살아가니까요. 스스로 자기 삶에 만족하고 거기에서 행복을 느끼면 성공한 인생입니다. 자신이 아무리 만족스럽고 행복해도 주위 사람들이 공감하고 인정하지 않으면 '혼자만의 착각'이 될 수도 있으니 어느 정도 주위의 공감을 얻는 것은 필요한 일입니다. 그런데 여기서 아이디얼리스트냐, 에이전트냐, 로맨티시스트냐, 휴머니스트냐, 리얼리스트냐에 따라 수용 수준이 다르게 나타납니다.

아이디얼리스트는 스스로 어떻게 생각하는가를 훨씬 중요시합니다. 휴머니스트는 사회적으로 어떤 위치에 있는가를 중요하게 생각합니다. 에이전트에게는 '내가 얼마나 벌고 있느냐'가 중요합니다. 리얼리스트는 사회적인 위치와 다른 사람들의 인정, 벌어들이는 돈이 모두 만족스러워야 합니다. 자신이 어떻게 생각하느냐는 별로 중요하지 않습니다. 자식을 위해 자신의 삶을 희생하겠다는 마음으로 열심히 살아가는 대다수 한국 주부들의 성격 프로파일을 보면, 거의 60~70퍼센트가 뚜렷한 리얼리스트의 모습을 보입니다. 이들 삶의 기준은 자신이 아닌 자식이나 남편, 또는 이 사회의 번듯한 어떤 틀입니다. 그리고 자신이 아닌 자식을 그 틀에 맞추어 키우고자 하며, 그렇게만 되면 자신이 번듯하게 잘 사는 거라고 믿습니다.

사연을 보낸 분의 아이가 잘되느냐 아니냐는 이분이 아니라 아이에게 달린 문제입니다. 바로 이 점을 먼저 인식해야 합니다. 지금 무엇이 엄마가 해야 하는 일이고 또 무엇을 아이에게 맡겨야 하는지 구분하지 못하는 상황이니까요. 먼저 아이의 WPI 프로파일을 확인하고 엄마의 WPI 프로파일과 어느 측면에서 어려움이 있고, 엄마가 아이의 어떤 행동을 견디지 못하는가를 알아야 합니다.[5] 아이가 엄마의 기대와 함께 자신도 바라는 행복한 삶 혹은 성공적인 삶을 살려면 엄마가 어떤 역할을 해야 하는가를 재정립할 필요도 있습니다.

아이들은 각자가 개별적인 인격체입니다. 만약 아이가 셋이라면 세 명에게 각각 다르게 반응해야 합니다. 흔히 엄마들은 모두 다 내 자식이니 공평하게 똑같이 해줘야 한다고 생각합니다. 하지만 이것은 아이의 삶을 더 힘들게 만드는 요인이 됩니다. 아이 스스로 자신의 삶을 살지 못하게 하는 가장 기본적인 실책이지요. 과거 세대의 부모들이 장남이나 아들에 올인했던 것과 전혀 다른 역설적인 행동입니다.

따라서 이분은 이제 '이런 게 좋아, 저렇게 하면 아이한테 엄청 도움이 될 거야' 하고 혼자 생각하고 결정했던 일들이 과연 자녀의 공감을 얻었을까 곰곰이 돌이켜보아야 합니다. 자녀들을 키울 때, 많은 경우, 부모들은 자신이 좋다고 생각하는 길을 은근슬쩍 혹은 무의식 중에 자녀에게 강요하게 된답니다. 대다수 부모가 빠지기 쉬운 함정이에요. 여기서 벗어날 수 있는 가장 좋은 방법은 앞서 말씀드린 것처럼 아이들에게 직접, 그리고 자꾸 의견과 생각을 묻는 것이랍니다.

---

5 『공부 삽질하지 마라』(이은주·황상민 공저, 푸른들녘, 2016)에서 자녀의 성향을 알고 부모의 성향을 파악하면서 어떻게 교육하면 좋을지 도움을 받을 수 있다.

자기 삶의 주인으로 살아가는 것은 '행복한 삶'을 바라는 데서 시작하지 않습니다.
현재 자신이 겪는 아픔의 정체를 정확하게 인식하는 데서 시작합니다.

회사에 짜증나는 사람이 있어요, 어떡하죠?

친애하는 셜록황에게 ───

언니와 남동생 사이에 낀 둘째입니다. 전교 1, 2등을 다투다 명문대에 들어간 언니에 비해 저는 상대적으로 공부를 못했습니다. 전교 3등까지는 해봤지만 부모님이 별로 기뻐하지 않아 대학에 가지 않으려고도 했습니다. 엄마는 그나마 엄마의 자존심에 상처를 덜 낼 만한 학교에 가라고 했지만 일부러 점수를 엄청 남겨가며 집 근처의 사립대학에 들어갔습니다. 잘난 언니에다 장남이라는 이유만으로 주목 받는 남동생에 비해 저는 아프다거나 해야 관심을 받는 딸 정도였지요. 제 예민한 성격이 여기에서 비롯되지 않았나 싶네요.

어렸을 때 저는 부모님이 싸우는 모습을 매일 봤습니다. 엄마보다 열 살이 많고 말이 통하지 않는 아빠, 거기에 도발하는 엄마, 다시 그걸 잘 이해하고 넘기지 못하는 아빠로 인해 늘 볼썽사나운 모습을 연출했지요. 그때마다 제게 피해자 코스프레를 하며 동의를 구하는 엄마가 너무 싫었습니다. 아빠의 성격이 워낙 엄청나서 엄마가 상대적으로 괜찮아 보인 것일 뿐 제 관점에서는 엄마나 아빠나 도토리 키 재기였습니다. 두 분 모두 제가 어렸을 때는 방관자였고 커서는 가해자였습니다.

제가 취직하자마자 부모님의 관심은 돈으로 쏠렸습니다. 부모님에게 저는 월급 통장을 내놓지 않는 이기적인 딸, 용돈을 팍팍 주지 않는 나쁜 딸입니다. 부모님은 제게 "시집은 네 돈으로 가야 한다", "왜 너는 부모를 해외 여행도 보내주지 않니", "친구 딸은 월급을 통장째 맡긴다" 등의 잔소리를 했습니다. 사실 월급을 통장째 맡기는 집은 부모님이 자식에게 자동차도 사주고 월급만큼 용돈도 주고 카드 값도 내주십니다. 저는 고등학교를 졸업한 뒤로는 생일 선물도 못 받아봤습니다. 제 부모님은 싸구려 옷을 입으면 수준 낮아 보이니 비싼 옷을 입고 다니라는 잔소리만 할 줄 압니다.

삼 남매가 이 어려운 시기에도 직장을 턱턱 구해 잘 다니니까 부모님은 자랑거리로만 여길 뿐 마음으로 보살필 존재로는 보지 않는 듯합니다. 좀 재수 없게 들릴지 몰라도 저는 지금까지 운이 좋은 편이었습니다. 시험에서 떨어진 적이 없었으니까요. 남들처럼 힘들게 노력하지 않았지만 공부도 웬만큼 했고 먹어도 살이 덜 찌고 외모도 준수합니다.

그런데 올해 들어 40대 후반의 동료와 함께 일하면서 힘들어졌습니다. 우선 그 사람은 상상을 초월할 정도로 일을 못합니다. 세 번이나 설명을 해줘도 이해를 못할 정도입니다. 그러면서 일이 진행되지 않는 원인이 제게 있다며 계속 저에게 뒤집어씌웁니다. 자꾸만 제가 설명해주지 않았다며 사슴 같은 눈망울로 울먹울먹하네요. 그 뒤로는 메신저로 대화합니다. 기록도 남기고 건망증이 심한 그분이 좀 편해지라고요. 문제는 제가 이분에게 그리 너그럽지 못하다는 데 있습니다. 일할 때마다 분통이 터져요. 왜 저는 이런 사람을 만나면 갈등이 생기는 걸까요? 대화가 잘 통하지 않고 비이성적이고 비상식적인 사람과는 늘 이런 비슷한 문제가 생깁니다.

저는 제 자신이 예민하고 업무적으로 엄격하다는 걸 알기에 그 기준을 제게만 적용하지 절대 타인에게는 요구하지 않으려고 노력하는데, 다 큰 성인이 무조건 남 탓을 하며 앞뒤가 맞지 않는 변명을 하면 정말이지 같이 지내기가 너무 힘듭니다. 어떤 경우에는 부럽기도 해요. 일을 못하니 일을 시키지 않을 테고, 불쌍하게 보이니 사람들이 착한 사람으로 알고 동정할 테니까요. 이런 사람을 만나도 잘 지내면서 자책하지 않고 집에 오면 회사 일을 모두 잊을 방법은 없나요? ───

°'꼴값' 하는 사람들

'착한 사람=무능력'이란 공식을 연상하기란 좀 어렵습니다. 아무 생각 없이 주어진 일을 해내거나 시키는 대로 딴 소리 않고 일하는 사람을 '착한 사람'이라 생각하기 때문인데요. 우리는 대개 이런 사람을 무능력하다고 보기는커녕 '일 잘한다'라거나 '성실하다'고 받아들입니다. 그런데 제 생각은 좀 다릅니다. 저는 '착하다'라는 말이 이 사회에서는 거의 '노예의 심정으로 주인의 지시를 충실히 따른다'라는 뜻으로 통용된다고 생각하거든요. 박근혜 씨가 대통령으로 청와대에 있을 때, 그분의 참모들이나 정부의 총리와 장관들은 참 착한 분들일 거라고 분석한 적이 있습니다. '시키는 것을 충실하게 수행하려고 노력하신 분들'이기 때문입니다. 필시 그때 정부에서는 '왜 그런 걸 시키느냐?', '그렇게 하면 안 된다'처럼 대답하는 게 곧 '나쁜 사람'이 되는 지름길이었을 게 분명합니다. 이런 분들이 과연 능력자들이었을까요? 네, 무능한 정권, 무능한 관료라고 당시의 정권에 참여했던 분들을 평가하는 이유는 바로 그들이 '착한 분들'이었기 때문입니다.

내담자의 사연과 WPI 프로파일은 이분의 진짜 성질, 성격, 마음을 있는 그대로 보여줍니다. 흔치 않은, 비교적 안정적인 심리 프로파일입니다. 에이전트와 아이디얼리스트 성향이 거의 비슷하며, 셀프와 컬처도 비슷한 수준으로 높습니다. 남들에게나 본인 스스로 '나는 내 일을 잘할 뿐 아니라 내 나름대로 잘났어'라는 생각이 뚜렷합니다. 물론 그것에 대한 나름의 자부심도 있어요. 사연을 보면, 스스로를 공부도 웬만큼 했고 외모도 괜찮고 먹어도 살이 찌지 않는다고 표현했잖아요? 프로파일에서 확인할 수 있는 이분의 상황과 잘 부합하는 평가입니다. 한마디로 상당히 능력 있고 잘난 분이네요.

그런데 이분과 함께 일하는 사람들은 어떻게 볼까요? 좀 버겁게, 아니 부담스럽게 느낄 겁니다. '너 잘났다' 하면서 '자기 마음대로 산다', '이기적이다', '사회성이 떨어진다' 등으로 평가합니다. 이런 표현이 바로 능력 있는 사람에게 "능력이 참 뛰어나군요"라고 말할 때 마음속으로 이어지는 일련의 생각들입니다. 그 마지막은 대개 '재수 없다'거나 '꼴값을 한다'이고요. 아무튼 이런 평가 자체는 주변 사람의 몫이고 이분은 자기 나름대로 몹시 괴로운 상태입니다.

재미있는 점은 이분이 여간해서 주변 동료들에게 "일을 잘한다"라는 말을 하지 않는다는 것입니다. 아니, 아예 말을 걸지도 않고 마치 상종하지 못할 사람처럼 그들을 대합니다. 게다가 이분은 자기 능력이 출중하다 보니, 직장 동료가 뭘 잘못하는 걸 잘 보고 늘 거슬려 합니다. 그럴 때마다 "아니, 이걸 왜 못하세요?"라고 지적하는데, 그럼 상대방은 속으로 '아, 짜증나!' 하면서 나름대로 방어해야 하니까 사슴 같은 눈망울로 "아, 그랬어요? 잘 몰랐어요"라고 말하는 겁니다. 이 경우, 이분은 그를 바라보면서 '대체 내가 무슨 나쁜 짓을 한 건가?' 하며 어이없어 합니다. 본인도 심히 '짜증나는' 상황인데 밖에서 볼 때는 마치 이분이 직장 동료를 닦달한 가해자처럼 보이니까요. 그러니 당사자 입장에서는 정말 억울하고 화나는 상황인 겁니다.

착한 당신, 내 곁에 있어줘서 고마워요

조직에서 능력 있는 사람이 엉뚱하게도 가해자 취급을 받게 되어 괴롭고 짜증나는 상황에 처하지 않으려면, 자신의 능력을 가능한 한 숨겨야 합니다. 하지만, 성과를 통해 자신의 존재감을 드러내야 하는 에이전트로서는 일 하는 것 자체가 불안의 소스가 되지요. 남들만큼 '적당히' 하는 수준으로 마음 편하게 지내야 하는데, 그렇지 못하니까 힘든 거예요. 무엇보다 '본인 마음에 들게끔' 잘해야 하기 때문입니다. 일을 적당히 하면 다른 사람은 편하지만 나는 불편해지는 상황이 되고, 일을 잘하려고 하면 나는 편한데 남이 불편해지는 상황이 됩니다. '딜레마 상황'이죠. 이분의 능력은 어떻게 발휘되어야 할까요? 이럴 때 "자신의 능력을 최대한 발휘해야 하는 길이 무엇인지를 찾고, 그것을 좇아가라"는 자기계발서의 조언은 사실 거의 '개발a dog's paw' 수준이 되는 상황입니다.

지금 이분은 자신을 위해 열심히 능력을 발휘하는 중인데 마치 회사를 위해, 주위의 멍청한 인간을 위해 하는 것처럼 속이 터진다고 하소연하고 있습니다. 이분이 자신의 능력을 발휘하는 상황에서 만일 주변에 지질한 사람이 있으면 어떻게 될까요? 능력 있는 사람으로 인정받는 이분이 지질한 사람으로 바뀔까요? 그렇지 않습니다. 오히려 능력 있는 사람으로 인해 더욱더 부각될 겁니다. 그래서 자기 주변에 이분의 언니 같은 사람이 있으면 안 되는 거예요. 자신은 언니 때문에 집에서 지질한 애가 되었다고 생각하잖아요? 그걸 이미 충분히 경험했고요. 이분은 자신이 상대적으로 밀린다는 생각이 들면 괴로워합니다. 자신이 멍청하다고 생각하니까요. 본인이 전교 3등을 해도 전교 1등을 한 언니가 있으니 자신은 늘 모자란 인간일 수밖에 없었어요. 이 말은 곧 자신을 정말로 훌륭하고 유능하며 뛰어나게 만들어주는 사람이 주변의 지질한 사람들임을 인정해야 한다는 뜻입니다. 그러니 감사해야 마땅한데 이분은 도리어 짜증난다고 말합니다.

이분이 그들의 지질함을 개선하려 애쓸 필요는 없습니다. 그저 적당히 누리면 그만입니다. 그들이 지질하면 오히려 내 능력은 더욱더 올라갑니다. 그런데 이분은 착각을 하면서 그들에게 지적질을 하고 너그럽지도 않습니다. 본인의 잘난 능력을 부각시키려면 너그러워야 하는데도요. 대개 아이디얼리스트 성향과 에이전트 성향이 높은 사람의 공통적인 외부 평판은 '성질이 지랄 같다'는 것입니다. 한마디로 '자기가 하고 싶은 대로 하며 산다'는 것이지요. 왜냐하면 자기에게 능력이 있어서 주위 사람을 신경 쓸 필요가 없기 때문입니다. 이들은 자기주장이 강하고 기분이 좋지 않거나 수틀리면 그냥 "집어치우라!"고 해버립니다. 그런데 워낙 능력이 있으니까 주위 사람들은 그 사람에게 웬만큼 맞춰주지요. "그래, 너 하고 싶은 대로 해라!" 하면서요.

피해자 코스프레가 제일 쉬웠어요

사실 사연 속의 무능력한 동료는 사연을 보낸 분의 능력에 해가 되는 것이 아닙니다. 해가 되기는커녕 오히려 능력을 더욱더 빛나게 해주는 존재지요. 반에서 1등을 하거나 전교 1등을 해본 사람은 자기 밑에 점수를 깔아주는 그 많은 친구의 존재가 얼마나 중요한지 잘 압니다. 반면 2, 3등을 하거나 10등을 하면 밑에 깔아주는 존재의 가치를 인정하기도 어렵고 자기보다 잘하는 위의 존재는 더욱더 인정하기 어려워서 마냥 힘들어 합니다. 문제의 핵심은 전교 1등이냐 아니냐가 아니라 어중간한 상태에서 지내는 바람에 다른 사람이 내게 '똑똑하다', '능력 있다', '착하다'라고 하는 말 자체에 피해 의식이 발동하는 데 있습니다. 이런 식이지요.

'나를 바보로 아니? 아니, 내가 만만하게 보이니?'

다시 말해 스스로 피해자 코스프레를 하면서 살고 있는 것입니다. 내가 피해자일 때 사슴 같은 눈망울로 울먹울먹해야 내가 제대로 사는 것이 아닌가 싶은 것이지요. 우선 이분은 무능력한 사람을 만났을 때 그 사람이 내 존재감과 내가 살아가는 데 엄청난 도움을 준다고 생각해야 합니다. 그런데 오히려 무능력한 사람 때문에 힘들다, 왜 내가 일하는 것처럼 일하지 못하는가 하고 괴로워합니다. 네, 하나만 알고 둘은 모르는 처사로군요. 가령 상대방이 빨리 일하면 나는 더 빠르게 일해야 합니다. 더 빨라야 할 뿐 아니라 내가 차별성이 없어집니다. 세상이 그들을, 그 무능력한 사람을 왜 착하다고 하는지 아세요? 그건 그 사람이 착한 행동을 한다는 것이 아니라 나를 빛나게 해주는 착한 사람이라는 의미입니다.

물론 착하고 불쌍해 보이는 사람을 모두가 착한 사람으로 알고 동정하는 것은 아닙니다. 이분이 빛나는 것에 눈이 부셔서 착해 보이는 옆의 무능력한 사람에게 눈을 돌리는 건데 이분이 그걸 제대로 해석하지 못할 뿐입니다. 왜 그렇게 해석해야 하느냐고요? 이분의 부모님은 늘 치고받고 싸웠는데 그걸 보면서 이분은 얼마나 싫었겠습니까. 그렇게 부모의 사이가 좋지 않았음에도 불구하고 자식들은 전교에서 선두를 다투고 명문대에 척척 들어가고 취업도 잘했잖아요. 그렇게 부모가 싸우는 환경이 자식들을 훌륭하게 만든 겁니다. 가끔 잘나가는 사람들이 이런 말을 합니다.

"부모님이 저를 잘 키워서 제가 훌륭해진 겁니다."

이것은 착각에 불과합니다. 자신이 잘됐으니 어쨌든 거기에 이유를 갖다 붙여야 하잖아요. 부모가 사기치고 뒤통수치고 횡령하고 부동산 투기하고 이래서 제가 잘되었다고 하면 안 되지요. 그렇게 할 수는 없으니 공자 어머니, 맹자 어머니 같은 스토리를 만드는 것입니다. 또 다음과 같이 얘기하는 분도 있습니다.

"우리 어머니는 시장에 좌판을 깔고 장사하는 환경에서도 저를 잘 키웠습니다."

아니, 장사하는 분이 어떻게 자식을 키워요. 장사해서 돈을 벌어야지요. 자식은 그냥 자기가 알아서 큰 건데, 솔직히 말하면 안 되니까 그럴싸한 스토리를 만든 것입니다. 사회에서 훌륭한 인물로 대접받는 사람은 흔히 자신의 성공 스토리를 신화처럼 미화합니다. 일반인은 그것을 진실이라 믿고 부모의 헌신적인 노력 덕분에 자식이 잘되었을 거라고 착각하지만, 현실적인 상황을 정확히 말하자면 부모가 엉망일수록 자식이 일찍 정신을 차립니다. 믿을 데가 없으니 이렇게 생각하는 것입니다.

'얼른 정신을 차려서 내 살길을 찾아야 살 수 있겠구나.'

이분은 세 번을 설명해도 이해하지 못해서 메신저로 대화한다고 했는데, 그런 것은 분명 대화가 아니지요. 상대방에 대한 확실한 무시와 거부의 행동입니다. 혹시, 주위에 세 번 설명해도 이해하지 못하는 사람이 있다면 네 번, 다섯 번, 여섯 번 하는 식으로 알아들을 때까지 얘기해주세요. 문자를 보내준다고 알아듣지 않습니다. 저는 세 번을 얘기해서 알아듣지 못하면 이쪽에서 질문합니다.

자신의 아픔을 인식하고 여기서 벗어나려 노력하면서
자신의 삶을 찾고 만들어가는 것이 바로 행복을 추구하는 길입니다.

"내가 뭐라고 했니?"

오히려 이쪽에서 무엇을 알고 있는지 물어보는 것입니다. 사실 이분에게는 자신의 기준을 잣대로 다른 사람을 평가하고 단정하는 특성이 있습니다. 그렇게 하지 않으려 노력한다고 말했는데 이를 위해서는 환골탈태를 하는 듯한 고통을 맛봐야 합니다. 누구에게든 살아생전에 이루기 힘든 일이지요. 그러니까 그런 노력을 기울이지 마십시오. 다만 자신의 기준으로 스스로를 판단하고 다음과 같은 정도만 생각해보면 됩니다.

'내 주위에 나 같은 인간이 있으면 나는 그 사람을 어떻게 평가할까? 그 사람을 만나서 이야기하면 어떤 느낌이 들까?'

아마 그 사람이 아무리 능력이 있고 유능하더라도 그것을 인정하고 싶지 않을 것입니다. 그 사람이 유능해 보일수록 오히려 그걸 부정하고 싶은 마음이 더 생길 겁니다. 그 사람의 존재 자체를 인정하고 싶지 않은 마음이 먼저 생겨서 그가 유능한지 무능한지 그것조차 생각하고 싶지 않은 거지요. 단지 나와 편하게 얘기를 나눌 만한 인간인가, 아닌가만 판단하고 그 외의 모든 판단을 중지하는 것이 인간의 기본적인 심리입니다.

셜록황의 마음 처방

모든 인간은 '저 사람이 똑똑한 사람인가? 저 사람에게 능력이 있는가? 저 사람이 수학을 잘하는가? 저 사람이 영어를 잘하는가?'라는 걸 먼저 판단하지 않습니다. 좋은 사람인지 나쁜 사람인지 먼저 판단합니다. 누군가를 만났을 때는 가장 먼저 '좋은지, 싫은지'부터 판단하고요. 그 사람이 좋은 사람이면 그다음에 뭐가 좋은지 생각할 마음이 생기지요. 만약 '싫다, 나쁘다'라는 판단이 서면 그에 대한 생각을 진전시키지 않습니다. 관심이 싹 사라지는 거죠. 아무리 그 사람에게 좋은 점이 수백, 수천 가지가 있다고 해도 나와는 아무런 관계가 없는 것입니다. 눈에 보이지 않으니까요.

상대방의 좋은 점만 보려고 노력한다고 해서 인간관계가 좋아지는 것은 아닙니다. 좋은 점이 내 눈에 들어오려면 상대방을 좋아해야 합니다. 아무래도 상대방을 좋아할 수 없다면 미워하는 것이 아니라 무관심해집니다. 신경을 끊고 말아요. 그런데 이분은 주위의 동료에게 신경을 쓰고 있습니다. 이 경우 자신을 괴롭히는 것은 주위의 동료가 아니라 자기 자신입니다. 자신이 신경을 쓰는 것이니까요.

이분의 마지막 질문은 "이런 사람을 만나도 잘 지내면서 자책하지 않고 집에 오면 회사 일을 모두 잊을 방법은 없나요?"라는 것입니다. 간단히 말하면 신경을 끄면 그만입니다. 무능력한 동료는 이분을 빛나게 해주는 고마워해야 할 존재이므로 자책할 필요도 없습니다. 집에 와서 회사 일을 다 잊는 방법은 집안일에 신경 쓰는 것입니다.

이분은 에이전트와 아이디얼리스트 성향이 높아 어딘가에는 신경이 가는 유형입니다. 그러니 회사에서는 회사일, 집에서는 집안일에 신경을 쓰면 됩니다. 하지만 집에 오면 엄마 때문에 미칠 지경입니다. 자신이 괴로운 이유가 집안일에 있는지, 아니면 회사일 때문인지 구분하지 못하는 상태가 되는 거예요. 이런 상황이라면 해법은 '집을 나오는 것'입니다. 독립하면 집에 돌아왔을 때 회사일을 잊고 편안해질 수 있습니다. 이분이 지금 엄마에게서 벗어나지 못하는 이유는 엄마가 집안일을 다 해주고 돈도 적게 들기 때문입니다. 자신이 누릴 것은 다 누리면서 월급 통장은 내놓지 않아 잔소리를 들으니까 피곤한 것이지요.

내 성향은 싫어요, 다른 성향으로 살고 싶어요

친애하는 셜록황에게 ─────

저의 WPI 성격 검사결과는 로맨티시스트에다 매뉴얼 성향이 강한 것으로 나왔어요. 그런데, 저는 이상하게도 자꾸만 아이디얼리스트 성향에 더 관심이 갑니다. 왜 그럴까요? 물론 저는 자기 확신이 강하고 일에서 완벽을 추구하며 결과 지향적입니다. 평소 생활에서 제 자신이 세워 놓은 기준이나 규칙이 제대로 지켜지지 않으면 자주 불안해지고요. 그런데 제 성격에 대해 의문이 가는 부분이 많습니다.

제가 소녀 같고 예술적인 감성을 지녔다면 타인에게 공감하고 마음을 이해해주려 노력하는 것이 맞고, 또 경제적 부유함을 추구하려 한다면 하다못해 자격증 시험이라도 준비해야 하는 게 옳다고 생각합니다. 그런데 저는 제 자신에게 정나미가 떨어질 정도로 타인에게 무관심하고 호주머니 사정에 대한 마인드가 거의 없습니다. 그러던 중 아이디얼리스트 성향에 대해 알게 되었어요. 오히려 이 유형에 공감이 가는 부분이 굉장히 많습니다. 특히 관계에 무관심하고 타인에게 관심이 없다는 부분이 그렇습니다. 근면하지 않은 편이고, 철학적인 질문을 하면서 자기 위안을 얻는다는 대목에서는 저절로 무릎을 쳤습니다. 제가 검사를 다시 받아봐야 하는 것은 아닐까요?

대학에서 역사와 철학을 공부한 저는 지금도 여러 문제를 끌어안고 씨름하고 있습니다. 겉보기에는 어떨지 모르지만 실은 그런 시간이 제게 위안을 줍니다. 친구들과 만났을 때도 그 문제에 대해 함께 이야기하기를 원하고 그렇게 어울리는 시간과 관계가 더 가치 있다고 생각합니다. 어쩌면 제가 마음속에 어느 정도 권위의식이 있는지도 모릅니다. 그렇지만 그것을 겉으로 쉽게 표현하면 안 된다고 생각합니다.

저는 자신의 권위와 자격을 내세워 다른 사람의 말과 행동을 틀어막으려 하는 짓을 보면 쉽게 분노합니다. 그런 생각이 가끔은 정치 성향으로 나타나기도 해서 한국의 권위적인 분위기에 상당히 반감이 있고 걱정도 많습니다. 제 진로와 경제적 안정을 고민하는 것보다 더 그렇습니다. 이런 상황에서 아무것도 하지 않고 무기력하게 지켜만 보는 제 모습이 바보 같다고 느낍니다. 철학과 역사가 재미있기는 해도 세상은 바뀌지 않고 그걸 강 건너 불구경하듯 하는 제가 이기적으로 보입니다.

아무튼 로맨티시스트와 아이디얼리스트에게 공통점이 많은지는 모르겠지만 아직은 혼란스럽습니다. 혹시 검사를 다시 해야 하는 것은 아닌지요. ─────

내 안에 다른 내가 있으면 좋겠어

이분은 로맨티시스트의 성향을 분명하게 드러내고 있습니다. 어떤 사회적 규범이나 통념에 자신을 끼워 맞추는 데도 뛰어납니다. 이런 경우를 보통 "로맨티시스트 성향으로 매뉴얼이 높다"라고 하는데요. 실제로 WPI 프로파일에도 로맨티시스트에다 매뉴얼 성향이 매우 높은 것으로 나타납니다. 이분이 WPI 프로파일과 자신의 성향을 해석한 것을 보니 '자기가 하고 싶은 대로 완전히 끼워 맞춘 것'임이 분명해요. 특히 이분은 자신이 혁명을 꿈꾸면서도 실천하지 못하는 것을 마음 아파합니다. 사실 이런 착각을 하는 사람은 아주 많습니다. 어느 날 갑자기 "혁명이다!" 하고 뛰쳐나가다가 돌부리에 걸려 넘어진 뒤 정작 자신이 왜 뛰쳐나왔는지 잊고는 '내가 왜 나왔지?' 하는 유형인데요. 이분의 WPI 프로파일엔 아이디얼리스트 성향이 그리 높지 않습니다.

아이디얼리스트는 겉으로는 상당히 좋아 보이지만 내면은 그렇지 않습니다. 물론 그들은 자신이 부족하다는 생각을 거의 하지 않아요. 아이디얼리스트는 특히 로맨티시스트와 이야기할 때 아주 멋진 사람으로 보입니다. 자기 삶에서 자유를 추구하기 때문이지요. 로맨티시스트와 아이디얼리스트에게는 공통점이 있는데 그것은 무언가 추상적인 것에 대해 둘 다 어떤 감이 있다는 것입니다. 우선 아이디얼리스트는 그 감을 자기 삶의 방식으로 추구합니다. 이들은 한 대 얻어맞아도 다시 일어나고, 감에 의지해 돌쇠처럼 나아가는 유형입니다. 반면 로맨티시스트는 감성적인 공감 정도일 뿐 그것을 자신의 삶으로 바꾸지 못합니다. 이들은 늘 한 발을 떼어놓고 있기에 그저 구경꾼의 느낌만 줍니다. 페이스북 같은 데서 '모월모시, 모이자, 함께하자' 같은 공지문을 보면 선뜻 '좋아요'를 누르긴 하지만 실제로 그 모임에 나가지 않는 그런 유형이에요. 이기적이어서가 아니라 겁이 많아 자기방어를 하는 것입니다. 이 유형은 아프고 힘든 것을 아주 싫어합니다.

사연을 보낸 분은 대학에서 역사와 철학을 공부했고 스스로 철학적인 질문을 하면서 자기 위안을 얻는다고 했는데, 사실 이분에게 중요한 것은 감성적 측면에서의 안정감입니다. 아무리 철학적 질문을 할지라도 중요한 것은 정서적 안정감을 얻는 일입니다. 만약 이분이 심리학을 전공했다면 심리학적 질문을 하면서 정서적 안정감을 얻었을 테지요. 이분은 무엇보다 로맨티시스트의 알쏭달쏭한 면, 그러니까 로맨티시스트의 원단 같은 모습을 보이고 있는데요. 정작 본인은 로맨티시스트의 그 정서적인 예민함을 싫어합니다. 자신의 성향을 사랑할 수 있어야 살아갈 힘을 얻는 유형인데 안타깝게도 셀프가 바닥인 것으로 보아 지금의 자신을 싫어하고 있어요. 아니, 자신에게 뚜렷이 있지도 않고 그저 비슷해 보이기만 하는 아이디얼리스트를 동경합니다.

이분은 어설프게 아이디얼리스트를 흉내 낼 필요가 없습니다. 왜냐하면, 현재 자신의 예술적 감성을 드러내고 그것을 남들과 공유할 때 뿌듯함을 느낄 수 있기 때문입니다. 무엇보다 자신의 로맨티시스트 감수성이 무엇인지 정확히 알고 그에 맞게 살면 됩니다. 막연히 아이디얼리스트를 바라는 것은 자신이 갖고 있지 않지만 멋있어 보이는 무언가를 동경하는 것에 불과합니다. 내가 나일 때, 내가 잘하는 것을 남들에게 보여줄 때, 진정 멋있는 자신의 모습이 드러날 수 있습니다.

소녀 같고 감성적인 로맨티시스트는 누구인가?

로맨티시스트는 예술적이고 소녀적인 감성을 지니고 있습니다. 이분도 마찬가지입니다. 그렇기에 자신이 관심을 기울이는 문제를 가지고 친구들과 얘기하는 것을 좋아하고, 또 그런 관계를 더 의미 있게 여깁니다. 어떤 구체적인 행동을 하거나 새로운 생각을 하지 않아도 말입니다. 사실, 사연자가 그런 것처럼 이 유형의 분들은 대개 여러 가지 문제를 끌어안고 씨름만 할 뿐입니다. 다시 말해 마음속으로만, 자기 기분으로만 고민해요. 행동으로 옮기는 일은 별로 없습니다.

재미있는 것은 소녀적, 예술적 감성을 지녔다면 타인을 이해하고 공감하려 노력하는 것이 당연한데 스스로 "정나미가 떨어질 정도로 타인에게 무관심하다"라고 말한다는 점입니다. 이것이 바로 소녀적, 예술적 감성을 지닌 사람의 본질이에요. 이런 사람은 스스로 정나미가 떨어질 정도로 자기 감성에 몰입하고 타인에게는 무관심해요. 이분은 자기감정이 아주 강한데 그것을 자기주장이라고 표현합니다. 자신이 이해하고 싶은 대로 끼워 맞추는 것입니다. 타인의 마음을 이해하고 거기에 공감하려고 노력하는 것은 사실 휴머니스트 성향입니다. 그런데 매뉴얼이 높은 이분은 '로맨티시스트라면 다른 사람에게 관심을 보이고 공감하는 것이 맞는 거 아냐?'라고 생각합니다. 그리고 흥미롭게도 경제적 부유함을 추구하려면 하다못해 자격증 시험이라도 준비해야 하지 않겠냐고 묻습니다.

사실을 말하자면 자격증 시험을 준비하는 것으로는 경제적 부유함을 얻을 수 없습니다. 현실을 너무 모르는 생각입니다. 로맨티시스트가 경제적 부유함을 추구한다면 차라리 돈 많은 남자 친구를 사귀는 것이 나아요. 로맨티시스트는 자기 힘으로 번듯한 삶을 꾸려가기가 어렵기 때문입니다. 로맨티시스트는 자신의 호주머니 사정에 대해 거의 신경을 쓰지 않으며 경제관념도 없습니다. 이분은 부유함은 원하되 경제적 마인드는 없는 것으로 보아 로맨티시스트 성향이 맞습니다. 로맨티시스트는 내 옆에 있는 누군가가 경제적 마인드도 있고 능력도 있으면 그게 최고입니다.

부유한 집안에서 태어나 한량으로 살 준비가 된 성향은 대개 아이디얼리스트에게 나타납니다. 아이디얼리스트는 자기 세계에서 혼자 잘난 맛에 사는 유형으로 현실적인 것, 경제적인 것에는 크게 관심을 보이지 않습니다. 남들이 그런 걸 해서 떡이 나오니, 밥이 나오니 해도 개의치 않고 자기가 좋아하는 일에 파묻혀 삽니다. 이분은 아이디얼리스트의 성향에 더 공감이 간다고 했는데 그것은 로맨티시스트의 감수성을 아이디얼리스트의 삶으로 구현하면 멋있을 거라고 생각하기 때문입니다. 일단 관계에 무관심하고 근면하지 못하다, 철학적 질문을 하면서 자기 위안을 얻는다는 점은 완벽하게 아이디얼리스트의 특징입니다. 아이디얼리스트는 혼자만의 생각에 갇혀 있거나 혼자 생각하는 것을 좋아하고 현실적으로 부지런하지 않습니다. 역사와 철학 문제로 씨름할 수 있다는 걸 보면 이분은 가정 형편이 그다지 나쁘지 않아 보입니다. 바쁘게 움직여야만 먹고살 수 있는 상황이라면 한가하게 역사나 철학 문제로 씨름할 틈이 없겠지요.

걸 크러쉬를 꿈꾸는 소녀 공주

이분이 고민하는 문제는 '나는 로맨티시스트인데 왜 자꾸 아이디얼리스트가 좋은가', '나는 정말 아이디얼리스트처럼 살고 싶다'라는 것입니다. 아이디얼리스트의 삶이 멋져 보이기도 하고요. 사실 이분은 타인에게 관심을 많이 기울이려고 노력합니다. 스스로 정나미가 떨어질 정도로 타인에게 무관심하긴 해도 그것 때문에 속으로 죄책감을 느끼고 자기 자신을 질책하고 있지요.

즉, '내가 이러면 안 되지'라고 생각하면서 "야, 내가 너에게 관심이 없는 게 아냐. 너에게 관심이 있거든"이라고 말합니다. 그런데 그 말을 해놓고 공연히 열을 받습니다. '아니, 내가 왜 재한테 이렇게까지 전전긍긍하면서 말을 해야 하나?' 싶은 거죠. 나중에는 혼자 짜증스러워하거나 화를 내다가 갑자기 토라진 사람처럼 연락을 끊고 싶습니다. 한동안 그러다가 다시 '내가 너무 무관심한 건 아닌가' 싶어 연락하고서

"그동안 잘 지냈지? 내가 이러저러해서 연락을 못했다"라고 변명합니다. 그러다 보니 어느 순간 또 화가 나고 더 열을 받게 됩니다.

실제로는 남에게 그다지 관심이 없는데 다른 사람에게 제대로 해주지 못한 것에 대해 신경 쓰다가 괜히 자신에게 화를 내는 거예요. 이것은 '나는 이래야 해. 착하게 살아야 해'라고 자기 나름대로 뚜렷이 정해놓은 규칙이 있기 때문입니다. 가급적 거기 맞춰서 살려다 보니 남에게 욕을 들으면 굉장히 민감하게 반응합니다. 이분이 항상 기본적으로 생각하는 것은 남에게 좀 있어 보이고 쿨한 사람으로 남는 것입니다. 그래서 역사와 철학을 공부한 것이지 딱히 진지하게 관심을 가진 건 아닙니다.

이분은 필요한 것만 하고 주변에 관심을 기울이지 않고 살고 싶어 하지만, 그렇게 살기엔 마음이 너무 약합니다. 셀프가 아주 낮아서 그렇습니다. 자기 생각과 방식을 강하게 확신하면서 그것을 밀어붙일 만한 에너지가 없거든요. 문제는 그것을 겉으로 쉽게 표현하면 안 된다고 생각하는 데 있습니다. 매뉴얼을 보면 그걸 스스로 표현할 만한 힘도 없어요. 그러면서 속으로 계속 분노합니다. 자신의 권위와 자격을 내세워 다른 사람의 말과 행동을 틀어막으려 하는 짓을 보면 쉽게 분노한다고 했는데 그 분노 역시 혼자서 합니다. 옆에 있는 사람이 "표정이 왜 그러니?" 하고 물으면 "아니에요, 괜찮아요" 하면서도 속에서는 부글부글 끓는 것이지요. 한마디로 소심하게 분노하는 유형입니다. 가령 샌드위치를 만드는데 손님이 진상 짓을 하면 거기에 상태가 좋지 않은 양상추를 넣고 그것을 가리기 위해 드레싱을 확 뿌리는 식으로 소심한 분노를 표출하는 겁니다.

이것은 반감도 크지만 그에 따르는 걱정도 많기 때문입니다. 예를 들면 정치적으로 반감을 느끼면서도 스스로 뭘 어떻게 하지도 못하는 것이지요. 세상은 바뀌지 않고 그걸 강 건너 불구경하듯 하는 자신이 이기적으로 느껴진다고 했는데 사실 이기적으로 느낄 필요가 전혀 없습니다. 다들 강 건너 불구경하듯 합니다. 그런 생각을 겉으로 표현하면 남들이 착하다고 할 수도 있지요. 또한 이분은 '착하긴 해도 머릿속이 비었다'는 말을 피하고자 역사나 철학 의식을 집어넣어 자기 나름대로 대화가 되는 사람으로 남고 싶어 합니다. 그래서 늘 무언가를 알아보고 끊임없이 자신의 존재 이유를 찾는 것입니다. 그 존재 이유란 사실 자기 혼자만의 생각이나 감성에서 비롯된 겁니다. 남들이 "야, 그런 생각할 시간이 있으면 방이라도 치워라" 하면 자신은 그런 일을 하기엔 아주 고상한 사람이라고 생각합니다.

I feel myself

이분은 역사와 철학으로 씨름할 것이 아니라 다른 사람이 공감해주고 또 그들이 멋지다고 생각하는 것을 공유할 때 자신의 진정한 모습을 드러낼 수 있습니다. 그런 측면에서 자신이 지금 잘 살고 있는지 검토해볼 필요가 있습니다. '나는 타인에게 공감하고 그 마음을 이해해주려 노력하는가?', '타인에게 내 것을 주고 싶은가?', '내가 잘하는 방식은 무엇인가?' 등등 말입니다.

남들에게 자신이 번듯하고 멋진 사람임을 보여주는 것은 마치 옷과 같습니다. 현재의 옷을 입든 다른 옷을 입든 멋지기만 하면 상관이 없습니다. 대학에 다닐 때는 역사와 철학이 멋있어 보이지만 대학을 졸업하면 그것은 지질함의 대표로 바뀌고 맙니다. 대학에서는 멋있게 보이던 예술가도 졸업하면 '힘들겠다', '밥은 먹고 사냐?' 등의 얘기를 많이 듣습니다. 대한민국에서 예술과 관련된 학과를 졸업하는 사람이

한 해에 몇 명인지 아십니까? 수십만 명에 달합니다.

한국인 중에는 로맨티시스트 성향이 많아서 그런지 대한민국에는 전 세계적으로 손꼽힐 만큼 많은 예술 분야 학과들이 있습니다. 많은 대학에서, 많은 학과에서, 예술적 감수성이 있는 '소비자'를 양산하고 있다는 뜻인데요. 가령, 전국의 수많은 디자인학과 출신 중에서 디자이너가 되는 사람은 일부에 불과합니다. 아니, 제대로 된 디자이너로 양성되거나 또 그런 능력이 개발되는 경우는 거의 없습니다. 그저 대학 학위를 가진 수준 높은 소비자로 남게 되는 것이지요. 음악, 미술 또는 기타 예술 분야의 거의 모든 영역이 이런 상황에 있는 듯합니다. 대한민국의 예술 수준이 높아지기는커녕 명품 소비나 한량의 패턴들이 일반화되는 이유가 여기에 있지 않을까 하는 생각도 듭니다.

몇 년 전 어느 디자인학과 교수에게 들었는데요. 1년에 대한민국에서 디자인학과를 졸업하는 사람이 몇 만 명에 달한다고 합니다. 언젠가 제가 독일에 갔을 때 "한국에서는 디자인학과 졸업생이 한 해에 몇 만 명이 나온다"라고 했더니 엄청 놀라더군요. 독일은 미국만큼 땅은 넓지 않지만 산업디자인은 굉장히 발달한 나라지요. 경제력도 대한민국보다 훨씬 더 강하고요. 그런 독일에서 1년에 디자이너로 디플롬 Diplom[6]을 받고 대학에서 졸업하는 사람은 약 300명 정도라고 합니다. 학위를 받기는 어렵지만 그분들은 대학 졸업 후에 거의 100퍼센트 현장에서 전문 디자이너로 일한다고 해요. 이런 독일 대학과 학위 장사를 하듯 디자인과 졸업생만 마구 쏟아내는 대한민국 대학은 확실히 다릅니다. 대한민국 대학은 '졸업생'이라는 브랜드만 붙여 마치 불량품을 대량 생산하는 공장은 아닌지 정말 살펴보아야 할 듯합니다.

---

6   독일은 전통적으로 미국, 영국의 시스템과 다른 독자적 학위프로그램을 갖고 있다. 바로 마기스터 (Magister)와 디플롬(Diplom)인데, 우리나라 및 미국식 학제에 비교하면 석사에 해당한다. 마기스터는 통상 인문학 전공자에, 디플롬은 공학을 위시한 자연과학 및 예술 전공자에게 수여된다.

사연을 보낸 분은 분명 로맨티시스트인데 자신의 성향에 대해 불만이 많습니다. 즉, 로맨티시스트 성향의 겉모습이나 외형적 특성을 거부하고 그것의 깊은 의미를 아이디얼리스트 성향에서 찾고 싶어 합니다. 만약 이분이 로맨티시스트 성향이 멋지다는 것과 그것이 현실적으로 자신에게 어떤 의미가 있는지 이해한다면 진정으로 자신을 사랑하고 새로운 탈출구를 마련할 수 있을 것입니다.

대학에서 역사와 철학을 공부했고 또 그것으로 몇 년 동안 씨름만 하고 있다니 현실적으로 남들에게 멋져 보일 것 같지는 않습니다. 자격증 시험을 얘기하는 것으로 보아 이분은 우아한 백수로 지내는 모양입니다. 남에게는 관심이 없고 막연히 권위적인 세상에 대해 분노하는 자신을 보고 '혹시 내가 사회의 불평불만 세력은 아닌가' 하고 생각하는 한편, 사회운동이나 시민운동을 열심히 하지 않는 자신을 이기적인 사람으로 여기기도 합니다. 혼자 북 치고 장구 치고 다 하면서 자신에 대한 연민과 거부감으로 오락가락 하는 것이지요.

정작 자신이 무엇을 통해 사회에 기여하거나 스스로에게 만족하는 사람이 될 수 있는가를 알지 못하는 까닭에 뜬구름 잡는 말을 하는 아이디얼리스트가 멋지게 보이는 것입니다. 어떤 철학자가 무슨 말을 했다고 하면 속으로 '와!' 하면서 감탄하고요.

이분은 그저 자신의 성향을 정확히 알고 자신을 사랑하면서 장점을 살려나가면 됩니다. 그리고 이분에게 중요한 것은 부모가 자신을 어디까지 뒷받침해줄 수 있는지 파악하는 일입니다. 그것이 여의치 않으면 스스로 주머니를 채워야 합니다. 자신의 주머니에 관심을 기울이지 않을 경우 경제적으로 허덕일 수 있으니까요.

스스로 자신의 존재에 대한 의미를 부여할 수 없다는 것은 큰 문제입니다.
20대든, 40대든 자신의 인생을 자신이 만들어야만 살아있음을 느낀다는
측면에서 볼 때 이는 나이나 경험과 관계없는 근본적인 문제에 해당합니다.

심리상담의 정체

"심리상담은 언제 누가 하는 건가요?"

"심리상담의 정체는 뭔가요?"

저는 이런 질문을 많이 받습니다. 어떤 분은 다음과 같이 말합니다.

"저는 박사님을 매체로 접하기 전에는 정신과와 심리상담을 구분하지 못했어요. 우리나라에서 심리상담을 받는다는 것은 거의 정신병에 걸린 사람들만 하는 거라고 인식했던 것 같아요."

이분이 특별히 잘못 알고 있는 건 아닙니다. 몇 년 전 어떤 유력 정치인을 만났는데 그분도 비슷한 말을 했습니다. 아마 이러한 인식이 심리학에 대한 일반인의 생각인 것 같은데요. 제가 만났던 그 정치인은 "심리학자란 정신이상자들을 다루는 전문가라고 생각했다"고 했답니다. 저에 대해선 "대학교수라 했으니 학생들에게 심리학을 가르치겠구나" 하면서도 '멀쩡한 내가 만나게 될 일은 없는 사람'이라고 생각했다고 합니다. 심지어 제가 "당신은 정치인으로서 어떤 역할을 해야 합니다"라거나 "당신은 자신의 정체성을 이렇게 저렇게 가져가야 합니다" 같은 이야기를 건넬 거라고는 전혀 기대하지 않았대요. 그러면서 "내 이름을 계속 알리면서 세상 변화에 맞추어 열심히 뛰면 뭔가 이루어질 것이라 믿기에 오늘도 열심히 뛴다"라고 말했습니다.

사실 그 정치인에게는 이미 '이미지 컨설턴트'라는 사람들이 곁에 있었습니다. 그들이 이분 곁에 딱 붙어서 열심히 도움을 주고 있었지요. 그러니 '심리학자가 무슨 도움이 될 것인가?' 하고 의문을 가졌을 겁니다. 물론 그에게도 원하는 것은 있었어요. 자신이 원하는 것들을 심리학자가 나서서 이야기해주기를 기대했고요. 하지만 그는 자신이 기대한 이야기를 듣지 못하게 되자 상당히 실망했습니다. 자신이 어떤 사람인지 정확하게 알기보다 자신이 성취하고 싶은 내용, 이를테면 권력을 얻는 비법이라든가 정치를 잘해서 호감을 얻는 방법 같은 것을 심리학자가 찾아주기를 원했던 모양입니다.

보통 심리학을 배우면 '숨겨진 마음을 읽을 줄 알게 된다'고 생각합니다. 누군가의 마음을 읽어주는 독심술처럼 생각하는 거예요. 심지어 자신도 잘 알지 못하는 자기 마음을 대신 알려줄 수 있을 거라고 기대하기도 합니다. 그래서 더 나아가 '심리상담'이라고 하면 '나도 알 수 없는 내 마음을 바꿀 수 있도록 도와주는 것'이기를 기대합니다. 본인 뜻대로 안 되는 마음의 문제를 해결해주기를 기대하기도 합니다. 그래서인지 잘 해결되지 않는다 싶으면 "정신과에 가서 약을 받아서라도 치료해야 하지 않을까요?"라고 묻는 분도 있습니다.

안타깝습니다. 약으로 우리 마음을 파악하고, 또 바꿀 수 있다면 얼마나 좋을까요? 하지만 그런 일은 절대 일어나지 않아요. 마음의 문제들은 "아프면 약 먹어야지"라는 말에 해당하는 병이 아니기 때문입니다. 어떤 약도 도움을 주지 못합니다. 어지러운 내 마음, 어찌할 수 없는 나의 마음을 돌아보고자 할 때 필요한 것은 약이 아닙니다. 이 차이를 아는 것이 바로 심리상담가와 정신과 의사의 다른 점을 이해하는 첩경입니다.

당신의 문제는 무엇입니까?

심리상담은 누군가의 마음을 대신 읽어주는 게 아닙니다. 운명 개척의 비법을 대신 찾아주는 일도 분명 아닙니다. 심리상담은, 정확하게 말하면, 본인이 스스로 자신의 마음을 읽을 수 있게 해주고, 자기 삶의 비법을 스스로 찾을 수 있도록 도와주는 일입니다.

차이가 느껴지나요? 만약 차이를 찾아내지 못했다면 여러분은 정신과에서 주는 약이나 점술가의 처방에 기대어 사는 마음에서 결코 벗어날 수 없을 겁니다. 다시 한 번 강조하지만, 심리상담이란 '자신의 마음을 알아차리고 또 운명의 비법을 파악할 수 있도록 돕는 일'입니다. 그리고 이 일은 상담을 받는 본인, 즉 내담자가 하는 일입니다. 상담가라는 전문가들은 그런 결과를 얻을 수 있도록 돕는 역할을 할 뿐입니다. 병원에서 의사가 환자에게 하는 이야기와 그리 다르지 않아요. 즉 "약은 증상을 약화시킬 뿐입니다. 약에만 의존하시면 안 돼요. 관리는 스스로 하셔야 해요. 처방대로 약을 복용하시되 오늘부터라도 식이요법과 운동요법을 꼭 병행하세요" 하는 말과 같은 것입니다.

암 전문병원의 의사와 함께 마음의 문제에 대해 연구한 적이 있습니다. 그는 암 수술과 치료, 약 처방 등 다양한 서비스를 환자에게 제공했는데요. 놀랍게도 그 전문의는 병의 치료자가 환자 자신이라고 생각하고 있더군요. 그러면서 이렇게 말했습니다.

"치료는 환자 스스로의 생존 의지와 노력에 좌우됩니다."

수술이나 약 처방은 물론 의사의 전문 서비스 영역입니다. 하지만 전문 서비스만 가지고서 병이 치료되는 건 아니라는 거예요. 병 치료에 약이나 수술이 도움이 됨은 물론이지만 건강 회복의 관건은 환자의 행동과 의지라고 하더군요. 심리상담의 경우도 마찬가지입니다. 다양한 상담 기법이나 서비스가 내담자의 문제를 파악하는 과정에 적용될 수 있습니다. 그러나 내담자 본인의 마음이 바뀌고, 문제가 해결되거나 마음의 아픔이 사라지는 등의 다양한 일들은 결국 내담자 본인에 의해 이루어지기 때문입니다. 그래서 심리상담에서는 가장 먼저 이렇게 물어봅니다.

"당신의 문제가 무엇인가요?"

심리상담을 통해 자신의 문제를 해결하고 싶다면 무엇보다 먼저 자신이 어떤 사람인지 또는 자신의 마음이 어떤지를 상담을 통해 스스로 읽어낼 수 있어야 합니다. 이런 경우, 전문 서비스를 제공하는 '상담가'와 구분하여 서비스를 받는 그 사람을 환자라 하지 않고 '내담자'라 합니다. 심리상담은 '상담가'와 '내담자'가 서로의 관계를 통해 내담자의 문제를 해결할 수 있도록 돕는 전문 서비스입니다. 내담자는 상담가를 통해 자신의 삶을 바꿀 수 있는 방법을 찾고 힘을 얻는데요. 상담가는 이런 일이 가능하도록 전문적인 서비스를 제공하는 사람을 말합니다.

° 마음 아프다 vs. 행복하다

'심리상담' 하면 바로 '마음의 병' 또는 '마음의 아픔'을 연상합니다. 몸과 마찬가지로 마음도 병에 걸릴 수 있다는 생각은 프로이트 할아버지가 인류에게 준 선물입니다. 몸과 마음을 구분하면서 마음이 아픈 것도 일종의 병으로 보고 치료 대상으로 삼았으니까요.

일상의 삶에서 우리가 겪는 '아픔'의 형태는 너무나 많습니다. 꼭 몸이 아프지 않아도 아픔을 느끼잖아요. 그렇다면 '몸의 아픔'은 이런 아픔 중에서 몸과 관련된 일부이고, 나머지 아픔은 거의 모두 '마음의 아픔'이라고 할 수 있지 않을까요? '그 아픔'은 무엇일까요, '왜' 아픈 걸까요? 이때, 우리가 삶에서 겪는 마음의 아픔이 무엇인지, 또 왜 아픈지를 물어서 그 답을 찾으려 하기보다 마음이 아픈 것과 반대의 상태를 먼저 상상해보면 어떨까요? 보통 우리가 '행복'이라고 하는 그런 마음의 상태 말입니다.

'마음의 아픔'이 무엇인지 왜 마음이 아픈지 알고 싶다면, 먼저 '행복'을 바라는 마음이 어떤지를 생각해보면 됩니다. 왜냐하면 마음이 아픈 사람들이 가장 바라는 것이 '행복'이기 때문이에요. 흔히 '행복'의 반대말을 '불행'이라고 생각하지만, 실제로 행복한 마음의 반대는 아픈 마음입니다. 마음이 아프다고 느낄 때마다 사람들은 '행복'을 찾아 떠나고 싶어 하고, 심지어 '잠시 멈추면 행복해질 것'이라고 기대합니다.

그런데 문제가 있습니다. 행복을 찾고 싶은 마음이 크면 클수록 아픔은 외면과 회피의 대상이 된다는 점인데요. 이 과정에서 '행복'은 능동적인 삶의 태도로, '아픔'은 마냥 당하거나 참고 견뎌야 하는 부정적인 어떤 것이 되고 맙니다. 그래서 삶의 주인으로 살아가고 싶은 사람일수록 아픔을 외면하고 행복을 찾으려 합니다. 행복을 연구하는 사람들은 결론적으로 이것이 신체 쾌락의 경험이 아니라 '삶에 의미를 부여하는 경험'이라 말합니다.

행복이 삶의 어떠한 경험으로 나타나듯이 아픔도 우리의 마음이 만들어내는 삶의 경험입니다. 보통 아픔을 '신체의 손상에 의한 고통'으로 생각하지만 그 '아픔'은 신체의 문제가 아닌 심리적 경험입니다.

우리가 "마음 아프다"라고 말할 때를 생각해보세요. 대개 '위가 아프다'거나 '머리가 아프다'고 할 때처럼, 즉 신체적 고통인 것처럼 표현하잖아요? 이 경우, 아픈 것이 감정의 문제인지, 아니면 신체적인 고통의 연장인지 당사자조차 잘 구분하지 못합니다. 그러면서 그냥, 익숙한 대로, 슬프거나 우울한 감정의 변화가 있을 때 "마음이 아프다"라고 말하지요. 왜 그럴까요?

° **행복으로 가는 길**

우리는 신체적 손상이 일어날 때 아프다고 생각합니다. 그러나 이것은 대단한 착각이랍니다. 통념적인 상식과 달리 신체의 손상은 아픔의 한 증상일 수 있어도 아픔의 원인 그 자체는 아닙니다. 때로 아무런 신체적 손상이 없는데도 우리는 종종 '어떤 아픔'을 경험합니다. 반면 분명한 신체 손상이 있는데도 아픔을 잘 느끼지 못하는 경우도 있습니다. 이런 현상들은 인간이 겪는 아픔(통증, 고통)이 곧 신체의 손상에 좌우되는 문제가 아님을 알려줍니다.

'마음의 아픔'도 마찬가지입니다. 마음의 손상에 의해 일어나기도 하지만, 그것이 아픔의 원인 자체는 아니에요. 자, 그런데 문제가 또 있습니다. 신체의 손상은 확인이라도 할 수 있지만, 마음의 손상은 그때그때 확인하기가 쉽지 않습니다. 따라서 마음의 손상과 연결되는 마음의 아픔을 떠올리는 일이 어려운 거죠.

사람들이 보통 '마음이 아프다'라고 느낄 때를 곰곰 되짚어보세요. 대개 스스로 해결할 수 없는 문제 상황에 있을 때인 경우가 많습니다. 그다음으로 많이 나타나는 경우는 '내 성격 때문'이고요. 즉, 우리 마음이 삶의 고통을 만들어낸다는 생각들인데요. 아픔의 원인을 자신이 처한 상황이나 특별한 어떤 성격에서 찾는 것입니다. "내 삶의 주인은 바로 나"라고 믿을수록 이런 생각을 더 쉽게 합니다. "내 문제는 내가 해결해야 해"라거나 "내 성격 때문에 이런 문제가 생긴 거야"라고 믿기에 나의 아픈 마음 역시 나 때문에 만들어진 거라고 여기는 것입니다.

신이나 국가가 개인을 돌보아준다고 생각하던 시대에는 이런 생각이 거의 나타나지 않았습니다. 그러다가 "나는 생각한다, 고로 나는 존재한다"처럼 신으로부터의 독립을 선언한 인간이 나타나면서 이런 아픔이 발생하게 됩니다. 인류가 신이나 자연과 같은 절대자로부터 스스로 독립한 존재이자 자기 삶의 주인이라고 믿게 되면서 마음의 아픔이라는 새로운 차원을 경험하게 된 것이지요.

모두들 행복을 원하고, 행복을 찾는 이 시대에서 '아픔을 구분하는 다양한 시선'을 탐색한다는 것은 역설적으로 자신의 삶에서 행복의 기준이 무엇인가를 찾아볼 수 있는 계기가 되어줍니다. 행복과 아픔의 역설적인 역설이지요. 왜냐고요? 일상적인 삶에서 종종 표현되는 마음의 아픔이 싫어서, 그 아픔을 회피하고 싶어서 그냥 막연하게 '행복하고 싶다'고 꿈꾸는 순간, 당신은 이미 자기 삶의 주인이 아니기 때문입니다. '잠시 멈추면 행복해질 것'이라 기대하는 것은 앞서 말씀드렸듯 노예로서 주인님이 자신을 행복하게 만들어줄 것을 기대하는 것과 다르지 않습니다.

자기 삶의 주인으로 살아가는 것은 '행복한 삶'을 바라는 데서 시작하지 않습니다. 현재 자신이 겪는 아픔의 정체를 정확하게 인식하는 데서 시작합니다. 마치 부처가 출가하기 전에 '생로병사'의 아픔을 인식한 것과 같아요. 자신의 아픔을 인식하고 여기서 벗어나려 노력하면서 자신의 삶을 찾고 만들어나가는 것이 바로 행복을 추구하는 길입니다. 결국, 행복을 얻는 최선의 방안은 현재 느끼는 삶의 아픔, 그리고 마음 아픔의 정체를 정확히 아는 데 있군요. 심리상담을 과학이라 할 수 있는 것은 이렇듯 우리가 삶에서 겪는 '마음 아픔'의 정체를 본인 스스로 정확하게 파악할 수 있도록 길을 열어주기 때문입니다.